supen.

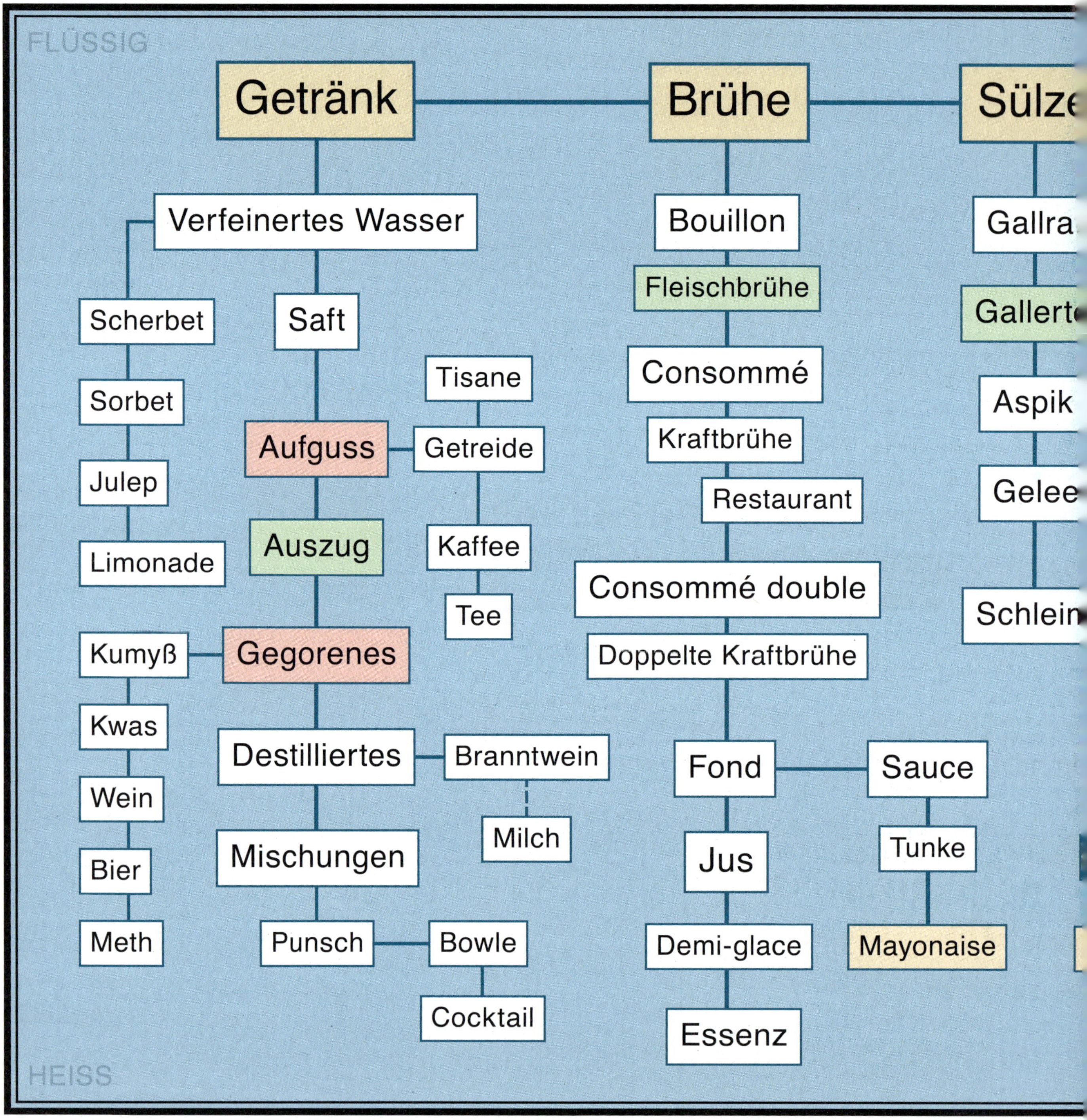
FLÜSSIG
Getränk
Brühe
Sülze
Verfeinertes Wasser
Scherbet
Sorbet
Julep
Limonade
Saft
Tisane
Aufguss
Getreide
Auszug
Kaffee
Tee
Kumyß
Gegorenes
Kwas
Wein
Bier
Meth
Destilliertes
Branntwein
Milch
Mischungen
Punsch
Bowle
Cocktail
Bouillon
Fleischbrühe
Consommé
Kraftbrühe
Restaurant
Consommé double
Doppelte Kraftbrühe
Fond
Sauce
Jus
Tunke
Demi-glace
Mayonaise
Essenz
Gelee
Aspik
HEISS

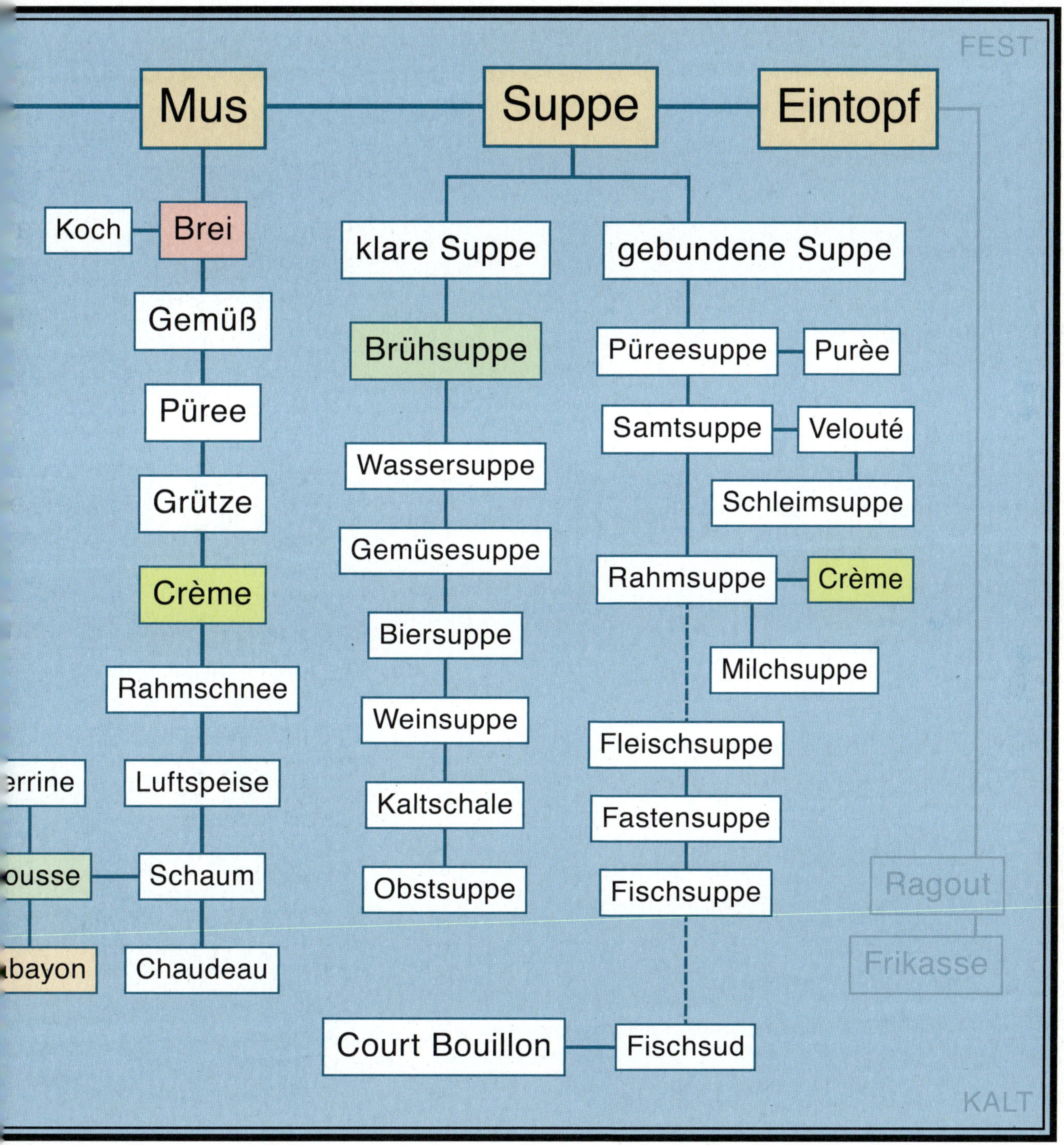
FEST
Mus
Suppe
Eintopf
Koch
Brei
Gemüß
Püree
Grütze
Crème
Rahmschnee
Luftspeise
Schaum
Chaudeau
klare Suppe
Brühsuppe
Wassersuppe
Gemüsesuppe
Biersuppe
Weinsuppe
Kaltschale
Obstsuppe
gebundene Suppe
Püreesuppe
Purèe
Samtsuppe
Velouté
Schleimsuppe
Rahmsuppe
Crème
Milchsuppe
Fleischsuppe
Fastensuppe
Fischsuppe
Court Bouillon
Fischsud
Ragout
Frikasse
KALT

Dieter Froelich

supen.

Getränk, Brühe, Sülze, Mus, Suppe, Eintopf

Eine Betrachtung der flüssigen Speisen

Tinto • Verlag

STIFTUNG KUNSTFONDS

Das Erscheinen dieser Publikation wurde von der Stiftung Kunstfonds gefördert.

Menschingstraße 15
30173 Hannover
www.tinto-verlag.de

Konzept, Gesamtgestaltung und Satz:
Dieter Froelich, Hannover

Druck:
Himmer AG Druckerei, Augsburg

Buchbinderische Verarbeitung:
Buchwerk GmbH, Darmstadt

ISBN 978-3-941684-10-2
Printed in Germany

ClimatePartner
klimaneutral gedruckt

Das Kochen erweicht die Nahrungsmittel, löst die auflösbaren Bestandteile auf und teilt sie dem Wasser mit.

Christoph Wilhelm Hufeland, 1796

Denn wem man noch Milch geben muss, der ist unerfahren in dem Wort der Gerechtigkeit, denn er ist ein kleines Kind. Feste Speise aber ist für die Vollkommenen, die durch den Gebrauch geübte Sinne haben und Gutes und Böses unterscheiden können.

Hebräer 5, 13

Vorbemerkung

Mit der vorliegenden Beschreibung erscheint nun der zweite Band zu den »Archetypen der Speisen«. Wie schon in der »Topografie der Gemengsel und Gehäcksel« werden auch in ihm grundsätzliche Strukturen einer Speisengruppe erörtert. Besonders interessant in diesem Zusammenhang sind die Grenzgebiete einzelner Kategorien, deren Bedeutung sich nicht zuletzt auch in der Sprache widerspiegelt. Die Verwandtschaft des deutschen Wortes »Suppe« mit dem mittelniederdeutschen »supen« verweist auf diese, im wahren Sinn des Wortes, fließende Grenze. Von daher ist in diesem Buch auch das Gebiet der Getränke behandelt.

Viele der über 250 im Buch zitierten Rezepte stammen aus Kochbüchern des 19.Jahrhunderts, denn sie sind das kollektive Gedächnis unserer Küche(n). Der Verweis auf historische Rezepte gründet aber nicht etwa in nostalgischem Erinnern an eine imaginäre Küche unserer Großmütter. Es geht vielmehr um ein grundsätzliches Verstehen als Voraussetzung einer Beurteilung von kulinarischen Sachverhalten. Dass jedes Rezept nach eigenen Vorstellungen gewandelt werden kann, ist eine ursächliche Bedingung des Kochens. Neues ist allerdings sehr selten, meist wissen wir nur zu wenig, um vermeintliche Novitäten als Althergebrachtes zu erkennen. Jedenfalls gilt der Grundsatz jeglicher guter Gestaltung sowohl beim Ändern von Rezepten als auch für das Kochen allgemein: Formulierungen müssen prägnant sein.

Einige der im Buch zitierten, alten Rezepte lösen beim zeitgenössischen Esser womöglich Befremden oder sogar Ekel aus. Dieses »Fremde im Eigenen« aber ist Teil unser kulinarischen Geschichte. Erst mit dem Überwinden der (kulinarischen) Präformiertheit beginnt Kultur.

Befremdlich werden dem durch Gastro-Magazine und Food-Styling geprägten Blick womöglich auch die Abbildungen dieses Buches erscheinen. Aber wie sagt schon ein altes, russisches Sprichwort: »Die kluge Köchin beurteilt das Fleisch nach der Brühe, die dumme beurteilt es nach dem Schaum.«

Hannover, im September 2012 Dieter Froelich

Restauration
a.a.O.
Restauration
a.a.O.

Inhalt

Vorbemerkung – 7

Archetypen von Speisen – 11

Über die Getränke – 15
Scherbet, Julep, Limonade, Lactade, Tisane, Kumyß, Meth, Birkenwein, Kwas, Zibeben-Wein, Milchbranntwein,
Ein wasser vor das abnehmen, Punsch Royal, Geglühter Wein, Le Milk-Punch, Gurkenbowle, Paradoxer Gewürzwein, Likör, Ratafia, Usquebagh, Hommage an Matisse, …

Über Brühen – 61
Fleischbrühe, Osmazoma, Bouillon, Erbsenbrühe, Consommé, Petite Marmite, Fond, Alte Hüner zu sieden, Gemüsebrühe, Fischsud, Beef-tea, …

Saucen und Tunken – 79
Agraz, Condiment, Lebkuchen=Brüh, Saucenfonds, Espagnole, Demi-glace, Velouté, Hollandaise, Frankfurter Grüne Soße, …

Kalte Würzsaucen und Essenzen – 93
Gáros, Liquamen, Essig, Superior Mint-Sauce, Soya, Catchup, Senf, Mayonaise, Glace, Fleischextrakt, Trockne Bouillon, …

Von den Sülzen – 109
Schwarze und weiße Gallrat, Spitzbeinsülze, Couennes Confites, Aal in Gelee, Schleim, Rosen-Gelee, Quittenkäse, Fruchtgelee, …

Von den Suppen – 121
Wasser– Kaffee– und Brennsuppe, Suppenordnung nach Escoffier, Brühsuppe, Wein– und Biersuppe, Ölsuppe, Kaltschale, Milchsuppe, Beist, …

Von den Krems, Cremes oder Crèmes – 145
Milchhaut, Sahne, geschlagene Milch, Bagatellen, Chaudeau, Sabayon, Warmbier, Englische Dunst-Crême, Crême nach französischer Art, Johannis Häupt, …

Brei und Mus – 159
Urbrei, Puls Punica, Blamensir, Blanc Manger, Muos, Gemüß, Risotto, Polenta, Sterz, Kache, Kindskoch, Fondue, Branntwein-Kaltschale, …

Ein Topf – 185
Olla Potrida, Puchero, Pot au feu, Oille, Bouillabaisse, Oyster Stew, Borstsch, Rumfordsche Armensuppe, Aal-Suppe, Plukkede Finken, Eintopfsonntag, …

Kochen als Kunstgattung – 215
Eine Polemik

Thematisches Rezeptverzeichnis – 220

Bibliografie – 225

Abbildungsverzeichnis – 228

Dem Buch liegt eine Karte über »Die flüssigen Speisen« bei.

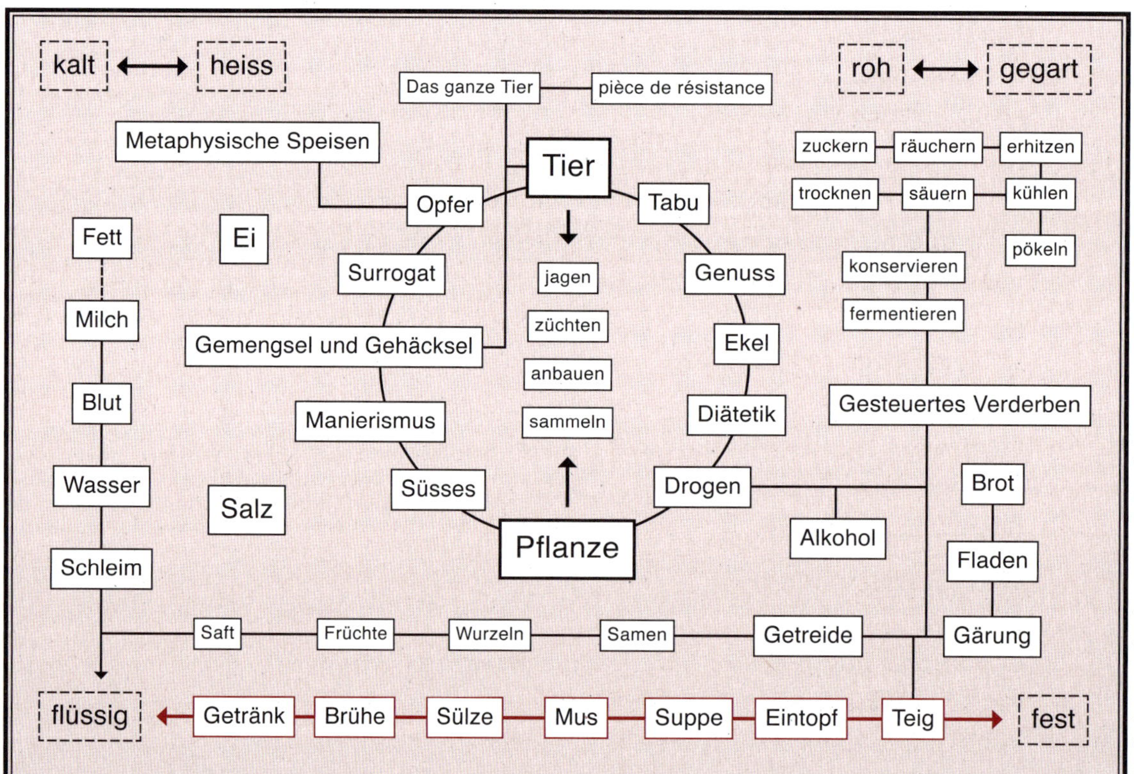

»Die Archetypen der Speisen« Froelich, 2009

Archetypen der Speisen

Wir alle müssen essen, aber wir essen nicht alles, was wir essen könnten. Was wir als Lebensmittel, als Speise akzeptieren, ist jenseits unserer individuellen Vorlieben und Abneigungen zuerst kulturell festgelegt. Über die basale Aufgabe der Lebenserhaltung hinaus haben unsere Nahrung und das gemeinsame Mahl eben auch soziale Funktionen, sind ein »soziales Totalphänomen« (Marcel Maus). Wir essen kultur–, schichten– und geschlechtsspezifisch. Speisen sind daher Bilder und Kochen ist Weltentwurf. In der Nahrungszubereitung spiegelt sich das kollektive und individuelle Weltverständnis. Jede Speise ist auch Zeichen und weist in vielerlei Dimensionen über sich selbst hinaus.

Bei aller Vielfältigkeit der verschiedenen Landesküchen lassen sich deren Speisen in einige wenige Kategorien fassen. Während der nahe Blick die Unterschiede bei ähnlichen Gerichten wahrnimmt, treten mit zunehmender Distanz die Gemeinsamkeiten deutlicher hervor. So lassen sich wenige Grundformen von Speisen erkennen, die ich als Archetypen bezeichne.

Entstanden ist diese Topografie aus der Perspektive des Plastikers und Kochs, von daher handelt es sich also im weitesten Sinne um einen Bildentwurf und nicht etwa um ein wissenschaftliches Modell. Etwaige Unschärfen eines solchen Unterfangens liegen in der Natur der Sache. Nicht nur die Kartografie lehrt, dass Abbildung immer nur Annäherung sein wird und jede Ordnung der Dinge unvollständig bleiben muss.

Eine Skizze der einzelnen Archtypen ist bereits in der »Topografie der Gemengsel und Gehäcksel« zu finden, von daher werden an dieser Stelle ausschließlich die flüssigen Speisen mit ihren zahlreichen Beziehungen untereinander betrachtet.

Vom Flüssigen zum Festen

Die erste Nahrung des werdenden Menschen ist das Blut seiner Mutter, und darauf folgend, ihre Milch. Das Flüssige, also Blut, Milch, Schleim und alles Wässerige, ist die elementarste Grundform unserer Nahrung. Wir können uns über relativ lange Zeit ohne feste Nahrung am Leben erhalten, ohne Flüssigkeit hingegen stirbt unser Organismus innerhalb von Tagen.

TABU.
Religion.
Ritus.
Event
Symbol.
Wissenschaft.
Technologie.
Philosophie.
Konvention.
Repräsentation.
Zeichen.
Semiotik.
Geschichte.
Kommunikation.
Gastrosophie.
Kunst.
Geschmack.
'homo sapiens'
Abgrenzung.
Gesundheit.
Diät.
Medizin.
Ökologie.
Lebenserhaltung.
Ökonomie.
Politik.
Trieb
Essen.
Psychologie.
Individuum.
Kollektiv.
Soziologie.
Lust.
Ekel
TABU.
Kochen und Essen als "soziales Totalphänomen".

Das Flüssige ist übrigens auch eine Voraussetzung unseres Schmeckens, denn Flüssigkeit löst Aromen wie auch Geschmacksstoffe und macht sie so für uns wahrnehmbar.

Geschmack wird auch das ausschlaggebende Moment für die Verfeinerung des Wassers als Getränk gewesen sein. Was als Mischung mit aromatischen und süßenden Pflanzen begann, führt über das Honigwasser und den Getreideaufguß zu den gegorenen Getränken. Dieser Aufguß von geschrotetem oder gemahlenem Getreide mit Wasser liefert sowohl Getränk wie auch Brei und Mus. Durch die mit der Zeit einsetzende Spontangärung entstanden die Vorformen von Brot und Bier sowie analog dazu, aus Fruchtmaischen und Honigwasser, so etwas wie Wein. Auch vergorene Milch liefert geringe Mengen an Alkohol. Diese gegorenen Gemische waren später Grundlage der Alkoholgewinnung durch Destillation.

Der warme Auszug aus pflanzlichen und tierischen Grundstoffen lässt die unterschiedlichen Brühen enstehen. Mit zunehmender Konzentration entstehen aus der Fleischbrühe die Tunken, Saucen, Gallerten und Essenzen. Suppen und Eintöpfe sind die Sammelbegriffe für die vielfältigsten »Löffelspeisen«. Sie werden entweder durch die verwendeten Grundstoffe oder durch die kochtechnischen Verfahren der Herstellung unterschieden.

Die folgenden Seiten liefern eine nähere Betrachtung der verschiedenen Kategorien des Flüssigen sowie exemplarische Rezepte derselben. Beigegeben ist diesem Buch eine Karte, die viele Aspekte dieses Themas auch visuell darstellt.

Warm waſſzer. Geſaltzen waſſzer. Alun waſſer.

Bruñ waſſzer. Regen waſſzer. Eiß vnd Schnee. Waſſzer mit ſchnee vermiſcht.

Über die Getränke

»Alhier muß ein allgemeiner Unterscheid des Geträncks nothwendig voran gesetzet werden: sintemal die erste Sorte nähret nicht / sondern hilfft nur die Vertheilung der Speise durch alle Glieder zu befodern: dergleichen Getränk ist das Wasser. Die andre Sorte nähret, als da ist Bier / Meht / und Wein. Die dritte alterirt zugleich und wird daher ›Potus medicamentosus‹ [heilender Trank] genennet: als alle Kreuter=weine / und Kreuter=biere: dahin man auch nicht unbillich den Thee=tranck / Coffie / Succolade / und die übrigen künstliche Getränck / bringen kann.(...) Und dieweil nach unser Landesart das Bier das gemeinste [gewöhnlichste] Getränck ist / so gebühret sich in alle wege / die Beschaffenheit und Tugenden des jenigen zuwissen / daß man täglich geneußt: damit man nicht alles ohn unterscheid hinein sauffe /«

So verschieden ist unser heutiger »allgemeiner Unterscheid« der Getränke nicht von dem, was Elsholtz vor 330 Jahren in seinem »Diaeteticon« anführte. Die Frage, ob denn ein Getränk »nähret«, ist angesichts des Zuckergehalts vieler sogenannter Erfrischungsgetränke aktueller denn je. Der »heilende Trank« hat seine zeitgenössische Entsprechung in den zahlreichen Diät– oder Fitnessgetränken. Jedes Jahr entwickelt die Getränkeindustrie Hunderte neuer Produkte, von denen (zum Glück) der Großteil die Marktreife aber nicht erlangt. Angesichts eines Blickes in die Getränkeabteilungen der Supermärkte ist die Gefahr ohnehin schon groß genug, dass man »alles ohn unterscheid hinein sauffe«.

Das Wasser

Unser jährlicher Verbrauch an Tafel– und Mineralwasser hat sich seit den 1970er-Jahren mehr als verzehnfacht und liegt heute pro Kopf bei rund 130 Litern, die wir aus über 500 Marken wählen können. Unser Trinkverhalten hat sich in den letzten Jahrzehnten stark verändert und die Angst zu verdursten muss mittlerweile so allgegenwärtig sein, dass sich viele Menschen nur noch mit Getränkeflasche aus dem Haus wagen. Bemerkenswert in diesem Zusammenhang ist auch der sogenannte Sport- oder Push and Pull-Verschluss an vielen Flaschen, durch den die Trinkenden wieder zurück an die Mutterbrust finden.

Wie ein gutes Wasser im 16. Jahrhundert zu sein hatte, schildert Marx Rumpolt in seinem »New Kochbuch«: »Aber durch dreyerley art und sinnigkeit das Wasser erkant wirt / als nemlich/ am Gesicht [Aussehen] / Geschmack unnd Geruch. Dem Gesicht nach sol es lauter / klar unnd durchsichtig seyn / dem geschmack nach lieblich / nicht faules sümpffiges Geruchs / darumb alle die Wasser / welche ein sauren / scharpffen / versaltzenen geschmack haben / als von Schwebel und Nitro [Nitrate / Salpeter!] / seind schädtlich unnd ungesundt zu natürlichen Tränken zu gebrauchen. Man sol warnemmen der Brunnquellen / daß sie sich gegen Auffgang erstrecken / auch durch ein sauber Erdtreich sich außspreiten / leichtlich zu warmen un kalten / un im Sommer kalt / im Winter warmlecht. Das Regenwasser ist am leichtesten / darnach das Brunnwasser und das auß fliessenden Bächen / unnd zum letzten auß verdumpfften stehenden Wasser / unnd das aller schwerest ist geschmolzen Schneewasser / Sumpffpfülen und Bächen. Derhalben hab achtung / was du für Wasser solt in der Küchen brauchen/ Auch Bier darauß zu machen / unnd dergleichen / Alle Wasser seind von Natur kalt und feucht / und welcher Wasser noch kälter haben wil / sol es sieden /und wider külen / das ist das aller kältest Wasser.«

Das leichte Regenwasser, das schwere Brunnenwasser und das »aller kältest« Wasser, welches man durch vorheriges Aufkochen erhält, zeugen von der Präsenz der Säftelehre (Humoralpathologie) in der Ernährung, in der jedes Lebensmittel sein »Temperament« hat.

Über das verfeinerte Wasser

Die ersten »künstlichen« Getränke entstanden durch Mischen von Wasser mit verschiedenen Substanzen wie Kräutern, Wurzeln, Gräsern und Früchten. Noch in den Kochbüchern des 20. Jahrhunderts finden sich zahlreiche Rezepte für die Vorläufer unserer heutigen Erfrischungsgetränke. Bevor Limonade ab dem 19. Jahrhundert zum allgemeinen Begriff für zahlreiche Getränke wurde, bedeutete sie ausschließlich »Zitronenwasser«. Vor dieser Verallgemeinerung existierten die verschiedensten Getränkezubereitungen unter den Namen Lactade, Tisane, Orgeade, Julepp und Scherbet.

Blumen=Wasser [Blütenwasser]

Marie Sophie Schellhammer, Das Brandenburgische Koch=Buch, Berlin 1723

Blüten
Wasser
Zitrone
Zucker

»Blumen=Wasser.

Ein gut Getränk von allerhand wohlriechenden und nicht bittern und ungesunden Blumen, als blauen und gelben Violen [Veilchen], Rosen, Jesminen, Tuberosen [Agave polianthes] und dergleichen, thut sie [die Blüten] in ein siedenes Wasser, bedeckt es wohl in ein verglasiertes oder gläsernes reines Geschirr, wechselt die Blumen etzliche mahl, thut den Safft von ein paar Limonien, auch Zucker darzu, und lässet es kalt werden.«

Himbeeren=Wasser

Bremisches Koch= und Wirthschaftsbuch nach Betty Gleim, Bremen 1840

0,8 ltr Himbeersaft
1,6 ltr Wasser
1 Zitrone
Zucker

»Himbeeren=Wasser.

In einem irdenen Gefäß zerquetscht man die Himbeeren, drückt sie durch eine Serviette, thut zu 1 Quartier Saft 2 Quartier Wasser und den Saft von 1 Citrone, versüßt sie, und siebt sie durch.«

Scherbet

Johann Sigismund Elsholtz, Diaeteticon, Cölln an der Spree, 1682

Wasser, Zucker
evtl. Zitronensaft oder Fruchtsirupe

»Daß die Türcken unter andern Morgenländischen Völckern grosse Liebhaber von Coffie sind / ist (droben) albereit gemeldet. Ueberdem ist unter anderen Geträncken eines sehr im gebrauch. Es ist demnach das gemeine Scherbet nichts anders / als Wasser mit Zucker abgesüsset / welches auff den Gassen herum getragen / und dem Volcke verkauffet wird. Die Reichen aber süssen solch Wasser mit Citronen= und allerhand dergleichen gezuckerten Säfften ab: also daß zwischen ihrem Scherbet / und unsern Julepen eine zimliche Gleichheit. … Dergleichen mit Zucker dicklich=gesottene Säfte habe ich bey einem in Orient gereisetem Herrn gesehen / welcher selbige in Teuschland auf die Türkische weise nachmachen lassen / und waren folgende Zehn: Kirschen / Erdbeer / Himbeer / Johannisbeer / Pfirsichen / Abricosen / Burgstorffer Aepffel / Pargemotten / Quitten= und Citronen Safft.«

Das Wort Julepp kommt vom persischen ›Guläp‹, Rosenwasser. Der Julepp gilt als das älteste Mischgetränk. Er muss, wie die nebenstehende Abbildung von 1533 zeigt, aber auch für Tellerspeisen (Kaltschalen?) gebräuchlich gewesen sein.

Zuckerwasser

Luise Richter / Sophie Charlotte Hommer, Illustrirtes Hamburger Kochbuch, 1879

Zucker, Wasser, Zimtwasser

»Zuckerwasser.

In ein großes Glas giebt man ein paar Stücke feinen Zucker, gießt recht frisches klares Wasser dazu, nebst ein paar Tropfen Canehlwasser.

Zuckerwasser mit einem Schuß.

Man bereitet dasselbe wie oben, nur läßt man das Canehlwasser davon und giebt statt dessen einen Schuß Rothwein dazu.«

Für das Zimtwasser wird Zimt mit Wasser aufgekocht, ziehen gelassen und durch ein Tuch filtriert.

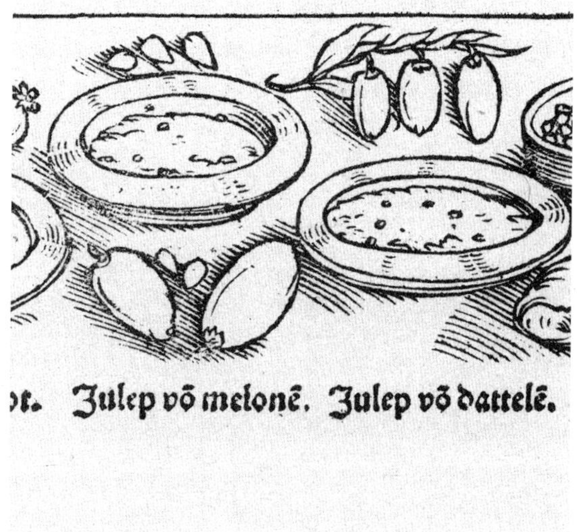

Rosen=Julep zu machen

Marie Sophie Schellhammer, Das Brandenburgische Koch=Buch, Berlin 1723

»Rosen=Julep zu machen.

Man soll von schönen Scharlach=Rosen die [Blüten] Blätter abschneiden / das Gelbe davon wegthun, und sie in einem kleinen Mörsel fein stossen, doch nicht zu klein, wie zum Rosen=Zucker, und in eine zinnerne oder irdene Kanne, fein fest zusammen stampen, und an einen kuhlen Ort setzen / bis man derselben genug hat, alsdann soll man einen Theil heraus thun, in einen steinern Mörsel mit gutem Rosen=Wasser gar wohl stossen, doch nicht zu klein, in ein Säcklein füllen, und in einer Presse wohl auspressen, vermachet stehen lassen, darnach das lautere herab seihen, und auf 1/2 Nössel Safft ein Pfund Zucker nehmen, gar schön schäumen, und Honig dicke sieden; wenn man es vom Feuer hebet, kan man drey Tropffen Spiritus vitrioli darein fallen lassen, und geschwind umrühren, es wird gar schön und kühlet wohl. Den Violen=Saft macht man gleich also.«

Spiritus vitrioli ist eine alte Bezeichnung für verdünnte Schwefelsäure. Prato verwendet wenige Tropfen Salzsäure bei der Bereitung von Fleischsaft.

Zitronen-Sorbet für die Frau

Restauration a.a.O.

0,7 ltr Wasser
0,7 ltr Grauer Burgunder
Schale und Saft von 4 Zitronen
250 g Zucker
1 Bündel Rosmarin

Das Wasser, die Hälfte des Weines und den Zucker zu Sirup kochen. Den Saft und die Schalen der Zitronen dazu geben und einmal aufkochen. Dann den Rest des Weines dazu geben und alles über Nacht stehen lassen. Am nächsten Tag die Flüssigkeit absieben und in einem gegeigneten Gefäß ins Gefrierfach geben. Sobald sich Eiskristalle bilden, mit einem Pürierstab durchmixen oder zur Not mit einem Schneebesen kräftig durchschlagen. Diesen Vorgang sooft wiederholen, bis eine cremige Masse ohne separierte Eiskristalle entstanden ist. (Das dauert, je nachdem, vier bis sechs Stunden.)

Am besten ist das Sorbet am Tage seiner Entstehung. Am nächsten Tag ist es meist durchgefroren. Man nimmt es dann aus der Kühlung, lässt es antauen und arbeitet es bis zur gewünschten Konsistenz durch – oder serviert es als Getränk. (Nein, das Sorbet wird weder mit einer Zitronenscheibe noch mit einem Rosmarinzweig dekoriert.)

Москва
Moscou
Продавецъ лимонада.
Marchand de Limonade

Limonade (1)

Johann Sigismund Elsholtz
Diaeteticon, 1682

Zitronenschale und –saft, Zucker

»Limonade.

Den 1. was die eusserste gelbe Schale betrifft / von derselben und ihrem Oel kömmet der beste Geschmack her: derohalben selbige dünn abgeschnitten / und absonderlich mit heissem Wasser in einem vermachten irdenen Geschirr / oder in einer Zinnern Flasche etliche Stunden außgezogen werden muß. Das 2. theil / nehmlich die weisse Haut oder das Fleisch / dienet zu einer Limonade nicht / weil es mit seiner bitterkeit den Schmack verdirbet: deswegen gantz weg zu thun. 3. Die Medulla oder vielmehr der Safft darin / kan gebrauchet werden: aber er machet trübe (...)Wer diese stücke wol in acht nihmt / und des Zuckers nicht zuviel brauchet / dem wird es / eine zierliche Limonade zu verfertigen / nicht schwer fallen: die dan im Sommer ein gut Getränck zur Kühlung ist / und entweder für sich getruncken / oder mit etwas Wein nach gutbefinden gemischet werden kan. Und weil sie dem Rheinischen Wein der farbe nach gleichet / kan man sotane Mischung...als ein Mittel wieder die Trunckenheit in Gastereien brauchen / also daß / wenn andere vom lautern Wein truncken werden / man bey gutem Verstande bleibe.«

Limonade (2)

Restauration a.a.O.

8 Orangen
6 Zitronen
4 ltr Wasser
ca. 400 g Zucker
2 Bund Rosmarin

Die Früchte dünn abschälen und dann auspressen. Schalen und Saft mit den restlichen Zutaten vermischen und einmal aufkochen. Über Nacht ziehen lassen, abseihen und gut gekühlt servieren.

Den Zucker am besten vorher in etwas Wasser heiß auflösen und nach und nach zu der Mischung geben. So kann man im lauwarmen Zustand die Süße prüfen und nach Geschmack gegebenenfalls korrigieren.

Ginger Lemonade

JERRY THOMAS, HOW TO MIX DRINKS
NEW YORK 1862

»Ginger Lemonade.

45 ltr Wasser, 5,7 kg Würfelzucker
6 Eiweiß
227 g Ingwer, 10 Zitronen
2 EL Hefe, 14 g Hausenblase

Koche 5,7 kg Würfelzucker zwanzig Minuten in 45 Liter Wasser und kläre es mit dem Weißen von sechs Eiern. Reibe 227 g normalen Ingwer, koche ihn mit der Flüssigkeit und gieße es über zehn geschälte Zitronen. Wenn es abgekühlt ist, fülle es in ein Faß, mit zwei Eßlöffel Hefe, den geschnittenen Zitronen [?] und 14 g Hausenblase. Verstopfe das Faß am nächsten Tag; es ist in zwei Wochen fertig.«

Bei diesem Rezept für gebraute Ingwer-Limonade handelt es sich eigentlich um Ginger »Ale«, ein Ingwerbier. »Lump-sugar« wird heute zwar als Würfelzucker übersetzt, zur Zeit des Rezeptes bedeutete es aber eher Zuckerbrot oder Zuckerhut, sonst würde das Klären mit Eiweiß keinen Sinn ergeben. Hausenblase ist die Schwimmblase vom Stör. Sie wurde bis zur Entwicklung der Gelatine als Geliermittel eingesetzt. Bei der Getränkeherstellung dient(e) sie u.a. zum Klären der Trübstoffe. Das Faß bzw. den Behälter sollte man unbedingt mittels eines Gärverschlusses verschließen, sonst gibt es eine ziemliche Sauerei … Auf die Eiweiß– und Gelatineklärung sollte man verzichten.

Getränke von Obstsaft

KATHARINA PRATO, DIE SÜDDEUTSCHE KÜCHE,
GRATZ 1873

»Getränke von Obstsaft.

Sorbet.

Recht reife Früchte, Erdbeeren, Himbeeren oder Ribiseln [Johannisbeeren] oder Pfirsiche, Marillen [Aprikosen] u.s.w. zerdrückt man, mischt etwas Wasser dazu, und läßt diesen Saft durch ein feines Sieb (oder eine Serviette) fließen. Dann gibt man guten weißen Wein, Zucker und Limoniensaft dazu, stellt es kalt und serviert es in Gläsern. Ebenso ohne Wein oder indem man eine Portion Früchten=Gefrornes in ein Glas Wasser gibt.

Pfirsichwein.

Den ausgepressten Saft von reifen Pfirsichen mischt man Zucker und rothem Weine. Oder man schneidet Pfirsiche zu Stücken und gibt sie nebst Zucker in ein Glas Wein und läßt sie 1 Stunde stehen.

Abguß von eingesottenen Säften.

In frisches Wasser gibt man nach Geschmack von Weichsel=, Ribisel=, Himbeer=, Essigbeer [Berberitzen]= oder Preisselbeersaft und Zucker oder auch Limoniensaft.«

Lactade.

Johann Sigismund Elsholtz,
Diaeteticon, 1682

Melonensamen (Kerne)
Wasser
Zucker
Gurken–, Kürbis– oder Zitronensamen
Rosen– oder Zimtwasser

»Lactaden.

Ob nun wol dergleichen Emulsiones, oder Lactaden / mehrentheils vor die Krancken verschrieben werden: so ist es doch an dem / daß auch wol gesunde Leute / zur abkühlung und erqvickung / ein wolbereitetes Milch=wasser zu trincken pflegen. Wie dan bekand / daß in allen Italiänischen Städten den gantzen Sommer durch eine Lattada aus zerstossenen Melonen Samen mit Brunn=wasser bereitet / und mit ein wenig Zucker abgefasset / auff den Gassen herumb getragen / und einem jeden / der es fodert / verkauffet wird.

Wiewol nun Melonen=samen hierzu der gemeinste / so können doch Gurcken / Kürbiß / und Citrullen Samen gleichfalls dazu gebrauchet werden.

Eine Lactade aus süssen Mandeln dienet mehr zur Nahrung / und wenn man den Leib gern anhalten wil. Aber es ist unnöthig / daß ich mich in dieser ohn dem bekannten Materie länger auff halte / oder wie man den Schmack sotaner Lactaden mit Rosen= und Zimmet=wasser erhöhen könne/ weitleuffiger anführe.«

»**Item,**

von allerhand Kern, als Mandeln, Birn, Nüsse, Pistazien, Dattelen, Kürbes und Melonen, die stösset man, giesset frisch Wasser drauf, seihet es durch, giesset es ab, und verbessert es nach Gefallen mit Zucker und Zitronen=Safft.«

Marie Sophie Schellhammer,
Das Brandenburgische Koch=Buch, 1723

Tisane

Johann Sigismund Elsholtz, Diaeteticon, Cölln an der Spree, 1682

Gerste
evtl. Rosinen
Lackritz
Zimt
Zitronenschale

»Tisane.

Sie hat den namen von der alten Ptisana, welche aus geschelter Gersten oder Perln=graupen / wie ein Brey bereitet ward / und vielmehr eine Speise / als ein Trank zu nennen ist: wenn aber diese Ptisana durch geschlagen ward/ so hieß es Succus Ptisanae, eine Gersten=graupen Suppe: … Aber heut zu tage wird das wort Tisane nicht anders / als vor einen dünnen Tranck / oder Gersten=wasser / genohmen … Ob man auch gleich ein wenig Rosinen / Leckritze / und Zimmet / oder Citronen=schalen mit einleget.«

Gerstenwasser (Orgeade)

Katharina Prato
Die süddeutsche Küche, Gratz 1873

140 g Gerste
1,4 ltr Wasser
evtl. Zitronensaft, Wein, Zucker

»Gerstenwasser (Orgeade).

Man kocht ungefähr 1/4 Pfund ganze nur abgewischte Gerstenkörner mit 1 Maß Wasser, bis zum Aufspringen der Hülsen, läßt sie eine Weile stehen und seiht das Klare durch ein feines Sieb oder eine Serviette. Dieser Absud wird so gegeben oder mit etwas Limoniensaft oder Wein und Zucker gemischt und ist bei Heiserkeit, Hustenreiz und carrhalischen Zuständen der Baucheingeweide ein erfolgreiches Getränk. Mit abgeschälten Mandeln zu leichter Mandelmilch gemacht, ist es bei Entzündungen ein vorzüglich nützliches kühlendes Getränk.«

Prato zählt zu den Getränken für Kranke auch die Limonade und Mandelmilch. »Erstere ist warm bei catarrhalischen Zuständen und rheumatischen Zuständen, sowie bei gestörter Gallebereitung und Scorbut vortrefflich und kalt bei Fiebern und Entzündungen das beliebteste labende Getränk. Mandelmilch ist eines der vorzüglichsten Getränke als reizminderndes, einhüllendes, kühlendes Mittel.«

Mandel-Milch.

KATHARINA PRATO
DIE SÜDDEUTSCHE KÜCHE, GRATZ 1873

20 Mandeln
0,7 ltr Wasser
evtl. Zucker

»Mandel-Milch.

Zu 2 Seidel frischen Wassers nimmt man ungefähr 20 Stück ausgesuchte, gewaschene und mit einem Tuche abgetrocknete Mandeln, stoßt sie fein und gibt dabei einige Tropfen Wasser dazu, damit sie nicht ölig werden. Wenn sie fein sind, verreibt man im Mörser nach und nach Wasser dazu, bis es wie Milch aussieht und drückt diese durch eine Serviette in ein Glas oder dgl. Die zurückbleibenden Mandeln werden wieder so gestoßen und mit Wasser gemischt ausgedrückt, was man wiederholt, so lange das Wasser milchig wird.

Beim Gebrauche zuckert man die Mandelmilch nach Geschmack etwas, doch nicht in die Flasche, wenn man sie stehen läßt. Wenn sie lauwarm gegeben wird, erwärmt man sie, indem man sie mit dem Glase in warmes Wasser stellt. Von abgezogenen Mandeln wird sie ebenso bereitet.«

Bickbeeren= oder Heidelbeeren=Ptisane

BETTY GLEIM, BREMISCHES KOCH= UND WIRTHSCHAFTSBUCH, BREMEN 1808

234 g Heidelbeeren
0,6 ltr Wasser
Zucker
Zitronensaft

»Bickbeeren= oder Heidelbeeren=Ptisane.

1 halb Pfund frische Bickbeeren (Heidelbeeren) werden mit 3 Mengel Wasser 1 halbe Stunde gekocht, und durch ein Haarsieb gerührt. Das Durchgegossene wird mit Zucker und Citronensaft vermischt. In einer Jahreszeit, da man keine frischen Heidelbeeren haben kann, muß man eingemachte nehmen.«

Gegorene Getränke

Honig ist einer der ältesten Gärstoffe und mit Honig versetztes und gegorenes Wasser eine der ältesten Formen des alkoholischen Getränkes. Die alten Griechen kannten und unterschieden mehrere Arten des Honigweins, wobei hier nicht immer ein durch Honig vergorenes Getränk, sondern manchmal auch Honig-Weinmischungen gemeint waren. Elsholtz nennt acht verschiedene Methsorten aus Gewürzen, Früchten, Kräutern und Rosinen.

Krünitz weiß zu berichten, dass viele den Meth achten, »weil er ein so nährender und gesunder Trank ist, da man den Honig als ein der Fäulniß des Blutes widerstehendes Mittel immer besser kennen lernet. Schon findet man Frauen, welche den Kaffee bey Seite setzen, und des Morgens einen kleinen Trunk zum Frühstück davon nehmen. Und diejenigen werden sich auch immer am besten dabey befinden, welche den Meth nicht in großen Zügen zu sich nehmen, weil er das Geblüt sodann gar sehr in Bewegung bringen, und den Körper, nach seiner besondern Constitution, doch auch sehr, wie alle hitzige Getränke, beschädigen kann. Es ist der gut bereitete Meth überhaupt ein sehr verführerisches Getränk, weil er sehr angenehm schmecket, wenn er seyn gehöriges Alter hat. So sehr man sich nun zu hüten hat, ein Wein= oder Branntweinsäufer zu werden, eben so sehr muß man sich auch hüten, ein Methsäufer zu werden.«

Eine andere Form der gegorenen Getränke wurzelt im Getreidebrei. Der wässrige Aufguß von Getreiden diente als Getränk. Zu Brei zerstoßen wurde das Getreide durch längeres Stehenlassen in Gärung versetzt. Dieser gegorene Getreidebrei ist Ursprung des Brotes und des Bieres. Backen und Brauen waren eng miteinander verknüpft – davon wusste nicht nur das Rumpelstilzchen. Schon im finnischen Kalevala-Epos wie auch in der germanische Edda wird vom Bierbrauen berichtet, wobei die Gärung teilweise noch durch Speichel gefördert wurde – ein Verfahren, das bis heute in einigen Kulturen praktiziert wird. Das sumerisch-babylonische Gilgamesch-Epos erzählt, wie der aus Lehm geformte Enkidu durch den Genuss von Brot und Bier vom tierähnlichen Wesen zum Menschen wurde: »Enkidu weiss nicht, wie man Brot isst; er versteht nicht, Bier zu trinken. Da tat die

Dirne ihren Mund auf und sprach zu Enkidu: Iss das Brot, Enkidu, das gehört zum Leben. Trinke das Bier, wie es im Leben Brauch ist! Enkidu ass das Brot, bis er satt war. Er trank das Bier, sieben Krüge voll. Da entspannte sich sein Inneres und er ward heiter. Sein Herz frohlockte und sein Angesicht strahlte. Er wusch sich den zottigen Leib mit Wasser, salbte sich mit Öl – und ward ein Mensch.«

Analog zu vergorenen Getreidebrei entwickelte sich aus den vergorenen Fruchtbreien der Wein, dessen Wirkung Rumpolt so wunderbar beschreibt: »Tugend deß Weins. Wein mässiglich genützt / macht lebendig / un erquicket natürliche wärme / verdauet die Speiß / treibt alle uberflüssigkeit zum Stulgang / reiniget die Natur von allen bösen dünsten und unreinigkeiten / un cholera / adelt das Blut / stärckt das Hirn / erklart die Augen / schärpffet die sinn unnd vernunfft deß menschen / macht schön lauter Farb [!]. Diese krafft hat der Wein / so man in zimlich braucht. So man in aber unordentlich brauchet / so thut er so viel schaden / als wie er sonst nutz ist.«

Alkohol aus vergorener Milch

Voraussetzung für alkoholische Gärung ist ein zucker– bzw. stärkehaltiges Ausgangsmaterial. Adam listet über 250 Pflanzen(familien) auf, die in aller Welt zur Alkoholbereitung dien(t)en. Aber auch aus Milch lässt sich Alkohol herstellen. Spätestens mit der Domestizierung von Weidetieren sind Speisen und Getränke aus vergorener Milch entstanden. Wird eine Milch, die ihre natürlichen Mikroorganismen enthält (Rohmilch) sauer, so nennt man sie Sauermilch, Dickmilch oder auch Joghurt. Jede Milchkultur hat ihre eigenen Formen der »schlecht gewordenen« Milch. Auf Sardinien wird der »Gioddu« aus Schafsmilch hergestellt, auf Sizilien heißt eine Sauermilch »Mezzoradu« und in Turkmenien gibt es den »Tschal«. »Laban« ist im Nahen Osten beheimatet, »Lassi« in Indien, »Dugh« in Persien, »Ayran« in der Türkei und im Kaukasus.

Abhängig von der Art der Gärung enthalten viele dieser Speisen und Getränke geringe Mengen an Alkohol und Kohlensäure. Der ursprünglich im Kaukasus beheimatete Kefir hat zwischen 0,2 bis 1,0 Vol.% Alkohol. Fermentation bzw. Gärung sind komplexe biochemische Vorgänge. Sehr vereinfacht dargestellt unterscheidet man die milchsaure und die alkoholische Gärung. Welche Art sich vollzieht, hängt unter anderen Faktoren von der Reaktionstemperatur ab. (Gut nachvollziehbar anhand der Bierhefen: die obergärige reagiert bei 15–20 °C, die untergärige bei ungefähr 4–9 °C.)

Der wohl aus der mongolischen Küche stammende Kumyß oder Kumys ist ein durch Gärung hergestelltes Getränk aus Stutenmilch mit rund 1 % Alkohol. Später wurde auch Kuh- oder Ziegenmilch verwendet. Als Gärbottich diente ein Tiermagen oder eine –blase, in der ein Stab steckte. Mit diesem wurde die Stutenmilch ständig gerührt beziehungsweise »geschlagen«. In diesen Kumyß-Säcken waren die Mikroorganismen der älteren Zubereitungen vorhanden, die zusammen mit etwas älterem Getränk quasi die Starterkulturen bildeten. Der echte Kumyß wurde nur in Schläuchen gegoren und sein Alkoholgehalt konnte bis zu 3–6 % betragen. Krünitz berichtet von einem »merklichen Weingeschmack«.

Desweiteren schildert Adam 1933 die Bereitung des Kumyß im »heutigen« Kaukasus: »Alle Ursprünglichkeit scheint bei der Kumyßbereitung im heutigen Kaukasus verloren gegangen zu sein: Man mischt zur Einleitung der Gärung 4 Tl. Stutenmilch mit 1 Tl. flüssiger Bierhefe, welche man unter häufigem Umrühren 48 Stunden lang bei 20–25°C einwirken läßt. Zu dieser ersten Säuerung fügt man dann die fünffache Menge frischer Stutenmilch, und füllt die Flüssigkeit nach 4 stündigem Stehen bei 22–25 °C in Flaschen. Nach 8 stündiger Lagerung im Keller bei 8° C wird der nunmehr fertige Kumyß bald verbraucht, ›denn das Getränk hält sich nur kurze Zeit‹.«

Meth (1)

Universal-Lexikon der Kochkunst
Leipzig 1890

2,5 kg Honig
12 ltr Wasser
2 EL Bierhefe
Muskatblüte
Zimt
Ingwer

»Meth.

Man löst 2 ½ Kilogramm Honig in 12 Liter Wasser auf, kocht Beides unter fleißigem Abschäumen bei gelindem Feuer etwa drei Viertelstunden lang, läßt die Flüssigkeit bis auf 10°R. [=12,5°C] abkühlen, füllt sie in ein offenes Faß oder einen sehr sauberen hölzernen Bottich, mischt zwei Eßlöffel gut geklärte Bierhefe hinzu, deckt und bindet das Gefäß mit Tüchern zu, laßt es zwei Tage ruhig stehen, seiht die gährende Flüssigkeit durch, füllt sie in ein Faß, hängt ein leinenes Beutelchen mit ein wenig gestoßener Muskatblüthe, Zimmt und Ingwer hinein, stellt das Faß in den Keller, verspundet und verpicht es, oder gräbt es wohlverschlossen in die Erde ein, läßt den Meth 2–3 Monate gähren, zieht ihn dann auf Flaschen ab und nimmt ihn in Gebrauch; er gewinnt jedoch noch sehr durch längeres Lagern in den Flaschen und liefert ein starkes, weinartiges Getränk.«

Meth (2)

16 ltr Wasser, 3–3,5 kg Honig
4 EL Bierhefe, 4 Zitronen
30 g Zimt, 15 g Kardamom, 3–4 Nelken

»Oder man gießt 12 Liter Wasser in einen Kessel, macht sich ein Zeichen an der innern Wand des Kessels, um zu sehen, wie hoch das Wasser darin steht, thut noch 4 Liter Wasser und 3–3½ Kilogramm Honig hinzu, kocht und schäumt die Flüssigkeit eine halbe Stunde lang, schüttet eine knappe Hand voll sehr guten Hopfen hinein und setzt das Kochen so lange fort, bis die Flüssigkeit wieder bis auf 12 Liter eingedampft ist, was man an dem zuvor im Kessel gemachten Zeichen erkennt. Nun schüttet man das Gebräu in einen Holzbottich, läßt es kurze Zeit abkühlen, mischt vier Eßlöffel frische, gute Bierhefe hinzu, bedeckt den Bottich mit Tüchern, bindet ihn zu, läßt ihn 48 Stunden stehen, seiht die Flüssigkeit durch, gießt sie in ein Fäßchen, hängt ein leinenes Beutelchen mit vier in Scheiben geschnittenen, von den Kernen befreiten Citronen, 30 Gramm gestoßenem Zimmt, 15 Gr. Cardamomen und drei bis vier Gewürznelken in dasselbe, verschließt es mit einem Spund, stellt es 6–8 Wochen in den Keller und zieht den Meth dann auf Flaschen.«

Champagner Wein von Birkenwasser

JOHANN GEORG KRÜNITZ
OEKONOMISCHE ENCYKLOPÄDIE, 1773–1858

22,5 ltr Birkenwasser, 3–4 EL Hefe
3,7 ltr Brandwein
4 Zitronen

»Um Champagner Wein von Birkenwasser zu machen, nimmt man 20 Berliner Quart, (oder 24 Dresdner Kannen) frisches Birkenwasser, und 8 Pfund Zucker, läßt beides zusammen in einem verzinnten Kessel den 4ten Theil einkochen, rein abschäumen, alsdenn abnehmen, durch ein sauber Tuch gießen, und zwar in dasjenige Fäßchen, worinn es bleiben soll. Sobald dies Decoct ausgekühlt ist, gießet man 3 bis 4 Eßlöffel frische warme Hefen, ¾ Berl. Quart (oder 4 Dresdn. Kannen) alten Franzwein in das Fäßchen, welches aber davon nicht voll werden mus. Alsdenn thut man noch 4, in dünne Scheiben geschnittene, Citronen hinzu, läßt es hierauf gähren, und, nachdem es abgegohren, verspündet man es wohl, damit es sich setze. Wenn das Fäßchen 4 Wochen im Keller gelegen hat, füllet man dies Getränk in Bouteillen, pfropfet und verpichet sie wie gewöhnlich; nur läßt man, das Zerspringen derselben zu hindern, in jeder Bouteille etwas fehlen.«

Decóct =Absud
1 Dresdner Kanne = ca. 0,93 ltr

Birkenwein. Birkenmeth

CHRISTINE CHARLOTTE RIEDL
LINDAUER KOCHBUCH, 1894

2 ltr Birkensaft
560 g Zucker
Zitronenschale, Nelke, Zimt
Arak oder Rum

»Birkenwein. Birkenmeth.

Wird aus dem Saft der Birke bereitet. Um diesen zu erhalten, bohrt man, ehe noch der Frost ganz aus der Erde ist, 5 Ctm. tief an der Mittagsseite der Birke ein Loch, steckt eine Röhre hinein, und leitet so den Saft in ein Gefäß, das man entweder unten hinsetzt oder an der Birke befestigt. In vierundzwanzig Stunden kann man 2–2 ½ Ltr. (2–2 ½ Maß) erhalten. Man kocht hiervon nun circa 2 Ltr. (2 Maß) eine Stunde lang mit 560 Gr. (1 Pfund) Zucker unter Beigabe von Zitronenschale, einiger Nelken und etwas Zimmt, schäumt ihn ab und läßt ihn erkalten, und zieht den Birkenwein, nachdem er filtriert ist, dann auf Flaschen ab, in deren jede man ein kleines Liqueur=gläschen feinen Arak oder Rum gibt. Die durch den Bohrer in die Rinde gemachte Oeffnung muß mit Holz, Thon oder Harz verstopft werden, damit der Baum nicht Schaden leide.«

КВАС
13

Kwas (1)
Universal-Lexikon der Kochkunst
Leipzig 1890

5 kg Roggenmehl
0,5 kg Malz
0,5 kg Buchweizenmehl
30 ltr Wasser (für den Ansatz)
weiteres Wasser zum Verdünnen

»Dieses in jedem russischen Haushalt unentbehrliche Lieblings- und National-Getränk, welches außerdem auch zu allerhand Suppen und anderen Speisen gebraucht wird, stellt man sich selbst für den Wirthschaftsbedarf im Hause auf nachstehende Art her. Fünf Kilogramm Roggenmehl, ½ Kilogramm Malz und ½ Kilogramm Buchweizenmehl werden in einem Bottich mit 3 Liter warmem Wasser verrührt, worauf man 3 Liter siedendes Wasser darübergießt; nach Verlauf von einer halben Stunde schüttet man wieder 6 Liter kochendes Wasser zu und wiederholt dies in halbstündigen Zwischenräumen noch dreimal. Man rührt das Wasser mit dem Mehl gut um, läßt es abkühlen, deckt es zu und läßt es 24 Stunden an einem ziemlich warmen Ort stehen; am folgenden Tage verdünnt man den Kwas mit kaltem Wasser, stellt ihn ins Kühle, läßt ihn gehörig säuern und füllt ihn auf Flaschen. Wenn der Kwas zu Ende geht, läßt man immer einige Liter des Getränks in dem Gefäß zum Ansäuern des nächsten Kwas; den dicken Bodensatz gießt man unter das Viehfutter.«

Kwas (2)
je 12 ltr getrocknete Äpfel und Birnen
26–36 ltr Wasser
pro Flasche eine Handvoll Rosinen

»Außer diesem Getreide- oder Brod-Kwas macht man auch Kwas von Obst und erhält z. B. einen sehr guten Aepfel-Kwas, indem man reife, in Scheiben geschnittene, vom Kernhaus befreite Aepfel und ganze Birnen auf Fäden reiht und an der Sonne trocknet, dann in ein Faß von etwa 50–60 Liter Gehalt 12 Liter getrocknete Aepfel und ebensoviel Birnen schüttet und das Faß mit abgekochtem, ausgekühltem Wasser füllt. Man läßt es nun drei Tage an einem mäßig warmen Ort stehen, schafft es danach in ein kühles Gewölbe, bedeckt das Spundloch mit einem Stück Leinwand und läßt den Kwas gähren. Ist die Gährung vorüber, so verspundet man das Faß, zieht nach vier Wochen den Kwas auf Flaschen, thut in jede eine Handvoll Rosinen hinzu, verkorkt und verpicht die Flaschen und läßt sie, am besten in einer Schicht Sand im Keller vergraben, noch etliche Monate lagern, bevor man das Getränk in Gebrauch nimmt.«

Zibeben=Wein

MARIA ELISABETHA MEIXNER
LINZER KOCHBUCH, LINZ 1828

2,24 kg Weinbeeren / Rosinen
4,23 ltr Wasser
3 Zitronen
Hefe

»Zibeben=Wein.

Nimm 4 Pfund recht große Zibeben, wasche sie rein aus, trockne sie mit einen Tuche ab, nimm die Kerne heraus, und die Stängel davon weg, gib sie in ein reines Geschirr, schütte 3 Maß siedendes Wasser darüber, und von 3 Limonien die Schalen und den Saft, gib 2 Eßlöffel voll süße Germ dazu, und laß es über Nacht gähren; den andern Tag vermachet man das Geschirr gut, und läßt es 4 Tage in dem Keller stehen; dann seihet man den Saft durch ein Fließpapier, und füllet ihn in Bouteillen, verstopft sie gut, und leget sie in den Keller; will man davon trinken, so gibt man in ein Weinglas ein wenig gestoßenen Zucker, gießet den Zibeben=Saft darauf, so gleichet er einem Champagner=Wein.«

Zur Zeit der Meixner verstand man unter Germ bzw. Hefe, flüssige Bierhefe, die beim Brauen anfiel, daher die Maßeinheit Löffel. Von den Zutaten erinnert das Rezept entfernt an südliche Süßweine wie Malaga, der ebenfalls aus Rosinen hergestellt wird.

Wie Kräuter Bier zu machen

MARIE SOPHIE SCHELLHAMMER
DAS BRANDENBURGISCHE KOCH=BUCH
BERLIN 1723

»Wie Kräuter Bier zu machen.

Von Kräutern so zum Kräuter=Bier gehören, sind folgende: Wermuth, Cardebenedicten, Salbey, Aland, Wacholder, Melissen, Isop, Rosmarien, Ochsenzungen, Augentrost, Attich, Hollunder=Blüth, Jüden=Kirschen, Lavendel, Spicanarden, Hirschzungen, Borragen, Beyfuß. An Körnern Wacholderbeer, Lorbeer=Beer, Fenchel, Anis.«

Die Schellhammerin schildert dann ausführlich verschiedene Möglichkeiten, wie man Kräuterbier herstellen kann: entweder durch Zugabe gleich beim Brauvorgang, durch Beifügung getrockneter Kräuter beim Abfüllen des Bieres in Fässer oder durch Herstellen eines alkoholischen Kräuterauszuges mit Brandwein. »Vom selben kan man etzliche Tropffen oder einen Löffel voll, so wohl in Bier als [auch] Wein thun, und durch einander rühren, so hat man ein gut Kräuter=Bier.«

Gläser stammen aus späterer Zeit
Justizvollzugsanstalt Ludwigsburg.
NESCAFÉ
Rustica
extrakräftig
aromatisch
NESCAFÉ
Rustica
extrakräftig
aromatisch

Destillate

Ein großer Schritt in der Alkoholbereitung war die Entdeckung und Verfeinerung der Destilliertechnik. Zwar nutzten die frühen Hochkulturen dieses Verfahren schon zur Herstellung von Teer, Duftwässern und Kosmetika, die Gewinnung von Trinkalkohol gelang aber erst vor rund 1000 Jahren. Dieser anfangs »brennendes Wasser« genannte, konzentrierte Alkohol erlangte große Bedeutung für die Heilkunde. Als »Aqua vitae« wurde es gegen vielerlei Gebrechen eingesetzt. Ausgangsprodukt für die Alkoholdestillation sind die gegorenen Maischen oder angesetzte Mischungen aus bereits alkoholhaltigen Flüssigkeiten.

Die Abbildung auf der vorherigen Seite zeigt eine sehr basale Destillieranlage, die um 1975/76 in der Zelle des RAF-Mitglieds Jan-Carl Raspe im Hochsicherheitstrakt der JVA Stuttgart-Stammheim gefunden wurde. Die Schläuche waren ursprünglich zur Zwangsernährung bei Hungerstreiks gedacht. (Die Gläser sind in späterer Zeit durch das Justizvollzugsmuseum Ludwigsburg ausgetauscht worden.)

Milchbranntwein

Auch vergorene Milchprodukte können durch Destillation zu Branntwein verarbeitet werden. »Es ist schon, als von der weinartigen Gährung der Milch geredet wurde, etwas von dem Branntwein angeführt worden, den die Tataren vermittelst der Destillation aus der Kameelmilch bereiten; dieser Gebrauch ist unter ihnen schon sehr alt, denn nach dem Berichte des Venetianers Marco Pauli bereiteten sie schon im 13ten Jahrhundert ein Getränk davon das dem weißen Weine ähnlich war. Die Reisebeschreiber haben die Art, wie sie dabey verfahren, bekannt gemacht, und man hat es in Europa nachgeahmt und verbessert.

Die Vorrichtung, deren sie sich bey dieser Destillation bedienen, besteht in einer Art von eisernem Kessel, der auf einen Dreyfuß gestellt wird, und unter dem man Feuer anzündet. Dieser Kessel wird, wenn er bis zur Hälfte mit Milchwein gefüllt ist, mit einem gewölbten hölzernen Deckel bedeckt, der in der Mitte durchbohrt, und mit einem Stöpsel versehen ist, den man nach Gefallen hineinstecken und wieder herausnehmen kann; in das

Seitenloch steckt man eine umgebogene hölzerne Röhre, welche in ein, in Wasser gesetztes, Gefäß ausläuft.

Aus dieser Beschreibung sieht man, daß man diese Vorrichtung der Tataren mit einem Destillirkolben vergleichen kann. Und in der That geschieht die Destillation eben so, wie mit einem gewöhnlichen Destillirkolben. Aber weil man sie nicht mit genugsamer Sorgfalt anordnet und weil während der Operation sich auf dem Grunde des Kessels ein Bodensatz bildet, der sich daselbst anhängt und anbrennt, so wird dadurch das destillirte Produkt zuweilen gefärbt und hat immer einen unangenehmen brandichten Geschmack. Diese Unbequemlichkeit abgerechnet, ist dies Produkt ein wahrer brennbarer Alkohol, wie der, den man aus dem Weine abzieht.« (Krünitz) Der Alkoholgehalt ist in den verschiedenen Quellen mit 1–12 Vol. % angegeben. Durch wiederholte Destillation entstehen Branntweine von 40 Vol. % und mehr.

»Hie und da wird noch von einer anderen, höchst sonderbaren, bei den Mongolen üblichen Destillation geredet. Sie nehmen dazu Lammfleisch, mischen es mit saurer gegorener Milch und gewinnen daraus einen Branntwein.« (Adam)

Brandtewein aus dem Wein=Hefen zu brennen

Marie Sophie Schellhammer, Das Brandenburgische Koch=Buch, Berlin 1723

»Brandtewein
aus dem Wein=Hefen zu brennen

Aus dem Hefen, welche sonst ein greuelhaffles Ding, kan man doch einen starcken Brandtwein ziehen. Je besser aber der Wein, davon der Hefen ist, je kräfftiger und edler der Brandtwein wird; Es müssen aber die Hefen, wann sie aus dem Fasse kommen, nicht lang liegen, sondern wohl zugedeckt verbleiben, damit die darinnen wohnende Geister nicht unnützlich verrauchen. Man muß die in den Brenn=Kessel gegossene Hefen, indem man die Hitz zu geben anfängt, immerzu mit einem höltzernen Rürholtz aufrühren, daß sie nicht anbrennen, biß es beginnet zu kochen, dann setzt man den Hut drauf und thut seine Rohre in diejenige, die in das mit Wasser gefüllte Faß gehet, daß sie beyde beysammen wohl vermacht seyn, und setzet so dann den Recipienten oder grosses Glaß davor, daß die Röhre ins Glaß gehet, und wohl verklebt ist, so wird der Brandtwein nach und nach abtropffen, bis die Spiritus vini herüber gegangen; Der erste Vorschuß ist der beste, den muß man absonderlich aufheben, mit dem letzten gehet das Wasser, das kan man wissen, wann man in ein Geschirr ein wenig geust, und mit einem Pappier oder Wachslicht anzündet, wann es nimmer recht blau aufbrennet, sondern nur zischet, so hebt man den Hut ab; Der gute Brandtwein wird in grosse Gläser eingefasset, und sehr wohl verbunden, daß er nicht verrauche.

Tanara saget: Daferne man wissen will, ob der Brandtwein recht wohl rectificirt sey, soll man ein Tröpfflein Oel hinein giessen, wann es bald zu Boden sinckt, so sey er recht gut. Die Überbleibung von dem Hefen thut man beyseits vor die Schweine.

(…) Von starcken Bierhefen kan man auch einen ziemlich guten Brandtwein ziehen, wiewohl er nicht so starck und gut als der erste, wie leicht zu muthmassen.«

Der Vorschuss oder Vorlauf gilt aufgrund seines Gehaltes an giftigem Methanol und anderen ungenießbaren Stoffen heute keineswegs mehr als trinkbar. Auch das Brennen von schimmeligen Früchten, wie im nächsten Rezept empfohlen, sollte nicht mehr praktiziert werden.

»Brandtwein aus Obst zu machen.

Aus dem meisten Obst, das einen Safft hat, kan man einen Brandtwein brennen, als Aepffeln, Birn, Pflaumen, Kirschen, Weichseln, ja gar aus den Vogel=Beeren, sonderlich wann ein Jahr ist, da das Obst häuffig abfällt, und man sonst nichts damit thun kan, bevoraus, wenn es noch nicht völlig zeitig ist; man kan auch die Schelffen von allem Obst, was man schählet, darzu nehmen.

Von den Pfirschen, wann sie häuffig wachsen und faulen, kan man auch guten Brandtwein brennen, ohne daß man es am Geschmack ein wenig mercket; Durch dieses Mittel kan man alles Obst, wanns gleich zu faulen anfängt, zu Nutzen bringen; es muß aber alles vorhero zermuset in ein ziemliches grosses stehendes Faß gethan, und Wasser darauf (doch nicht zuviel) gegossen werden, also muß es stehen bleiben 14. Tage, oder bisweilen länger, nachdem es an einem kühlen oder warmen Ort stehet, bis es anfängt aufzugieren und sauer zu werden, hernach wird es auf vorige Art in den Brandtwein=Kessel eingelegt und ausgebrannt.

Man glaubt, wann das Obst zum Ausbrennen im wachsenden Monden gelesen wird, soll es besser und kräfftiger seyn, auch mehr Brandtwein geben.«

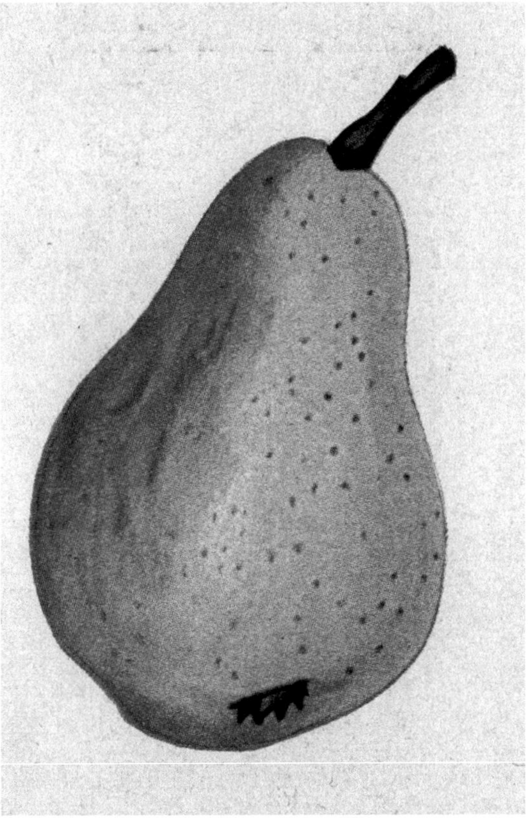

Ein wasser vor das abnehmen, vor alte und junge leute zu gebrauchen.

Eleonora Fürstin zu Lichtenstein
Freywillig aufgesprungener Granat=Apffel.
Leipzig 1709

»Nimm cichori oder wegwarten, scabiosen, lungen=kraut, gülden leberkraut, hirsch=zungen, ehrenpreis, iedes ein hand voll; diese kräuter klaube gar sauber, sie seyen gleich dürr oder frisch, sodann gehackt; ferner nimm 50 krebse in wasser gesotten, und ausgelöscht, nimm auch 50 schnecken mit sammt den häußlein auch in wasser gesotten, aber keines von diesen gesaltzen, löse die schnecken aus, zerhacke sie unter die krebse; nimm auch ein hasel=hüngen, rupffe das sauber, thue die därme davon, also auch einen jungen bratigen capaun, denselben thue mit einem schnürlein erdroßeln, und aufhencken, daß kein blut wegkommt, thue ihn sauber putzen, und die därme heraus; nimm dann den capaun und das hasel=hun, thue sie in einen grossen topf, gieß 2 maaß frisch brunnen=wasser darauf, decke es zu laß es sieden, biß der capaun und das hasel=hun von den beinen fällt: darnach nimm wieder den capaun und das hasel=hun, zerstosse sie in einem steinern mörser, und gieß die suppen fleißig daran in einem glaßirten hafen, die vorigen kräuter darzu, laß es über nacht oder drey stunden auf einer warmen heerdstatt stehen; zu morgens nimm aus einem kalbe das ganze gekröß noch warm, zerhacks, und thu es auch darzu, und 2 maaß frisch gemolckene geiß=milch, alles durch einander gemengt, sodann brenne es gleich aus, in 2 oder 3 brenn=hüten, auf daß es alles in einem tag ausgebrennt werde, aber nicht heiß, sondern kühl.

Wann man die kräuter einweicht, muß man zugleich 2 loth manna damit einweichen, und mit ausbrennen, auch 2 schild=kröten, doch die köpfe und Füsse zuvor abgehackt, zum andernmahl, wann mans in den glasierten hafen tut, darzu legen, und sieden lassen, und dann alles mit einander ausbrennen. Das ausgebrennte wasser soll man in einem glasierten geschirr aufheben, und alle tage morgens drey stunden vor dem essen, ein gläßlein voll laulicht, etwan ein halbesnössel oder seidel auf einmahl, mit zuckereandt süß gemacht, austrincken, und also auch drey stunden nach dem mittag=essen gebrauchen, biß das wasser ein ende hat; doch muß man solches wasser in einem trucknen und kühlen orte aufbehalten.«

Der »Freywillig aufgesprungene Granat=Apffel« steht noch in der Tradition der Humoralpathologie von Hippokrates und Galen. Das Buch besteht aus einem »Artzney=Buch« und einem Koch=Buch. Beide geben Einblick in die damaligen Heilmethoden, wie auch in den medizinischen Aberglauben, der zum Teil an alchemistische Rituale erinnert.

Pünsche und Bowlen

Das deutsche Wort Punsch ist schon vor dem 17. Jahrhundert aus dem englischen »punch« entlehnt, welches wiederum mit dem Hindi-Wort »pantsch«, für »fünf«, verwandt ist. Der klassische Punsch hatte fünf Zutaten: Arrak, Zucker, Limonensaft, Gewürze und Wasser (Kluge). Andere Quellen nennen auch Zitrone und Tee. (Arrak ist ein Branntwein aus Zuckerrohrmelasse, Reis und vergorenem Palmensaft, dessen Aroma an Rum erinnert.). Punsch oder auch Glühwein werden in der Regel heiß getrunken. Es gibt unter den zahllosen Rezepten auch solche, die sich in Richtung Bowlen, ja sogar in Richtung Milchmixgetränk bewegen (siehe Escoffiers »Le Milk Punsch«). Bowlen sind nach ihren Serviergefäß benannt und gehören im weitesten Sinne zu den Kaltschalen und Fruchtsuppen.

Liköre, Liqueure und Ratafias

Likör, aus dem französischen Liqueur, wo es eigentlich »flüssig« bedeutet, bezeichnet eine, meist süße und fruchtige Mischung aus Alkohol und verschiedensten Zutaten. Obwohl sich die aus dem Italienischen und Französischen übernommene Bezeichnung Ratafia ursprünglich ausschließlich auf einen Likör auf Basis von Früchten, Fruchtsäften oder –blüten bezog, wurden die Begriffe bald synonym gebraucht.

Man unterscheidet Liköre, die mittels Destillation gefertigt sind, von denen, die als Ansatz gemischt werden. Zum Schluss (Seite 56) der Getränkebetrachtungen seien zwei der seltenen Rezepte genannt, die den Bogen zu den Fleischbrühen schlagen.

Punsch

Katharina Prato
Die süddeutsche Küche, Gratz 1873

560 g Zucker
1 Zitrone
3–4 Bitterorangen
½ Glas Rum
1,4 ltr Wasser
9 g russischen Tee
evtl. weiteren Rum

»Punsch.

1 Pfund Zucker zu kleinen Stücken geschlagen, gibt man in den Topf, dazu von 1 Limonie und von 3 oder 4 Pomeranzen den Saft und ½ Glas Rum. Dies stellt man zugedeckt an einen warmen Ort. Dann schüttet man 4 Seidel siedendes Wasser auf ½ Loth russischen Thee, seiht es nach einigen Minuten ab, schüttet es zu dem Uebrigen und serviert es sogleich. Rum gibt man in Flaschen besonders dazu, damit sich den Punsch Jeder nach Geschmack verstärken kann. Viele geben auch den Geruch [Schale, Öl?] einer Limonie dazu, was jedoch Anlaß zu Kopfschmerzen geben soll.«

Brändel=Punsch

Universal-Lexikon der Kochkunst
Leipzig 1890

1 kg Hutzucker
1 Fl Rum
2–3 Fl Weißwein
1 ltr schwarzer Tee
1 Zitrone, 1 Apfelsine

»Brändel=Punsch.

Man stellt einen großen glasirten Topf, in dem vorher Wasser gekocht wurde und worin nichts Fettes gewesen, in der Küche auf den Herd, legt zwei flache Eisenstäbe oder starke Blechlöffel darüber, auf die man 1 Kilogramm Zucker legt, das man mit einer Flasche Rum begießt und dann mit einem Fidibus vorsichtig anzündet, so daß der schmelzende Zucker in den Topf läuft. Sobald der sämmtliche Zucker geschmolzen und der Rum ausgebrannt ist, gießt man zwei bis drei Flaschen Weißwein und 1 Liter nicht zu starken, schwarzen Thee daran, ebenso drückt man den Saft einer Zitrone und einer Apfelsine in das Getränk, welches man zugedeckt drei Stunden in einer warmen, aber nicht zu heißen Ofenröhre stehen läßt, bevor man es serviert.«

Der Begriff »Feuerzangenbowle« ist ein Kind des 20. Jahrhunderts, die Art solcher Pünsche ist indes wesentlich älter.

Crampampoli

Katharina Prato
Die süddeutsche Küche, Gratz 1873

1 Fl Wein
560 g Hutzucker
Arak (oder Rum)
0,35 ltr Champagner

»Crampampoli.

Man gibt in eine irdene Schüssel eine Flasche Wein, legt einen passenden eisernen Rost darüber und auf diesen ein Stück mit Arak getränkten Zucker, welchen man anzündet und ganz geschmolzen in den Wein laufen läßt. Auf diese Weise wird ein Pfund Zucker nach und nach über dem Weine verbrannt, worauf man 1 Seidel Champagner beifügen kann. Ist das Getränk jemanden zu stark, so gibt man im Glase etwas Wasser dazu.«

Der Name Krambamboli wurde für verschiedene Liköre und Pünsche benutzt. Laut dem Grimmschen Wörterbuch soll es sich ursprünglich um einen polnischen Wacholder– oder Kirschbranntwein gehandelt haben: »das ist krambamboli, und zwar feiner, ... ich trank davon und fand einen rosenrothen honigsüszen schwachen likör. ... jetzt führt den namen ein getränk aus heiszem brantwein mit zucker, ›schnapsglühwein‹«.

Geglühter Wein

Catharina Fehre, Livländisches Koch= und Wirthschaftsbuch, Riga 1823

1 Fl Rotwein
ca. 16 g Zimt
ca. 8 g Nelken
1 Prise Muskatnuß
ca. 50 g Zucker
ca. 120 g Zucker
Weißbrot

»Geglühter Wein.

Auf eine Drei=Quart=Bouteille rothen Wein nimmt man 1 Loth Kanehl, 2 Quentchen Nelken und eine Prise Muskatnuß. Der Kanehl wird in kleine Stücke gebrochen und das andere gröblich gestoßen; setzt dann in einem kleinen Kasseroll 3 Loth gestoßenen Zucker mit 2 Löffel Wasser aufs Feuer und röstet ihn, bis er anfängt zu rauchen und gelblich zu werden; giebt nun den Wein darauf, noch ¼ Pfund Zucker und das Gewürz hinzu, deckt es fest zu und läßt es eine Viertelstunde auf Kohlfeuer ziehen, aber nicht kochen; alsdann giebt man ihn durch das Haarsieb in die Terrine, serviert ihn in Tassen und giebt größtentheils Weißbrod dazu herum.«

Grog

Katharina Prato
Die süddeutsche Küche, Gratz 1873

1 Glas Rum
0,7 ltr Wasser
280 g Zucker

»Grog. Matrosen=Punsch.

Man gibt 1 Glas Rum und 16 Loth Zucker in 2 Seidel siedendes oder kaltes [sic.] Wasser und füllt es in Gläser.«

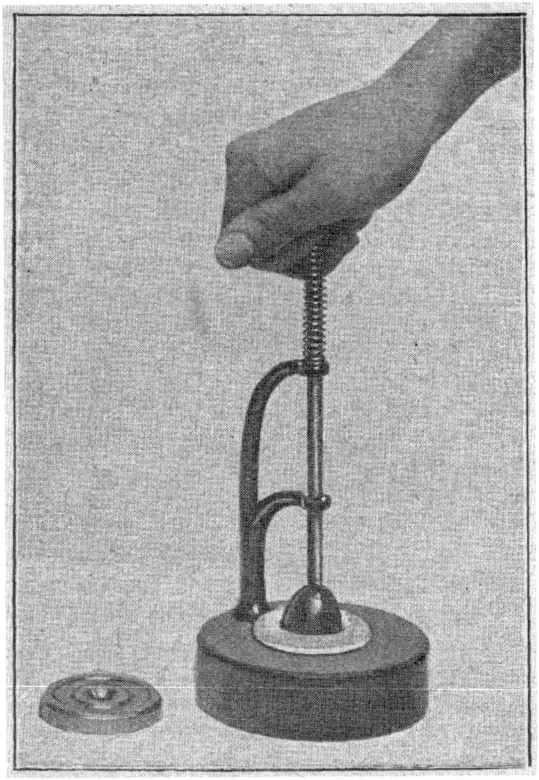

Punsch=Royal kalt (Bowle)

Emma Allestein (M. Schlömilch)
Das beste bürgerliche Kochbuch, Gera 1896

1 kg Zucker
12 Zitronen oder 60 g Zitronensaft
16 g schwarzer Tee
1 Fl Rheinwein
1 Fl Burgunder
1 Fl Arrak
1 Fl Maraschino
1 Fl Champagner

»Punsch=Royal kalt (Bowle)

Zu 2 Pfd. Zucker nimmt man den Saft von 12 Citronen (oder 60Gr. Citronensaft), gießt kochendes Wasser worin 16 Gr. schwarzer Thee gebrüht ist, durch eine Serviette in die Terrine zu dem Zucker und Citronensaft und vermischt diesen Punsch dann mit altem Rheinwein, Burgunder, Arrak, Maraschino von jedem 1 Flasche, und giebt, wenn man ihn serviert, 1 Flasche Champagner darunter.«

Maraschino ist ein Likör aus den Kernen von Sauerkirschen.

Le Milk-Punch. Milch-Punsch

Auguste Escoffier, Kochkunst-Führer, Nordhausen 1923

»Le Milk-Punch. Milch-Punsch.

Proportionen für 1 Liter:
3 ½ Deziliter 17 grädiger Zuckersirup (2 ½ Deziliter Wasser und 150 g Zucker). Das Eigelb [sic! eher: das Gelbe, die Schale] von 2 kleinen Orangen und 2 Zitronen,
3 Deziliter Rum,
1 Deziliter Kirschwasser
1 ½ Deziliter Milch
und der Saft von
3 Orangen und 3 Zitronen.

Zubereitung:

Den Sirup zum Kochen bringen, die Orangen– und Zitronenschalen hineinwerfen, zudecken, 10-12 Minuten ziehen lassen, dann Rum, Kirschwasser, Milch, Orangen– und Zitronensaft hinzufügen und 3 Stunden stehen lassen. Im letzten Augenblick filtrieren und recht kalt servieren.«

Milch-Mischgetränke

Grete Willinsky, Kochbuch der Büchergilde Frankfurt am Main 1958

»**Bananenmilch.**

1 l Milch, 3 Bananen,
Saft 1 Zitrone,
1 Vanillezucker,
1 Eßlöffel Zucker.

Wenn Sie kein Mixgerät haben, drücken Sie die Bananen mit einem Holzstampfer zu Brei, vermischen das Bananenmus mit Zucker, Vanillezucker und dem Saft einer Zitrone und gießen langsam, unter fleißigem Peitschen mit der Schneerute, die Milch dazu. Kalt stellen!«

»**Erdbeermilch, Himbeermilch.**

1 l Vollmilch,
½ Pfund Wald– oder Gartenerdbeeren oder Himbeeren,
1 Eßlöffel Zucker

Sie drücken die reifen Beeren mit dem Holzstampfer zu Muß, zuckern und gießen unter Schlagen mit der Schneerute, nach und nach die Milch dazu. Kalt stellen! Vor dem Servieren durchschütteln.«

»Rohe Milch ist für Mischgetränke nicht nur schmackhafter, sie ist auch leichter zu verdauen als gekochte. Wer aber Angst vor Tuberkulose hat – bediene sich der pasteurisierten Kindermilch!«

Libby-Cocktails

Deutsche Libby Gesellschaft
Libby's Kochbuch, Hamburg 1950

»Alle Cocktails und Mischgetränke werden im Schüttelbecher hergestellt. Falls nicht Früchte zerkleinert werden müssen, kann man auch einen Schneebesen zum Mischen verwenden. Die Getränke werden mit Eisstückchen gereicht. Die alkoholfreien Mischgetränke können mit Selterswasser aufgefüllt werden. Sie dürfen nach Zugabe der Kohlensäure nicht mehr geschüttelt werden.

Kaffee-Cocktail

2 Eßl. fein gemahlener Kaffee,
2 Eßl. Zucker, 2 Eigelb,
4 Likörgläser Weinbrand,
6 Eßl. Libby-Milch

Nuß-Cocktail

8 Teel. gemahlene Walnüsse, 2 Teel. Kakao,
2 Eßl. Zucker, ½ Stange Vanillemark,
5 Likörgläser Rum, 1 Likörglas Gin,
6 Eßl. Libby-Milch

Orangen-Cocktail

8 Teel. Orangen-Konfitüre,
2 Teel. Zucker,
4 Likörgläser Rum,
4 Eßl. Libby-Milch«

Offene Augen

Mixi-Elektrogeräte GmbH
Koche mit Mixi, Esslingen 1954

»Offene Augen.

1 Eiweiß, 1 Glas Wisky
2 Glas Genever [Wacholderbrand]
2–3 Teelöffel Zucker
1 Eßlöffel Zitronensaft
Selterswasser, Eiswürfel

Eiweiß, Zucker und Zitronensaft im Mixer schaumig schlagen. Alkohol ca. 3 Sek. beimischen. Nach Wunsch mit Selterswasser verdünnen und mit Eis und Strohhalm servieren.«

Gurkenbowle

Bowlen und Pünsche, durchgesehen von D.H.G. Hanckwitz, Leipzig 1926

Rotwein, Gurke
Maraschino

»Gurkenbowle.

Man gießt zwei bis drei Flaschen guten Rotweins in eine Terrine, stellt diese kalt und hängt eine abgeschälte frischgepflückte Gurke hinein, so lange, bis sie ganz von dem Wein durchzogen ist. Dann preßt man die Gurke leicht aus, gießt den Saft durch ein Sieb zu dem Weine und fügt auf jede Flasche Wein ein Likörglas Maraschino hinzu.

Zweite Art

[Weißwein, Gurke, Zucker, Sekt]

Man schält eine lange frische Gurke, schneidet sie der Länge nach in Viertel oder Achtel und spießt die Stücke auf eine silberne Gabel. Darauf läßt man zwei bis drei Flaschen leichten Weißweins an diesen Gurkenschnitten entlang in das Bowlengefäß laufen, entfernt die Gurke und setzt zu der Bowle noch zwei bis drei Flaschen des gleichen Weißweins und den nötigen Zucker und Sekt zu.

Zuviel Wein über die Gurken gegossen gibt der Bowle den in diesem Falle nicht willkommenen Geschmack des Gurkensalats.«

Bierkalteschale in Gläser

Henriette Davidis, Zuverlässige und selbstgeprüfte Recepte der gewöhnlichen und feineren Küche, Osnabrück 1845

Schwarzbrot, Korinthen
Zimt, Zucker, Bier

»Bierkalteschale in Gläser.

Geriebenes Schwarzbrot, gewaschene und aufgekochte Korinthen, Zimmet, Zucker, einige Zitronenscheiben und Bier.«

Dieses als Getränk aufgeführte Rezept ähnelt der in Tellern servierten Bierkalteschalen und natürlich der berühmt, berüchtigten Altbierbowle mit Früchten.

Paradoxer Gewürzwein.

Marcus Gavius Apicius
(ca.25 v. Chr.–40 n. Chr) De re coquinara – Über die Kochkunst

4,9 kg Honig
1,1 ltr Wein
110 g Pfeffer
3,4 g Mastix (Harz)
4,4 g Narden– oder Lorbeerblatt
4,4 g Safran
5 Datteln
Wein
9,9 ltr Wein

»Conditum paradoxum.
Paradoxer Gewürzwein.

15 Pfund Honig werden zu zwei Sextarien Wein in ein ehernes [metallenes] Gefäß gegeben, so daß du den Wein zu einer Honigbrühe einkochst. ... Dann (gib) 4 Unzen Pfeffer dazu, 3 Skrupel gemahlenen Mastix, je eine Drachme (Narden– oder Lobeer–) Blätter und Safran, fünf geröstete Dattelkerne samt der vorher in Wein eingeweichten Datteln, vorher aber gib nach Menge und Anzahl soviel Wein dazu, daß man eine milde Gewürzmischung erhält. Wenn das alles fertig ist, gib 18 Sextarien milden Weines dazu.«

Es empfielt sich, die Menge des Honigs deutlich zu reduzieren, da die Mischung sonst erheblich zu süß schmecken würde. Hat man das Gefühl, der Wein hätte genug gezogen, dann filtert man ihn. Über eventuell auftretenden, schleimigen Bodensatz muss man sich nicht beunruhigen.
In einer anderen Übersetzung wird Conditum paradoxum mit Erlesener Würzwein übersetzt. Gewürzte Weine und Weinmischungen waren bei den alten Römern sehr beliebt. Sie sind die Vorläufer der Wermutweine, die wir heute noch als Aperitif trinken. Das Kochbuch des Apicius, die älteste komplexe Rezeptsammlung abendländischer Kochkultur, nennt weiterhin Rezepte für Rosen– und Veilchenwein.

Maitrank

Henriette Davidis, Zuverlässige und selbstgeprüfte Recepte der gewöhnlichen und feineren Küche, Osnabrück 1845

70 g Melisse
53 g Blätter von der schwarzen Johannisbeere
17,5 g wilder Thymian
13 g Pfefferminze
9 g Estragon
Pimpinelle
grober Thymian
5 Blätter von gelbem Salbei
9 g Balsam
Lavendel
2–3 Zitronen
4–5 Flaschen Rheinwein
4–5 Flaschen Moselwein
88–140 g Zucker pro Flasche Wein
Apfelblüten, Veilchen und Erdbeerblüten

»Maitrank.

Vier Loth Melisse, 3 Loth schwarze Johannisbeerblätter, 1 Loth wilder Thimian, Krausemünze, ¾ Loth Pfeffermünze, ½ Loth Dragon, Pimpernelle, grober Thimian, 5 Stück Blätter vom besten gelben Salbei, ½ Loth Balsam, Lavendel, und 2–3 in Scheiben geschnittene Zitronen ohne Kerne.

Diese Kräuter thut man in eine Bowle [Gefäß], gießt 8–10 Flaschen halb Rheinwein, halb Moselwein hinzu und nimmt auf jede Flasche nach Geschmack 5–8 Loth Zucker. Die Kräuter dürfen höchstens eine Stunde ziehen und müssen dann aus dem Wein genommen werden. Die Zitronen läßt man darin und gibt zur Verschönerung noch hinzu: Apfelblüten, Veilchen und Erdbeerblüten.«

Interessant an diesem Rezept ist die Zugabe von »Balsam«, dem Harz des Balsambaumes (Myroxylon). Geharzte Getränke waren bereits in der Antike bekannt. Siehe das folgende Rezept von Apicius – Paradoxer Gewürzwein.

Ratafia

MARIA ELISABETHA MEIXNER
LINZER KOCHBUCH, LINZ 1828

140 g getrocknete Kirschen
560 g Zucker, 17,5 g Zimt
8,8 g Nelken
53 g Pfirsichkerne
35 g Aprikosenkerne
2,8 ltr Weißwein
5,6 ltr Zwetschkenbrand

»Ratafia.

Nimm einen Vierting gedörrte Kirschen, stoße sie sammt den Kernen klein zusammen, gib ein Pfund gestoßenen Zucker dazu, ein Loth Zimmet, ein halbes Loth Gewürznägerln, 3 Loth aufgeschlagene Pfirsichkerne und zwei Loth Marillenkerne, dieses muß alles grob gestoßen werden; richte alles in ein reines Geschirr, gieße 2 Maß weißen Wein und 4 Maß guten Zwetschken=Branntwein darüber, rühre es gut mit einem Silberlöffel unter einander, und laß es drey Tage zugedecktan einem temperirten Orte stehen; dann seihe ihn durch ein Fließpapier, und dieses so oft, bis er klar und hellroth ist; dann fülle ihn Bouteillen, verstopfe sie gut, und stelle sie an einen kühlen Ort.«

1 Wiener Pfund = 32 Loth = 560 Gramm
1 Vierting = 1/4 Pfund = 140 Gramm
1 Loth = 17,5 Gramm
1 Maß = 4 Seitel = 1,41 Liter

Persico

BETTY GLEIM
BREMISCHES KOCHBUCH, BREMEN 1823

234 g Pfirsichkerne
1 ½ Fl. Brandwein
8 g Nelken
etwas Kardamom
936 g Zucker

»Persico.

Man nimmt ½ Pfd. frische, aufgeklopfte Pfirsichkerne, zerquetscht sie ein wenig, doch nicht zu sehr, thut sie in 1 ½ Flaschen Franz. Branntwein, läßt dies 4 Wochen lang an einem heißen Orte stehen, thut dazu ½ Loth gestoßene Nelken und etwas Cardemomen, läß es an dem nämlichen Orte noch Tage, seiht es durch, thut 2 Pfd. geläuterten Zucker dazu, und seiht es nach einigen Tagen noch 1 mal durch; dann ist es fertig.«

Ratafia von Pfirsichkernen

Maria Elisabetha Meixner
Linzer Kochbuch, Linz 1828

140 g Pfirsichkerne
9 g Zimt (1 Loth = 17,5 g)
4 g Nelke
2,8 ltr Branntwein / Schnaps

»Ratafia von Pfirsichkernen.

Nimm einen Vierting klein gestoßene Pfirsichkerne, gib ein halbes Loth Zimmet und ein Quintel Gewürznägerln dazu, beyde Stücke ein wenig gestoßen; schütte 2 Maß guten Branntwein darüber, und laß es an der Sonne destilliren, bis es schön klar wird, und einen Geruch von den Pfirsichkernen hat; dann seihe es durch ein reines Tuch in Bouteillen, und stelle sie an einen kühlen Ort.«

Bemerkenswert ist das Fehlen von Zucker. Destillieren bedeutet hier »ausziehen lassen«. In anderen Rezepten führt die Meixner Kirsch- und Marillenkerne als Aromen an. Die Verwendung von Obstkernen erinnert an den Maraschino-Likör aus den Kernen von Sauerkirschen.

Curassao

Betty Gleim, Bremisches Koch= und
Wirthschaftsbuch, Bremen 1808

14 kg Zucker
53,1 ltr Franzbranntwein
6,6 kg getrocknete Orangenschalen

»Curassao.

Man setzt in einen großen Kessel 30 Pfd. Zucker mit etwas Wasser angefeuchtet zu Feuer, schäumt ihn und läßt ihn kochen, bis er zu einem steifen Sirup wird. Dann gießt man 1 halben Anker Franzbranntwein dazu, und läßt ihn über Feuer kochend heiß werden, aber nicht zum Kochen gelangen. In ein Faß schüttet man 14 Pfund getrocknete, von aller weißen Haut gesonderte, und in Streifen geschnittene Orangenschalen, gießt den Zucker und den Branntwein heiß darauf, und noch außerdem 1 Anker Franzbranntwein. Wenn der Zucker und Branntwein sich abgekühlt haben, spundet man das Faß zu, läßt es 14 Tage in der Sonne oder an einem warmen Ofen stehen, und schüttelt es täglich um. Dann zieht man den Curassao auf Bouteillen.«

Franzbranntwein war bis ins 19. Jahrhundert hinein eine allgemeine Bezeichnung von Bränden aus Weinhefen. Dieser Likör verdankt seinen Namen einer Sorte Bitterorangen (Pomeranzen), die auf der Karibikinsel Curaçao beheimatet ist. Von daher basiert das klassische Rezept von Curassao auf getrockneten Pomeranzenschalen.

Usquebagh, irländischer

Universal-Lexikon der Kochkunst
Leipzig 1890

je 36 g Muskatnuß, Nelken und Zimt
je 70 g Anis, Kümmel und Corianderkörner
120 g Süßholz
23 ltr Brandwein
4,5 ltr Wasser
Safran
Zuckersirup

[Als Destillat]

»Usquebagh, irländischer.

Dieser berühmte Liqueur oder Gewürzbranntwein, den die Franzosen Scubac nennen, wird auf verschiedenartige Weise hergestellt; wir wollen hier einige der beliebtesten Recepte mittheilen. 36 Gramm Muskatnuß, ebensoviel Nelken und Zimmt, 70 Gramm Anis, 70 Gramm Kümmel und 70 Gramm Coriander werden im Mörser gestoßen, worauf man sie mit 120 Gramm kleingeschnittener Süßholzwurzel, 23 Liter fuselfreiem Branntwein und 4½ Liter Wasser in einem Destillirkolben thut und den übergehenden Branntwein mit Safran färbt und mit Zuckersirup versüßt.«

[Als Auszug 1]

23 ltr Weinbrand
je 30 g Muskatnuß, Zimt, Angelicawurzel, getrocknete Rharbarber-Wurzel, Gewürzrinde, Korianderkörner, Anis, Kümmel
je 10 g Safran, Kardamom, Nelken, Muskatblüte
100 g Süßholz
Zuckersirup

»Oder man digerirt [Digeration=Auszug] in 23 Liter gutem Cognac 30 Gramm Muskatnuß, ebensoviel Zimmt, Angelicawurzel, Rhabarber und Cassia, 10 Gramm Safran, 10 Gramm Cardamomen, ebensoviel Nelken und Muskatblüthe, 30 Gramm Coriander, 30 Gramm Anis, 30 Gramm Kümmel und 100 Gramm Süßholzwurzel 14 Tage lang, filtrirt den Liqueur, versüßt ihn mit Zucker=Syrup und füllt ihn nach abermaligem Filtriren auf Flaschen, die man einige Monate lagern läßt.«

Cassiazimt, Gewürzrinde der Zimtkassie (Cinnamomum cassia).

[**Als Auszug 2**]

2 ltr Brandy
500 g Rosinen
16 g Muskatnuß
je 8 g Nelken und Kardamom
1 Bitterorange
250 g brauner Kandis
Safran(tinktur)

»In kleinem Maßstabe für den Hausgebrauch bereiten die irländischen Hausfrauen den Usquebagh, indem sie in 2 Liter besten Brandy ½ Kilogr. ausgesteinte Rosinen, 16 Gramm geriebene Muskatnuß, 8 Gramm gestoßene Nelken, 8 Gramm Cardamomen, die auf Zucker abgeriebene Schale einer bitteren Pomeranze, 250 Gramm braunen Candiszucker und ein wenig Safrantinctur thun, den Liqueur unter täglichem Umschütteln 14 Tage digeriren lassen, ihn filtriren und auf Flaschen ziehen.«

Von dem gälischen Wort »Usquebaugh« soll sich der Begriff »Wiskey« ableiten. »uisgebaugh« und «uisge beatha« bedeuten in etwa »Lebenswasser«, ähnlich dem »aqua vitae«.

»Nach dem Abendessen trank ich zum erstenmal Whiskypunsch, dessen Geschmack herb und streng ist, und der noch übler riecht, als er schmeckt. Die ihn trinken, sagen, er werde ihnen so angenehm, daß ihnen kein anderer schmeckt: ich gebe dieses gerne zu, denn ich glaube, daß niemand im Anfang rothen Wein mit Wohlgefallen trinkt. Der Spiritus war stark und feurig, und es wurde siebenmal soviel Wasser dazu erfordert, ihn trinkbar zu machen. Man sagte mir, sie hätten einen noch weit stärkeren, der die Flasche einen Guinee kostete, mit Gewürzen abgezogen und Usquebagh genennet würde, welches wörtlich soviel heißt, als Brandwein, so wie Whisky oder Uisge, Wasser bedeutet. Dieß war das Getränk, das Czaar Peter der Große so sehr liebte, daß er zu sagen pflegte: von allen Weinen sey der Irrische Wein der beste.«

John Watkinson, Philosophische Uebersicht von Süd=Irrland, Breslau 1779

Bullshot

NACH SONJA ALHÄUSER

»6 cl Wodka
120 ml Rinderbouillon
(am besten selbstgekochte, entfettet; Alternative: Rinderfonds aus dem Glas; keine Brühwürfel!!)
½ Zitrone
1 TL Worcestersauce
1 Spritzer Tabasco
1 Prise Cayennepfeffer
4 Eiswürfel

Die Zutaten gut verrühren, mit Salz und Pfeffer abschmecken, Zitronenscheibe an den Glasrand! Fertig und wohl bekomms!«

Wenn man keine selbstgekochte Rindsbrühe verwendet, kann man sich den Aufwand sparen. Der Salzgehalt sollte so eingestellt sein, dass ein Nachsalzen überflüssig wird.

Eisbouillon

BOWLEN UND PÜNSCHE, DURCHGESEHEN VON D.H.G. HANCKWITZ, LEIPZIG 1926

»Eisbouillon.

Klare, sehr starke und völlig entfettete Kraftbrühe wird auf Eis gekühlt und in Tassen mit Strohröhrchen gereicht. Besonders gut ist reine Hühnerbrühe.«

Im Teller serviert wäre es eine klassische »Consommé froid«. Die Bouillon muss sehr kräftig und deutlich im Geschmack sein.

Französischer Nuß-Liqueur

HENRIETTE DAVIDIS, ZUVERLÄSSIGE UND SELBSTGEPRÜFTE RECEPTE DER GEWÖHNLICHEN UND FEINEREN KÜCHE, OSNABRÜCK, 1845

30 unreife (grüne) Walnüsse
30 Nelken
Zimt
1 Fl Cognac (oder Weinbrand)
Kandiszucker

»Französischer Nuß-Liqueur.

Zu 30 Stück Walnüssen, die um Johanni gepflückt sein müssen und die man zerstößt, gibt man 30 Muskatnägel [Nelken], 1/4 Loth guten Zimmet und eine Flasche Cognac, und läßt dies 7 Wochen an der Sonne stehen, während man es täglich schüttelt. dann filtrirt man es durch ein wollenes Tuch, gibt ein paar Stangen Candiszucker dazu, läßt es noch einige Tage stehen und füllt es in kleine Flaschen.«

Um Johanni, dem nach Johannis dem Täufer benannten 24. Juni, haben die Walnüsse noch keine holzige Schale entwickelt. Die weiche Schale der Walnuß färbt sehr stark, von daher sollte man bei der Verarbeitung Handschuhe tragen.
Anstatt die Nüsse zu »zerstoßen«, sehen andere Rezepte ein mehrmaliges Durchstechen der unreifen Nuß mit einem Holzspieß o.Ä. vor. Dann werden die Nüsse für ungefähr eine Woche in Wasser gegeben, wo sie sich durch Oxydation schwarzbraun färben. Das Wasser sollte alle 2 Tage gewechselt werden.

(Man kann die ganzen Nüsse mit Gewürzen nun in Zuckersirup einkochen und als »Eingemachte welsche Nüsse« zu Braten reichen.)
Zur Likörherstellung werden die oxydierten Nüsse zerkleinert mit Alkohol angesetzt. Nelke, Zimt, Pfeffer, Piment, Vanille sind die traditionellen Aromen für diesen Likör. Die oben angegebenen 30 Nelken sind aber wesentlich zu viel – 4 Stück auf 1 Liter sind ausreichend.
Puristen sei der bloße Ansatz der Nüsse (ohne Aromen und Zucker) mit einem Doppelkorn oder Wodka empfohlen. Diese Variante ergibt einen sehr kräftigen Verdauungsschnaps, dessen Bitternoten sich nach 2 bis 3 Jahren Lagerung gerundet haben.

Hommage an Matisse und die niederdeutsche Tiefebene

RESTAURATION A.A.O.

Weizendoppelkorn
Weinraute
evtl. etwas Zuckersirup

Die Weinraute wird vor ihrer Blüte gepflückt und in den Weizenkorn gegeben – ungefähr 2–3 Zweige, handspannen lang, sodass sie aufrecht in eine 0,7-ltr-Flasche passen. Die Flasche stellt man an einen sonnigen oder warmen Ort. Mit der Zeit nimmt der Alkohol Farbe und Aroma der Ruta an. Wie jeder Auszug, so schmeckt auch die »Hommage« anfangs etwas roh und kantig, wird mit der Zeit aber immer runder. Wer nicht so lange warten möchte, kann den Ansatzschnaps mit Zuckersirup runden – zum Beispiel mit 20–50 ml Zuckersirup von 25° Beaumé (1 kg Zucker verkocht in 1 ltr Wasser).

Wie Speisen sind auch Getränke mit bestimmten Bildern verknüpft. Mit einem Grappa trinken wir auch immer ein wenig des süßen Nichtstuns, des »dolcefarniente«, welches uns Nordländern so reizvoll erscheint. Dagegen wird der Weizenkorn wohl eher mit Schützenfest- und Gasthaussaufereien in Verbindung gebracht.

Die Hommage an Matisse bildet quasi die Synthese aus Nord und Süd. Die Ruta graveolens, auch Weinraute, Weinkraut oder Gartenraute ist ein im Mittelmeerraum beheimateter Strauch, dessen Blätter (Abb. links) der Legende nach nicht nur der gotischen Kreuzblume, sondern auch dem sächsischen Wappen zum Vorbild dienten. Die alten Römer benutzen sie als Würzpflanze – unter anderem in Würsten. Als Heilpflanze wirkt sie nach alten Kräuterbüchern »gegen Blutandrang nach dem Kopfe, gegen Schwindel und Unterleibsbeschwerden.« Außerdem lässt sich vermuten, dass ihre Blattform den Maler Henri Matisse zu seinen floralen Scherenschnitten anregte.

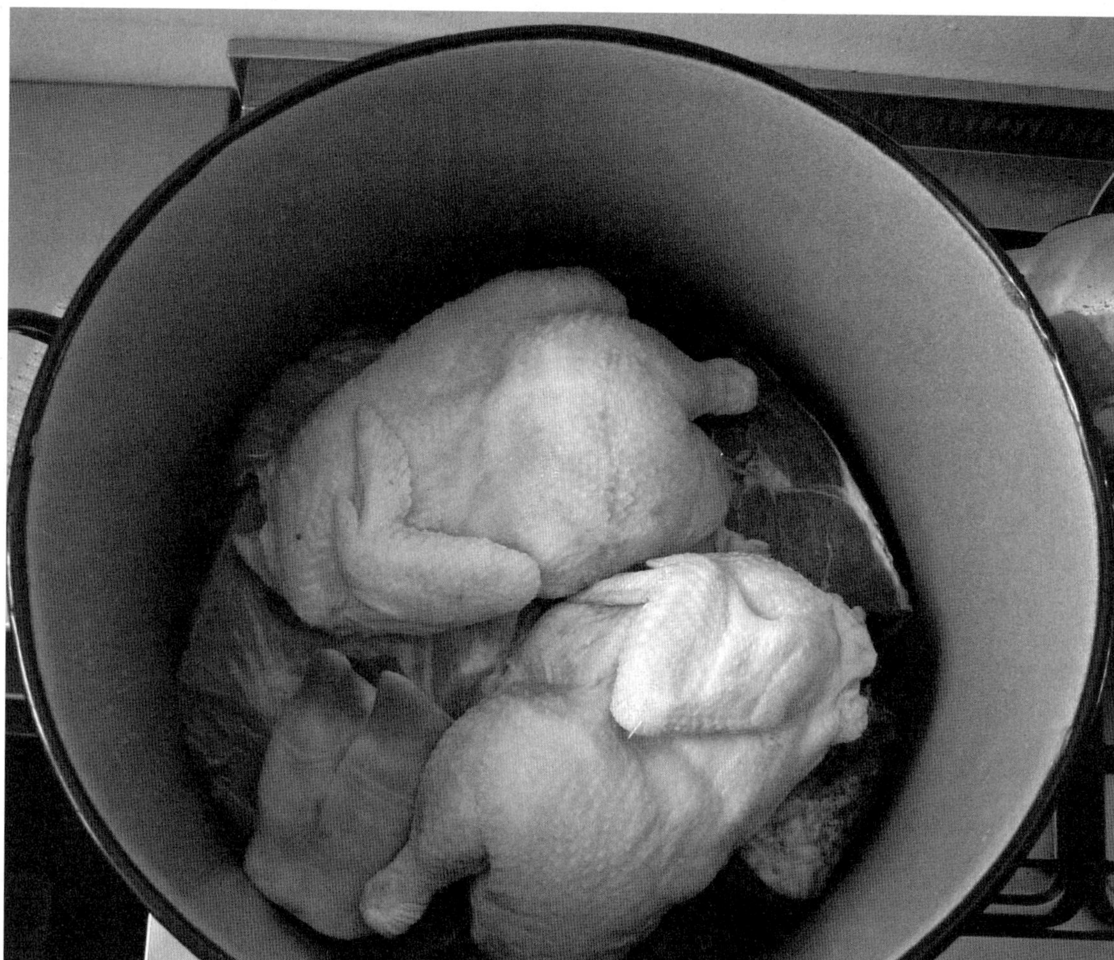

Über Brühen

»Das Kochen erweicht die Nahrungsmittel, löst die auflösbaren Bestandteile auf und teilt sie dem Wasser mit.« Das, was Christoph Wilhelm Hufeland 1797 allgemein über das Kochen (im Sinne von Sieden) sagte, gilt im Besonderen für die Brühen. Man kann sie demnach als Produkt eines Austausches von Informationen verstehen. So erklären sich auch die Angaben in alten Kochbüchern, wenn es um Brühe geht: »Man nehme zwei alte Tauben« oder »nehme ein altes Huhn«. Prato bemerkt: »Zur Suppenbereitung ist jedoch ziemlich frisch geschlachtetes Fleisch vorzuziehen. Gutes Fleisch ist dunkel und fett, lichtes ist von jungen Thieren und gibt nie schöne Suppe.« Auch das Universal-Lexikon der Kochkunst von 1890 wusste: »Vorzüglich schmackhaft wird die Bouillon, wenn man einige alte Tauben, ein altes Huhn oder einen alten Hahn mit dem Rindfleische kocht – junges Geflügel gibt der Brühe nur einen faden Geschmack.« Junge Tiere sind zur Bereitung von Brühe also untauglich, denn ihnen fehlt die Lebenserfahrung, die im Fleisch gesammelte Information. Dieser Umstand ist allerdings untrennbar verknüpft mit der Frage nach der Art dieser Information, denn eine Weidehaltung schreibt sich anders ins Fleisch als eine Massentierhaltung.

Die Chemie des 19. Jahrhunderts »entdeckte« dann im Osmazoma die »feinste und nahrhafteste Substanz des Fleisches«, so Rumohr. Er nennt mit der »bouillon de prime« ein Rezept für Brühe, bei der das Fleisch ein bis zwei Stunden in kaltem Wasser liegen muss, um das Osmazoma zu »entbinden« (siehe S. 77). Heute erklärt man diesen Austausch mit »Osmose«, dem Bestreben von Flüssigkeiten einen Konzentrationsausgleich herzustellen. Wichtig ist bei diesem Prozess, das Fleisch mit kaltem, ungesalzenem Wasser aufzusetzen und es langsam zu erwärmen, denn nur so können die lösbaren Stoffe des Fleisches in das Wasser »hinausdringen«.

Kochtechnisch gesehen lässt sich aus allen vegetabilen und tierischen Stoffen eine Brühe herstellen. Neben der Gemüsebrühe bedeutet Brühe in der traditionellen Gastronomie aber normalerweise die Fleisch–, Fisch–, Geflügel– oder Wildbrühe, wobei die Fleischbrühe in der Regel von Rindfleisch und –knochen gekocht wird. Brühen von Schwein– oder Hammelfleisch sind relativ selten beschrieben. Eine sehr rare Behhandlung des Themas Pferdebrühe findet sich bei Henriette Davidis (siehe S. 73).

Einigermaßen unübersichtlich sind die küchensprachlichen Bezeichnungen der verschiedenen Arten von Brühen, insbesonders, wenn man diese über die Jahrhunderte betrachtet. Das deutsche Wort Brühe steht in Verbindung mit »brauen« (vergleiche »Brei und Mus« auf Seite 159 ff.). Seit Beginn des 18. Jahrhunderts wird im Deutschen für Fleischbrühe auch die französische Bezeichnung »Bouillon« (frz. bouillir, für sieden oder kochen) verwendet. Die damalige Vorherrschaft der französischen Küche prägte natürlich auch die internationale Küchensprache.

Als Bouillon (früher auch Consommé simple), wird bis heute die einfache Fleischbrühe bezeichnet. Die doppelte Fleischbrühe oder auch Kraftbrühe wird Consommé genannt (frz. consommer für vollenden). Die doppelten Kraftbrühen heißen dementsprechend Consommés doubles. Substanziell handelt es sich also um Brühen von verschiedener Konzentration, deren qualitativ höchste Ausformung die doppelt vollendete Kraftbrühe ist. Die Proportionen von Fleisch, Knochen, Gemüsen und Aromen dieser Brühen unterscheiden sich natürlich bei den verschiedenen Köchen und in den jeweiligen Epochen. Erinnert sei daran, dass die Bezeichnung »Restaurant« in jenen stärkenden, wiederherstellenden Brühen ihren Ursprung hat, die im Frankreich des 18. Jahrhunderts auch »Restaurants« genannt wurden.

Die Brühen der alten Hochküchen waren reich an Zutaten und teilweise sehr komplex in der Zubereitung, wie im deutschen Fachbuch »Die Hotel– und Restaurationsküche« von 1972 kritisch bemerkt wird: »Vor hundert und mehr Jahren legte der Koch einen in das Übertriebene gesteigerten Wert auf die Brühen für Suppen und Saucen. Es dürfte heute, abgesehen von der Unwirtschaftlichkeit, keinem Koch mehr einfallen, ganze Kalbskeulen zu zerschneiden, nur um aus der Brühe eine Suppe oder Sauce zu bereiten, so wie es damals in den Kochvorschriften für die feine Küche verlangt wurde.«

Eine Court Bouillon ist eine durch Wein oder Essig gesäuerte Gemüsebrühe mit beliebigen Aromen, die zum Garen von Fisch verwendet wird. Als Fond definierte das Universal-Lexikon der Kochkunst 1890 »den zurückgeliebenen Saft von allem gedämpften, gebratenen oder in der Braise [Schmortopf] gesotten Fleisch«. Dieser »Hintergrund« wurde dann zur Herstellung von Saucen genutzt. In der heutigen Küchensprache versteht man unter Fonds die verschiedenen Grundbrühen, auf denen Suppen und Saucen basieren. Der oben erwähnte Fleisch– oder Bratensaft wird andernorts auch als »Jus« bezeichnet.

An den nachfolgenden Rezepten für Brühen, Saucen und Essenzen ist zu bemerken, dass die genannten Begriffe durchaus unterschiedlich interpretiert werden.

Klare Erbsen=Suppe [Erbsenbrühe]
Maria Elisabetha Meixner
Linzer Kochbuch, Linz 1828

Erbsen
Wasser
Petersilie, Mohrrüben, Sellerie
Butter
1 Stck Fisch

»Klare Erbsen-Suppe.

Gib in ein Häfen ein Paar Hand voll Erbsen, fülle es mit Wasser an, und laß es sieden; gib Petersil, gelbe Rüben und Zellerie daran, ein Stückel Butter, ein wenig Saffran, ein Stückel Fisch, lasse es recht gut sieden, dann seiht man sie ab, und kocht darin, was man will, wie in einer Rindsuppe.«

Rezept für eine Brühe in der Fastenzeit. Die »Erbesbrüh« findet sich schon in zahlreichen mittelalterlichen Kochbüchern, wo sie als Fleischbrüh-Ersatz fungiert.

Gemüsebrühe
Restauration a.a.O.

Verschiedene Gemüse
etwas Knoblauch
schwarzer Pfeffer, Piment, wenig Nelke,
evtl. Wacholderbeere, Lobeerblatt
Kräuter

Die Gemüse wähle man nach Geschmack und Verfügbarkeit, Der Anteil an Kohl und Sellerie sollte gering sein – es sei denn, man möchte Kohl– oder Selleriebrühe herstellen.

Wichtig für die Güte der Bouillon ist das Verhältnis des Gemüses zum Wasser. Für eine kräftige Brühe soll es 2:3 Gewichtsteile betragen. Die Zutaten werden gesäubert, evtl. geschält und klein geschnitten, dann mit den Gewürzen und Wasser kalt aufgesetzt, zum Kochen gebracht und dann für 2–3 Stunden bei geschlossenen Deckel ausgeköchelt. Kurz vor Ende der Kochzeit die Kräuter dazu geben und salzen. Ist die Suppe fertig ausgekocht, wird sie durch ein Sieb gegeben und die zurückgebliebenen Gemüse werden stark ausgepresst – entweder in einer kleinen Mostpresse oder in einem Tuch (Die Abb. links zeigt den Gemüsetrester aus einer Mostpresse.) Wen die Schwebeteilchen stören, der mag die Gemüsebrühe durch ein Tuch klären. Serviert wird sie auf gebratenen Weißbrotscheiben.

Von Fleisch-Brühe

Susanne Maria Endter, Vollständiges Nürnbergisches Koch=Buch, 1691

Fleisch
Salz
Ingwer, Pfeffer
gute Kräuter

»Von Fleisch-Brühe und deren Suppen.

Eine gute Köchinn gibt insgemein acht auf gute Brühe, und solche kan man nicht haben, wenn nicht zu erst das Fleisch recht ausgewässert, und mitt siedend heissem Wasser ausgekühlet, eingewaschen, und recht abgeschäumet ist: welches die Frantzosen blanchiren nennen; Wenn solches geschehen, muß es stracks gesaltzen werden: Denn wenn es nicht reinlich geschäumet und gewaschen, ist die Brühe schwartz und dicke, wenn mans aber nicht gleich nach dem Scheumen saltzet, so bleibet das Salz in der Brühe, und bekommt also diese zu viel; hingegen das Fleisch nichts. Soll sie aber kräfftig seyn, muß man derselben nicht gar zu viel machen, und so bald es gescheumet, etwas gantzen Ingber und Pfeffer daran werffen, auch was von guten Kräutern. Wenn es nun meistentheils gahr, muß man die Brühe abgeben, und nicht mehr daran lassen als nöthig ist. Das abgegebene aber in einem saubern Topffe zum Gebrauch verwahren, weilen man sie vielfältig gebrauchen kan zum Zugemüse, Schnecken, Artischocken, Fasolen [Bohnen], und sonst zu hunderterley Sachen, absonderlich aber zu guten Suppen …«

Die Anweisung »mitt siedend heissem Wasser ausgekühlet« zeugt noch von den Grundsätzen der Säftelehre. Durch das Überbrühen sollte dem Fleisch ein kälteres »Temperament« (Eigenschaft) gegeben werden.

Consommé blanc simple.
Einfache Fleischbrühe.

AUGUSTE ESCOFFIER
KOCHKUNST-FÜHRER (EA 1903)

»Für 10 Liter.
Fleisch:
7 Kg. mageres Ochsenfleisch (4 Kg. mageres Fleisch und 3 Kg. Schenkel mit Knochen).

Aromaten:
1 Kg. 100 Gr. Karotten (5 bis 6 Stück);
900 Gr. weiße Rüben (5 bis 6 Stück);
500 Gr. Lauch;
200 Gr. Wurzeln;
200 Gr. Zwiebeln (2 Stück);
3 Nelken;
3 Knoblauchzehen (20 Gr.);
3 Sellerie (120 Gr.).
Wasser (kaltes): 14 Liter.
Gewürz: 70 Gr. Salz.
Kochdauer: 5 Stunden.

Bemerkungen
über das Ansetzen dieser Fleischbrühe.

Man pflegt die einfache Fleischbrühe ungefähr 5 Stunden zu kochen, und diese Zeit ist mehr als genügend, um dem Fleisch die Nährstoffe zu entziehen. Sie genügt dagegen nicht, um den Knochen ihre sämtlichen löslichen Stoffe zu entziehen. Um dieses sehr wichtige Resultat zu erzielen, sind 12 bis 15 Stunden erforderlich. In den großen Küchen bürgert sich daher immer mehr die Gewohnheit ein, mit den zerhackten Knochen eine erste Brühe aufzustellen, welche man ungefähr 12 Stunden auf dem Feuer läßt. Mit dieser Brühe wird dann die zweite aus dem Fleisch allein bestehende aufgefüllt, welche man nur ungefähr 4 Stunden kochen läßt, nämlich genau die Zeit, die man zum Kochen des Fleisches benötigt. Die Zeit dieser zweiten Operation kann man auch verkürzen, indem man das Fleisch und die Gemüse hackt anstatt ganz zu lassen. In diesem Falle verfährt man wie bei der gewöhnlichen Klärung.«

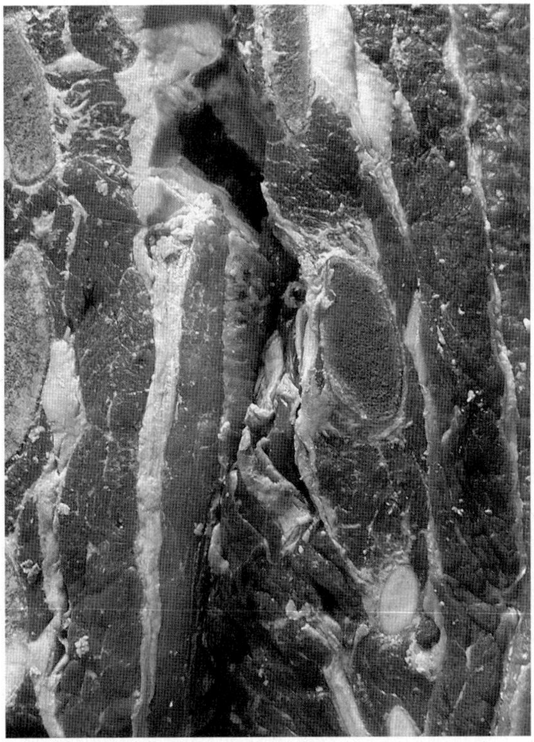

Consommé ordinaire.
Gewöhnliche Kraftbrühe.

Auguste Escoffier
Kochkunst-Führer (EA 1903)

»Für 4 Liter.

Quantität:
5 Liter einfache Fleischbrühe (Consommé blanc simple) für 4 Liter Kraftbrühe (Consommé ordinaire).

Fleisch:
1 Kg. 500 Gr. gehacktes mageres Ochsenfleisch.

Aromaten:
100 Gr. gelbe Rüben und 200 Gr. in Brunoise (würfelig) geschnittener Lauch.

Klärmittel: 2 Eiweiß.
Zeit: 1½ Stunde.

Klärung. Man gibt Fleisch, Gemüse und Eiweiß in eine Kasserolle oder Marmite, vermengt alles gut, gießt die Fleischbrühe dazu, bringt sie ins Kochen, indem man von Zeit zu Zeit rührt, und läßt sie die oben angegebene Zeit ganz langsam weiter kochen. Alsdann durch ein Tuch passieren.«

Die Mischung aus Eiweiß, Fleisch und Gemüse hat die Funktion, die Schwebstoffe zu binden, wobei sie gleichzeitig die Brühe verbessert. Dazu setzt man natürlich alles kalt auf.

Petite Marmite. Kleine Marmite.

Auguste Escoffier
Kochkunst-Führer (EA 1903)

»Für 10 Personen.

Fleisch:
1 Kg. Ochsenfleisch, zur Hälfte Schwanzstück oder Bugspitze und zur anderen Hälfte fette Hochrippe; 1 Markknochen in ein Mousselinetuch eingebunden; 1 nicht zu junges Suppenhuhn; die Abfälle von 4 Hühnern (Hälse, Magen usw.).

Flüssigkeit:
3 Liter weiße Fleischbrühe.

Aromaten:
200 Gr. Karotten und 200 Gr. weiße Rüben; 150 Gr. Lauch; 80 Gr. Sellerie (ein kleiner Kopf); 50 Gr. Kohl, für sich mit fetter Fleischbrühe gekocht.

Anmerkung. Die Fleischbrühe der kleinen Marmite wird nicht geklärt und erhält ihren Wert nur durch das verwendete Material und die Sorgfalt, die man auf ihre Herstellung verwenden soll. Man serviert sie immer mit ein wenig Fett auf der Brühe, also nicht vollständig entfettet.«

Die »Petite Marmite« ist Eintopf und Brühenlieferant in einem.

Bouillon. Saucenfond. Suppen

Ernst von Malortie,
Das Menü, Zweiter Theil, Hannover 1887

»Man unterscheidet zweierlei Suppen: klare und legirte; zu letzterer gehören auch die Püree–, die braunen, die Fisch– und die russischen Suppen.

Weiße Bouillon, weißer Suppenfond.

3 kg Rindfleisch,

3 kg Kalbfleisch, Keule und Jarret [Kniekehle, Haxen], die Knochen zerhackt,
2 alte Hühner,

gut gereinigt und gewaschen, setzt man in einem passenden Bouillonkessel mit dem nöthigen Wasser aufs Feuer. Sobald die Bouillon kocht, nimmt man allen Schaum rein ab, setzt den Kessel zur Seite des Feuers, giebt

3 Wurzeln, 2 Zwiebeln, 2 Porree, 2 Sellerie,
1 Lorbeerblatt, 3 Nelken, Pfefferkörner
und Salz

hinein, und läßt sie halb zugedeckt 4–5 Stunden, oder doch so lange bis das Fleisch gar ist, langsam kochen; das Kalbfleisch kann man früher heraus nehmen. Dann nimmt man alles Fett rein ab und gießt die Bouillon durch eine Serviette, in welche man ein feines Sieb gestellt hat, in eine Schale oder Kasserolle. Darauf giebt man in einen Suppenkessel 2–3 Löffel geschwitztes Mehl, rührt nach und nach so viel Bouillon dazu (ungefähr 4 Liter), bis sich ein dünner Fond daraus bildet, ohne Klumpen, rührt ihn zum Kochen und läßt ihn 1–2 Stunden langsam von der Seite kochen. Nach dieser Zeit muß alles Fett oben schwimmen und man nimmt es ab; wenn das Fett nicht heraus kocht, ist der Fond zu dick, dann muß man Bouillon nachgießen, das Fett muß unbedingt heraus.

Dieser Fond ist die Grundlage der legirten weißen und Püree-Suppen, welche daraus durch Zusätze und verschiedene Garnituren bereitet werden. Man kann diese Bouillon auch als Consommé verwenden, zu welchem Zwecke sie mit einem Löffel Jüs gefärbt oder mit dem Gerippe eines gebratenen Huhnes gekocht wird.«

Die Formulierung »…oder doch so lange bis das Fleisch gar ist…« macht keinen Sinn. Entweder will man eine anständige Bouillon, dann kocht man das Fleisch »aus«. Wenn man gekochtes Fleisch essen möchte, gart man es in einer vorher gekochten Brühe. Gute Brühe und gutes Fleisch kann man nicht aus demselben Material bekommen.

Klare braune Bouillon (Consommé).
Ernst von Malortie,
Das Menü, Zweiter Theil, Hannover 1887

4 kg Rindfleisch
2 kg Kalbfleisch
2 alte Hühner
Butter
einige Scheiben Schinken
2 ltr Bouillon (zur Not Wasser)
3 Wurzeln,
2 Zwiebeln,
2 Porree,
2 Sellerie,
1 Lorbeerblatt,
3 Nelken, Pfefferkörner und Salz

»Klare braune Bouillon (Consommé).

4 kg Rindfleisch, 2 Kg Kalbfleisch von der Keule, 2 alte Hühner. Den Boden eines Kessels oder einer sog. Jüspfanne bestreicht man mit Butter, legt einige Scheiben Schinken hinein, darauf das in Stücke geschnittene Fleisch, sowie die Hühner, auch in Stücke geschnitten und ohne die Filets, gießt 2 Liter Bouillon (in Ermangelung Wasser) darauf, setzt den Kessel auf mäßiges Feuer und läßt ihn 1–2 Stunden kochen, bis sich die Flüssigkeit mit dem Saft des Fleisches vermischt hat, eingekocht ist und sich am Boden braun angesetzt hat; kurz vorher muß man das Fleisch mit der Messerspitze durchstechen, damit aller Saft heraus kommt, dann den Kessel auf schwaches Feuer setzen und genau achtgeben, daß es nicht anbrennt, sonst ist die Bouillon verdorben und unbrauchbar. Dann füllt man den Kessel mit Wasser, das Fleisch gut bedeckt, aber nicht zu viel, sonst wird die Bouillon zu dünn, bringt ihn rasch ins Kochen, garnirt mit demselben Gewächs nebst Salz wie bei Weißer Bouillon und läßt die Bouillon 3–4 Stunden halb zugedeckt langsam von der Seite kochen.

Dann klärt man sie aus folgende Weise: man nimmt alles Fett rein ab, gießt sie durch eine reine Serviette, schlägt 4–5 Eiweiß mit etwas Wasser oder kalter Bouillon vermischt mit einem Schlagbesen hinein, läßt sie damit 15 Minuten kochen und gießt sie wieder durch eine Servierte: oder besser: man stößt vier Hühnerfilets oder ein Stück schieres Rindfleisch mit ein wenig Wasser und klärt sie damit auf dieselbe Weise. Sie muß hellbraun und kristallklar sein.

Diese Bouillon ist die Grundlage der klaren Suppen und wird auch zu Dejeuners und Soupers in Tassen servirt.«

Nach diesem Prinzip wird heute in der professionellen Gastronomie die sogenannte »Jus« gefertigt.

3 Arten Consommé
»Dictionnaire Général de la Cuisine Française, Paris 1853«

»Consommé a la regence.«

je 1 Stück Rindfleisch und Lammbrust
1 Hasenrücken, 1 alte Henne
1–2 Rebhühner
Bouillon

»Sie nehmen ein Stück Rind und ein Stück Lammbrust, schwitzen diese in einer Kasserole kurz an, löschen mit Suppe [Bouillon] ab, geben alles gemeinsam mit einem Hasenrücken, einer alten Henne und ein oder zwei Rebhühnern in einen Kochtopf, füllen diesen mit Suppe auf, schäumen ab und lassen alles einige Stunden lang köcheln.«

»Consommé nach alter Sitte.«

1 Lammschulter
1 Stück Rind
1 alter, fetter Kapaun
Karotten, Zwiebeln, Steckrüben
1 Pastinake, 1 Selleriestaude
Bouillon

»Auf die Hälfte eingekocht, kann diese Bouillon als Saft für jede Sauce dienen. Man entfernt das Fett von einer Lammschulter, gart diese am Spieß halb fertig, legt sie mit einem Stück Rind, einem alten, fetten Kapaun, einigen Karotten, Zwiebeln, Steckrüben, einer Pastinake und einer Selleriestaude in den Kochtopf und gießt mit Bouillon vom Vortag auf.«

Hier sind nicht die bei uns üblichen, großen Steckrüben gemeint. Der Name bezeichnete regional unterschiedliche Arten von Rüben, »welche nach der aussaat noch einmal durch stecken verpflanzt« werden. (Grimm) »die zamen rüben... nent man steckrüben«, erklärt Hieronymus Bock 1539 in seinem »Kreutterbuch«.

»Consommé nach neuer Sitte«

1 Scheibe Rindfleisch
1 Kalbststelze
1 Huhn
1 alter Hahn
1 Hase oder 1 altes Rebhuhn
Bouillon
Karotten, Sellerie, Zwiebeln
Petersilie
Schnittknoblauch [Allium tuberosum]
Knoblauch, Gewürznelken

«In den Kochtopf kommen eine Scheibe Rindfleisch, eine Kalbsstelze, ein Huhn, ein alter Hahn sowie ein Hase oder ein altes Rebhuhn. Mit wenig Bouillon begießen, aufkochen lassen, abschäumen, von Zeit zu Zeit Suppe nachgießen. Folgendes Gemüse kommt hinzu: Karotten, Sellerie, Zwiebeln, Petersilie, Schnittknoblauch Knoblauch, Gewürznelken. Fünf Stunden bei kleinem Feuer köcheln lassen. Durch ein feines Tuch seihen.«

Alte Hüner zu sieden

Susanne Maria Endter, Vollständiges Nürnbergisches Koch=Buch, 1691

Rindfleisch
Schlößlein (Blume)
Wasser, Salz
1 altes Huhn
Muskatblüte
evtl. Kichererbsen
evtl. Niere

»Alte Hüner zu sieden /
davon man auch die Brühe trincken kan.

Setze ein Stuck Rindfleisch / samt einem guten Schlößlein / zum Feuer / saltze es aber nicht hart / hingegen versaume es schön [abschäumen] / und seihe die Brüh durch ein reines Tüchlein; wann nun das alte Hun gebrühet / und erst=gedachter Massen schön zubereitet ist / kan man selbiges / so es beliebt / mit einem siedenden Wasser anbrühen / daß das blutige schön rein davon komme / hernach einwendig saltzen / Muscat-Blumen darein stecken / zu dem Rindfleisch in die Brühe / welche schön rein abgeseihet und versäumet ist / hinein legen/ samt dem Fleisch sieden lassen / biß es weich wird / und alsdann mit demselben anrichten: Will man aber die Brühe davon trincken / so nehmet das Fette davon genau herab /und lasset es erkalten; solte sie aber vor eine Kindbetterin dienen / kan man eine Hand voll rother Kichern / und ein Stücklein von einem Rind= oder Ochsen=Niern zugleich mit sieden lassen.«

»Kichern« sind Kichererbsen, hier die rotbraune Cicer arietinum, fo. fuscum. »Schlößlein« ist der Schlossbraten, Blume (ein Hüftstück). Es handelt sich hier um eine Hühnerbrühe auf Basis von Rindfleischbrühe.

Gewöhnliche Fleischsuppe (von Pferdefleisch)

Henriette Davidis
Praktische Anweisung zur Bereitung des Rossfleisches, Elberfeld 1848

»Gewöhnliche Fleischsuppe.
Die Suppen von Roßfleisch haben bisher von allen Speisen dieser Art am meisten Widerwillen erregt. Um mich zu überzeugen, ob der Grund davon in einer unrichtigen Zubereitung liege, habe ich verschiedene Versuche dabei angestellt. Erstens legte ich das Fleisch nach gehörigem Abwaschen in's kochende Wasser, that Salz und eine fein geschnittene Zwiebel hinein und ließ die Suppe mit feiner Gerste und Porree bei Abnehmen des Fettes, drei Stunden kochen, wo das Fleisch ganz saftig und weich war. Die Suppe aber hatte einen so widerlichen Geschmack, daß ich sie kaum versuchen konnte.

Zugleich hatte ich ein Stück von demselben Fleisch mit kaltem Wasser und Salz zu Feuer gebracht, ausgeschäumt, ein Lorbeerblatt dazu gethan und die Suppe mit Reis und Sellerie gekocht; doch trat derselbe starke Geschmack nur noch mehr hervor. Das Fleisch aber war nach dreistündigem Kochen keineswegs, wie jenes, weich geworden. Darauf setzte ich wieder von demselbigen Fleisch, in kleinere Stücke geschnitten, wie man dies bei Kalbfleisch thut, mit kaltem Wasser bedeckt, zu Feuer, ließ es rasch zum Kochen kommen, schüttete nach fünf Minuten die Brühe ab, wusch den Topf aus, setzte das Fleisch sofort mit kochendem Wasser und dem nöthigen Salz wieder auf, gab nach einer Stunde Kochens eine in Scheiben geschnittene Sellerieknolle und feine Gerste dazu, nahm das Fett ab, und es war an der Suppe keine Spur von jenem Starken zu finden; sie hatte einen so reinen Geschmack, daß ich mit Appetit davon gegessen habe.

Das Fleisch bedurfte zum Weichwerden drei und eine halbe Stunde. Freilich geht durch das Abkochen Kraft, aber auch das Starke des Fleisches, das gerade bei Suppen so widerlich ist, verloren. Darum rathe ich zum Abkochen.«

Consommé simple de Gibier
Einfache Wildbrühe.

Auguste Escoffier
Kochkunst-Führer (EA 1903)

»Für 10 Liter.

Fleisch:
1 Kg. Hasenfleisch (Kopf und Vorderteil);
3 Kg. Reh (Hals und Bug);
2 Kg. Lapin (alter) [Kaninchen] oder an dessen Stelle Hasenfleisch;
2 alte Feldhühner und 1 alter Fasan.
(Alles erst im Ofen anbraten.)

Aromaten:
500 Gr. gelbe Rüben;
500 Gr. grüner Lauch;
500 Gr. Zwiebeln;
5 Nelken;
250 bis 300 Gr. Sellerie;
125 Gr. Wacholder in Mousseline eingebunden;
100 Gr. Petersilienstiele;
10 Gr. Lorbeerblätter;
400 Gr. Champignons (oder Champignon-Abfälle) oder Mousserons [Kleiner Knoblauchschwindling].
Wasser: 11 ½ Liter.
Gewürz: 70 Gr. Salz.
Kochdauer: 3 Stunden.«

Consommé simple de Poisson
Einfache Fischbrühe.

Auguste Escoffier
Kochkunst-Führer (EA 1903)

»Für 10 Liter.

Fisch:
3 Kg. Hecht;
1 Kg. Karpfen;
1 Kg. Schleie;
1 Kg. Seezungengräten;
2 Kg. Kopf und Bauch von Steinbutt, Seebarbe (Mulet) oder Weißling (Merlan).

Aromaten:
700 Gr. Zwiebeln in Scheiben;
200 Gr. Petersilienstengel oder –Wurzeln;
400 Gr. Lauch;
50 Gr. Sellerie und
1 Lorbeerblatt.

Flüssigkeit:
9 1/2 Liter Wasser und
1 Liter Weißwein.
Gewürz: 80 Gr. Salz.

Kochdauer:
40 bis 50 Minuten (langsam kochen).«

Kalte Austern-Consommé
Richard Hering
Lexikon der Küche, Giessen 1993

Fischfond, Austern, Gurken

»Austern-Consommé.
Consommé d'huîtres.

Kräftiger Fischfond, mit Fischfleisch geklärt, gekühlt, rohes Austernwasser beigefügt, mit rohen, entbarteten Austern und roher Gurkenjulienne garniert.«

Fisch-Jus-Suppe (braun und weiß)
Maria Anna Neudecker
Die bayerische Köchin, München 1867

Schmalz
Zwiebel
verschiedene Fische, Fischköpfe
Möhren, Sellerie, Pastinaken
Nelken
Erbsenbrühe

»Fisch-Jus-Suppe.

Man belegt den Boden eines Tiegels oder einer Casserolle mit Schmalz und vielen Zwiebeln, nimmt etliche, in kleine Stücke zertheilte Fische, als Schleyen, Barben, je nachdem sie vorräthig sind; auch wenn man Köpfe von großen Fischen hat, welche zerhackt werden, etliche gelbe Rüben, Pastinak und Sellerie; gibt alles dieß in geschnittenen Stücken nebst etlichen Gewürznägeln hinein, setzt es auf eine Glut, und läßt es, ohne es aufzurühren, am Boden schön braun werden, füllt es hernach mit gutem klaren Erbsensud auf, und läßt es ganz still ein paar Stunden aufsieden, seihet es dann durch ein Sieb, und gebraucht es ferner, wozu man will.«

Zur Weißen Fisch-Jus-Suppe wird Butter anstatt Schmalz genommen und die Zutaten werden nicht gebräunt. Beide Suppen sollten nicht länger als 1–1,5 Stunden köcheln.

Fischsude. Court-Bouillons

Auguste Escoffier
Kochkunst-Führer (EA 1903)

»Court-Bouillon A.

Für große Stücke von Lachs und Forelle.

Proportionen für 5 Liter:
5 Liter Wasser,
2 ½ Deziliter Essig,
60 Gr. grobes Salz,
600 Gr. feingeschnittene Karotten und
500 Gr. ebensolche Zwiebeln,
1 Thymianzweig und
2 Lorbeerblätter,
100 Gr. Petersilienstiele und
20 Gr. Pfefferkörner, die man der Brühe erst 10 Minuten vor dem Passieren hinzufügt.

Zubereitung:
Wasser, Essig, Aromaten und Gewürz in die Kasserolle geben, langsam 1 Stunde kochen lassen und durch ein Haarsieb passieren.

Court-Bouillon B.

Für Forellen, Aale, Hechte usw.

Proportionen für 5 Liter:
2 ½ Liter Weißwein,
2 ½ Liter Wasser,
600 Gr. feingeschnittene Zwiebeln.
80 Gr. Petersilienstiele,
1 Thymianzweig und
ein halbes kleines Lorbeerblatt,
60 Gr. grobes Salz und
15 Gr. Pfefferkörner, die man erst 10 Minuten vor dem Passieren in die Brühe gibt.

Zubereitung:
Das Ganze zum Kochen bringen, 30 Minuten langsam kochen lassen und passieren.

Court-Bouillon C.

Für Forellen, Karpfen und Matrosengerichte.

Die Proportionen der Flüssigkeit und des Gewürzes sind dieselben wie bei Court-Bouillon B, indem man den Weißwein durch Rotwein ersetzt und die Aromaten um 400 Gr. Karotten vermehrt. Die Zubereitung bleibt die gleiche.

Anmerkung. Wenn die in Courtbouillon B und C gekochten Fische mit Courtbouillon serviert, d h. mit etwas von derselben übergossen und mit den Gemüsen umlegt werden, so sollen diese letzteren recht weich gekocht sein. Die zugegebene Courtbouillon wird gut eingekocht und mit ein wenig frischer Butter verrührt.«

Bouillon de prime

Karl Friedrich von Rumohr
Geist der Kochkunst Stuttgardt 1822

Rind–, Kalb– oder Hühnerfleisch
Wasser, Kräuter, Wurzeln, Salz

Bouillon de prime

»Ungleich kräftiger und zur Stärkung schwacher Personen, und besonders der Wöchnerinnen und Ammen, ist, was die Franzosen bouillon de prime nennen. Sein unvollkommenes Vorbild ist der Fleshtea der Engländer. – Zerschneide Rind- und Kalb-Fleisch, wohl auch ein Huhn, in kleine Stücke; lasse dieselben eine bis zwei Stunden lang in kaltem Wasser liegen, welches genau soviel sein muß, als man zur Brühe zu bedürfen glaubt. In dieser Zeit entbindet das kalte Wasser das Osmazoma, die nahrhafteste, feinste Substanz des Fleisches. Man setze darauf das Geschirr mit allem darin Enthaltenen an ein lebhaftes Feuer, werfe Kräuter und Wurzeln daran nach Geschmack und Gefallen, schäume es ab und wirf das nötige Salz daran. Wenn es eine halbe Stunde lang gewallt hat, so ist die Brühe auf ihrem Punkte. Man sondere sie dann von den Fleischstückchen, indem man sie durchgibt. Es gibt eine helle, dünn aussehende, doch feinschmeckende und höchst kräftige Brühe.«

Beef-tea (Tisane de Boeuf). Fleischtee für Kranke.

Auguste Escoffier
Kochkunst-Führer (EA 1903)

1,25 kg frisches Ochsenfleisch
1,5 dl Wasser
Salz

»Für 5 Deziliter.

1 Kg. 250 Gr. recht frisches Ochsenfleisch, von einem zum Kochen geeigneten Stück und gründlich entfettet, fein hacken und dann in einer Schüssel 1 1/2 Deziliter filtriertes Wasser nach und nach einarbeiten. Dann etwas Salz hinzugeben und das Ganze in ein hermetisch verschließbares Geschirr (am besten ein Beef-tea-Glas) tun. Dieses Geschirr in einen Topf stellen und mit kaltem Wasser überfüllen, das man zum Kochen bringt und langsam 3 Stunden kochen läßt, indem man von Zeit zu Zeit etwas kochendes Wasser hinzugießt, um das durch den Dampf verflüchtete zu ersetzen. Dann den Topf vom Feuer nehmen und, wenn das Wasser lauwarm ist, das Geschirr öffnen, worauf man den Inhalt auf ein Tuch gießt und durchlaufen läßt.«

Restauration
a.a.O.

Restauration
a.a.O.

Restauration
a.a.O.

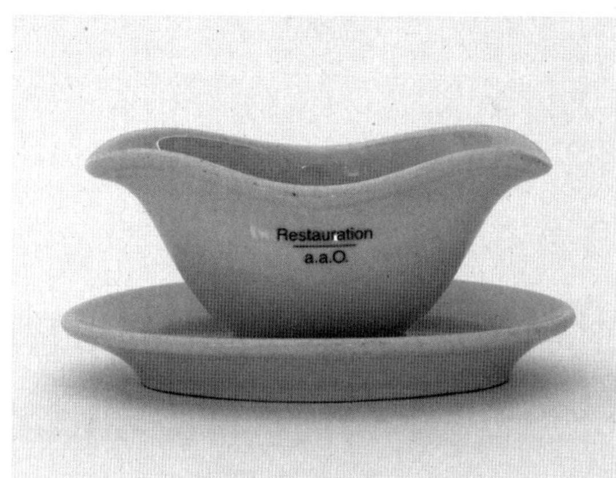
Restauration
a.a.O.

Saucen und Tunken

Das Wort »Soße« kam erst mit dem 16. Jahrhundert in die deutsche Sprache. Auch dieser Begriff ist aus dem Französischen entlehnt, in dem »sauce« sich wiederum aus dem Lateinischen »salsa«, für eine gesalzene Brühe ableitet (vergleiche Sülze). Vielmehr als Saft oder Brühe waren diese frühen Soßen auch nicht, wie die mittelalterlichen Rezepte zeigen. Meist handelte es sich um Mischungen von Essig, Brühen, (unreifen) Weinbeeren, Zitronensaft, Öl, Wein, Kräutern und zahlreichen Gewürzen. »Mach es ab mit Zimmet und Zucker« ist oft als Schlußfloskel in Rezepten zu lesen, denn die Trennung von süß und pikant war damals noch nicht vollzogen. Gebunden wurden diese Tunken meist mit Brot, denn die Bindung durch Eigelb wurde zwar manchmal bei Breien, kaum aber für Saucen angewendet. Im Ansatz aber waren damals schon viele unserer heutigen Saucen angelegt und wurden mit den Jahrhunderten weiter ausformuliert – wie zum Beispiel »Ein condimentlin« aus dem 14. Jahrhundert, das Essig, Honig und Senf zur Basis hat und mit Kümmel, Anis, Pfeffer und Safran gewürzt wurde. (Siehe Seite 81.)

Die Ausarbeitung der Saucen fand ihren Höhepunkt in den zum Teil äußerst aufwendigen Rezepten der herrschaftlichen und großbürgerlichen Küchen, die, etwas vereinfacht, bis heute in der Hochgastronomie ihren Platz haben. Für diese im Rezeptteil zitierten, klassischen Saucenrezepte, bemühen wir auch hier drei Marksteine der herrschaftlichen Küche:

Da ist zum einen der Oberhofmarschall des Königs Ernst August von Hannover, Ernst von Malortie (1804–1887). Sein Werk »Der Hofmarschall« erschien 1846 und enthielt unter anderem eine Auflistung aller seit 1837 »an der Tafel seiner Majestät des Königs von Hannover« servierten Speisen. Im Jahre 1878 erscheint dann Malorties »Das Menü. Eine culinarische Studie«. Ein Werk, das die Küche des Kaiserreichs entscheidend beeinflusst haben soll. Bescheidenheit war Malorties Sache nicht, schrieb er doch über sich und sein Buch: »Dieses Werk hatte durchschlagenden Erfolg und befestigte des Verfassers Ruhm als Hofmarschall glänzend aufs neue. Das Buch ist zunächst für reiche Privathäuser bestimmt, hat aber auch bei den europäischen Höfen große Anerkennung gefunden und alsbald eine hervorragende Stelle unter den Kochbüchern eingenommen.« Das süddeutsche Pendant zu Malorties Werk ist das erstmals 1858 verlegte »Illustrirte Kochbuch. Neue vollständige theoretisch-praktische Anweisung in der feineren Kochkunst mit besonderer Berücksichtigung der herrschaftlichen und bürgerlichen Küche« von Julius Rottenhöfer (1806–1872). Rottenhöfer war Mundkoch und Haushofmeister von König Maximalian II. von Bayern. Weiss bezeichnet es in seiner Bibliografie als Standardwerk der herrschaftlichen Küche, das in seiner Bedeutung für den Berufskoch erst Anfang des 20. Jahrhunderts durch »den Escoffier« abgelöst wurde.

Auguste Escoffier (1846–1935) war der Schöpfer der modernen französischen Küche, ein großer Reformer, der viele Manierismen der alten Küche vom Tisch fegte. Sein 1903 herausgegebener »Guide Culinaire« wurde unter dem Titel »Kochkunst-Führer« nur ein Jahr später ins Deutsche übersetzt. Bis heute ist es das maßstäbliche Handbuch der »modernen« französischen Küche, in dessen Kapitel über die Saucen der Autor selbstbewußt feststellt »Die Saucen bilden das wichtigste Kapitel der Küche. Sie sind es, die das Übergewicht der französischen Küche begründet und bis heute erhalten haben.«

Basis der klassischen Saucen sind die verschiedenen »Fonds«, das sind Brühen aus verschiedenen Grundmaterialien, wie Kalbfleisch, Geflügel, Fisch, Wild und Gemüse, nebst den üblichen Zusätzen von Gewürzen und Aromen. Fonds bilden ebenfalls die Grundlagen vieler Suppen, für die sie dann aber in der Regel etwas gehaltvoller angelegt sind als die Saucenfonds. Die differenzierte Unterscheidung zwischen Saucen– und Suppenfonds, wie in der Hochküche des 19. Jahrhunderts praktiziert, ist heute nicht mehr üblich. An den betreffenden Rezepten von Malortie ist zu erkennen, dass deren Unterschiede zum Teil auch minimal waren.

Aus den Saucenfonds werden die Grundsaucen hergestellt, die in älterer Bezeichnung manchmal auch »Coulis« genannt wurden. Eine »Jus« ist bei Escoffier (oder bei seinen Übersetzern) ein Fond, während Malortie darunter eine braune Grundsauce versteht. Die Grundsaucen endlich sind dann das Material, aus dem unzählbare Saucenrezepturen entstanden sind.

Drei mittelalterliche Saucen

Das buoch von guoter spise (um 1350)

»Wilt du machen einen agraz.

[Weintrauben, saure Äpfel]

Nim wintruebele vnd stoz sur ephele. diz tuo zvo sammene, menge ez mit wine vnd drueckez vz. dise salse ist guot zvo scheffinen [Schafs–] braten vnd zvo huenren vnd zvo vischen vnd heizet agraz.«

Agraz oder Agrest besteht aus dem Saft von unreifen Trauben und ähnelt der aus unreifen Trauben gepressten »Verjus«.

»Aber [auch] ein condiment.

[Lauch, Salz, Wein oder Essig]

Nim aschlauch vnd scheln, ribin [reib ihn] mit saltze, mengin mit wine eder mit ezzige vnd drueckez vz. dise salse ist guot zvo rinderinen braten.«

»Ein condimentlin.

[Kümmel, Anis, Pfeffer, Essig, Honig, Safran, Senf]

Mal kuemel vnd enis mit pfeffer vnd mit ezzige vnd mit honige vnd mach ez gel mit saffran vnd tuo dar zvo senf. in diesem condimente mahtu suelze petersielien bern vnd clein cumpost oder rueben, waz du wilt.«

Etwaige Verständnisschwierigkeiten sind durch lautes Vorlesen der Rezepte zu verringern.

Von allerley Zugehörung zum Braten eynzutunken

M. Marxen Rumpolt, Ein new Kochbuch, Franckfort am Mayn, 1581

Kirschsauce

Schwarzkirschen, Zimt, Zucker

»Nimm schwarze Weichsel / die frisch abgebrochen seyn / thu die Stengel davo hinweg / stoß mit dem Korn [Kern] / streich sie durch ein Härin Tuch / mach sie ab mit Zimmet und Zucker / gibs kalt zum Braten.«

Pomeranzensaft

Bitterorangen, Zimt, Zucker

»Saur Pomerantzen Safft. Wen man die Pomerantzen außdruckt / macht man den Safft an mit Zimmet und Zucker / kalt zu dem Braten gegeben / ist gut und wolgeschmack.«

Petersiliensauce

Petersilie, geröstetes Brot,
Essig, Pfeffer, Salz

»Salsen von grün Pettersilgen gemacht / mit gebehtem Brot unnd Essig durchgestrichen / pfeffers und saltzs ein wenig / so wirt es gut und wolgeschmack.«

»Gebäht« bezeichnet eigentlich getrocknet, wird aber zumindest in den späteren Kochbüchern mit geröstetem Brot gleichgesetzt.

Eine Lebkuchen=Brüh über ein Wildpret und allerley schwartzes Gebratens.

Susanne Maria Endter, Vollständiges Nürnbergisches Koch=Buch, 1691

Leb- oder Pfefferkuchen
Rheinwein
Pfeffer, Zimt, Kardamom, Muskatblüte
Zitronen- oder Rosenessig
Zitronenscheiben, frische Zitronenschale
Trisanet

»Eine Lebkuchen=Brüh über ein Wildpret und allerley schwartzes Gebratens.

Siedet einen Leb= oder Pfeffer=Kuchen in einem guten Rheinischen Wein/ treibet ihn aber nicht durch / sondern würtzet selbigen mit Pfeffer / Zimmet / Cardamomen / und Muscaten=Blüh / giesst ein wenig Citronen= oder Rosen=Essig hinzu / und lasset also diese Brüh noch ferner sieden; schneidet indessen etliche Citronen=Plätzlein / duncket selbige in ein Trisanet / und leget sie dann / wann die Brüh schon allerdings aufgesotten hat / darein / giesset jetzt besagte Brüh in einen Tiegel / und lasset sie also wohl zugedeckt in einem Keller oder sonst kühlen Ort /erkalten: wann man dann etwas von selbiger gebrauchen will / nimmt man so viel /als man benöthiget ist / zusamt etlichen Citronen=Plätzen heraus / läst es einen einigen wall aufthun / richtets über das Gebratens / beleget selbiges mit denen vorbesagten in der Brüh gelegenen Plätzen / und streuet frisch= und würfflicht= geschnittene Citronen= Schelffen darauf.«

Der Trisanet, auch Trisenet, bezeichnete ursprünglich eine in Apotheken hergestellte Mischung verschiedener Wirkstoffe (Kräuter etc.) in Pulver– oder Drageeform. In der Küchensprache wurde der Begriff dann als allgemeine Bezeichnung für Gewürzmischungen verwendet. Für deren Zusammensetzung gibt es keine festgelegten Regeln, oft sind es die seit dem Mittelalter beliebten Spezereien Pfeffer, Ingwer, Muskatblüte und –nuss, Zimt, Nelke, Cardamom und andere mehr.

Eine Granat=Apffel=Brüh über Hüner

Susanne Maria Endter, Vollständiges Nürnbergisches Koch=Buch, 1691

Granatäpfel
Wein, Rosenessig
Pfeffer
Zucker, Zimt
Kardamom, Muskatblüte

»Eine Granat=Apffel=Brüh über Hüner, Kastranen und Prisilln / auf andere Art.

Thut die Körner von einem Granat=Apffel in ein Häfelein / giesst ein wenig Wein und Rosen= Essig daran / streuet Pfeffer darein / und lasts eine gute weile sieden; seihet dann die Brüh herab / werfft Zucker / Zimmet / Cardamomen und Musaten= Blüh darein / körnet einen ändern Granat= Apffel aus / leget diese frische Körner in Zucker / und streuet sie auf das Gebratene und den Rand der Schüssel.«

Ein »Kastran« oder Kastraun ist ein kastrierter Hammel. »Prisilln« bezeichnet das Bries, die Thymusdrüse vom Kalb oder Lamm.

Eine Cappern= Brüh über einen Schlegel und Prisilln

Susanne Maria Endter, Vollständiges Nürnbergisches Koch=Buch, 1691

Schmalz, Mehl, Kapern,
Wein, Fleischbrühe, Essig
Pfeffer, Kardamom, Muskatnuss
weitere Kapern, evtl. Zucker
Butter, Bratensatz (Jus, evtl. Roggenbrot)

»Eine Cappern= Brüh
über einen Schlegel und Prisilln.

Röstet ein wenig Mehl und gehackte Cappern im Schmaltz / giesst Wein / Fleischbrüh und Essig daran / streuet Pfeffer / Cardamomen und Muscatnüsse darein / last es mit einander aufsieden / und werfft zu letzt noch ein gut theil Cappern darein; will man es süß haben / kan mans auch nach belieben zuckern; ein wenig Butter / und trübes von dem Gebratenen aus der Bratpfannen darein thun: die Prisilln oder den Schlegel / wann sie safftig abgebraten / in eine Schüssel legen / und dann diese Brüh darüber richten.

Die Cappern=Brüh ist auch aus diese Art über aus gut / wann man ein gebähtes rocken Brod im Wein und Fleischbrüh siedet / durchzwinget / und im übrigen mit Gewürtz und allen verfertiget / wie bereits gedacht.«

Weißer Saucenfond

Ernst von Malortie
Das Menü, Zweiter Theil, Hannover 1887

2 kg Rindfleisch
2 kg Kalbfleisch von der Keule
1 altes Huhn
»Abfälle« von Hühnern und sonstigem Geflügel, als Hälse, Magen, Flügel, Beine
»Abfälle« von Kalbfleisch
2 Wurzeln, 3 Zwiebeln
1 Bouquet [garni]
einige Nelken, Pfefferkörner, wenig Salz
evtl. frische Champignons=Schalen
2–3 EL Mehl
3–4 ltr Bouillon
evtl. frische Champignons=Schalen

»Weißer Saucenfond.

2 kg Rindfleisch, 2 kg Kalbfleisch von der Keule, 1 altes Huhn ohne die Filets, Abfälle von Hühnern und sonstigem Geflügel, als Hälse, Magen, Flügel, Beine (diese vorher abgebrüht), Abfälle von Kalbfleisch etc. setzt man in einem passenden Kessel mit dem nöthigen Wasser aufs Feuer. Wenn die Bouillon kocht, schäumt man sie rein ab, giebt 2 Wurzeln, 3 Zwiebeln, 1 Bouquet, einige Nelken, Pfefferkörner und wenig Salz hinein und läßt sie 4–5 Stunden langsam von der Seite kochen. Dann nimmt man alles Fett rein ab und gießt die Brühe durch Sieb und Serviette. Daraus giebt man in eine Kasserolle 2–3 Löffel geschwitztes Mehl, rührt es mit hinreichend Bouillon zu einem dünnen Fond, wenigstens 3–4 Liter, läßt ihn unter beständigem Rühren aufkochen und dann noch 1–2 Stunden langsam von der Seite klar kochen; hat man frische Champignons=Schalen, so läßt man diese darin auskochen, denn Champignon=Geschmack verbessert jede Sauce. Nach dieser Zeit muß alles Fett oben schwimmen; ist daß nicht der Fall, so ist der Fond zu dick und man muß Bouillon nachgießen.

Das Fett wird dann abgenommen und der Fond durch ein Sieb passirt. Wird er erst Tags darauf gebraucht, so muß man ihn bis zum Erkalten häufig umrühren und einige Löffel kalte Bouillon darüber gießen. Dieser Fond ist die Grundlage der weißen Saucen.«

Brauner Saucenfond

Ernst von Malortie
Das Menü, Zweiter Theil, Hannover 1887

2 kg Rindfleisch
3 kg Kalbfleisch
1 altes Huhn
Butter
einige Scheiben Schinken
»Abfälle« vom Geflügel und Kalb
Knochen von gebratenem Geflügel
2 ltr Bouillon
2 Wurzeln, 3 Zwiebeln
1 Bouquet [garni]
einige Nelken, Pfefferkörner wenig Salz
evtl. frische Champignons=Schalen
2–3 EL Mehl

»Brauner Saucenfond.

2 kg Rindfleisch, 3 kg Kalbfleisch und 1 altes Huhn ohne die Filets schneidet man in Stücke. Den Boden eines Bouillonkessels bestreicht man mit Butter, legt einige Scheiben Schinken darauf, dann das Fleisch, sowie auch Abfälle von Geflügel und Kalbfleisch, auch Knochen von gebratenem Geflügel, giebt 2 Liter Bouillon darauf, setzt den Kessel auf mäßiges Feuer und läßt ihn 1–2 Stunden kochen, bis alle Flüssigkeit eingekocht ist und sich braun am Boden ansetzt: man muß oft nachsehen, damit es nicht anbrennt, sonst ist die Bouillon verdorben. Man nennt das ›angehen lassen‹; geht es zu früh an, so muß man Bouillon nachgießen.

Dann füllt man den Kessel mit Wasser, das Fleisch reichlich bedeckt, bringt es ins Kochen, nimmt allen Schaum ab, giebt dasselbe Gewächs und Gewürz hinein wie bei Nr. 4 [Weißer Saucenfond] und läßt es halb zugedeckt 3–4 Stunden langsam von der Seite kochen. Dann nimmt man alles Fett ab und passirt die braune klare Brühe durch Sieb und Serviette.

Hierauf giebt man 2–3 Löffel geschwitztes Mehl in eine Kasserolle, verrührt es mit hinreichender Menge dieser Bouillon zu einem dünnen Fond (wenigstens 3–4 Liter), rührt ihn ins Kochen und läßt ihn 1–2 Stunden von der Seite klar kochen, damit alles Fett heraus kocht. Dieser Fond ist die Grundlage der braunen Sancen. (…)

Man kann diese Saucenfonds, sowohl weiße als braune, stets für mehre Tage bereiten und vorräthig halten; zu dem Zweck kocht man sie auf ein Drittel ein, gießt sie in Töpfe, rührt sie oft bis zum Erkalten, bedeckt sie mit Papier und stellt sie kalt. Um die verschiedenen Saucen daraus zu bereiten, nimmt man so viel davon wie nöthig, kocht sie mit Wein und Essenz noch einige Minuten ein und passirt sie in Saucenkasserollen.«

Sauce Espagnole. Braune Grundsauce
AUGUSTE ESCOFFIER
KOCHKUNST–FÜHRER (EA 1903)

»Sauce Espagnole. Braune Grundsauce.
Proportionen für 5 Liter.

Mehlschwitze: 625 Gr.

Brauner Fond
zum Anrühren der Sauce: 12 Liter.

Mirepoix zur aromatischen Ergänzung:
150 Gr. magerer in kleine Würfel geschnittener Speck, 250 Gr. Karotten, 150 Gr. kleinwürfelig geschnittene Zwiebel, 2 Thymianzweige und 2 Lorbeerblätter.

Zubereitung:
1. Man bringt 8 Liter Fond zum Kochen, fügt die feingehackte Mehlschwitze hinzu, rührt das Ganze mit dem Löffel oder dem Schneebesen glatt, bringt es unter ständigem Rühren zum Kochen und läßt hierauf an der Seite des Feuers langsam aber beständig weiter kochen.

2. Dann fügt man die folgendermaßen bereitete Mirepoix hinzu: Man läßt den Speck in einem Sautoir zergehen, gibt die Mirepoix von Karotten, Zwiebeln, Thymian und Lorbeerblatt hinzu und röstet dies, bis die Gemüse leicht gelb sind. Dann gießt man das Fett ab, gibt die Gemüse in die Sauce, löscht das Sautoir mit einem Glase Weißwein ab, kocht dies bis zur Hälfte ein, gießt den Fond auch in die Sauce und läßt diese hierauf langsam unter öfterem Abschäumen eine Stunde vorsichtig kochen.

3. Man passiert die Sauce dann durch ein Spitzsieb in eine andere Kasserolle, wobei man die Mirepoix leicht preßt, gießt von neuem 2 Liter Fond hinzu, läßt nochmals 2 Stunden langsam und stetig kochen, passiert die Sauce dann in eine Schüssel und rührt sie von Zeit zu Zeit, bis sie völlig erkaltet ist.

4. Am anderen Tage gießt man die Sauce in eine Kasserolle mit dickem Boden und gibt die 2 Liter noch übrigen Fond sowie 1 Liter Tomatenpüree oder ebensoviel frische Tomaten (etwa 2 Kg.) hinzu.

Wenn man Tomatenpüree verwendet, so raten wir, dasselbe im Ofen zu rösten, bis es beinahe braun ist. Dieses Abrösten nimmt dem Püree alle Säure, erleichtert das Klären der Sauce und gibt derselben einen wärmeren, dem Auge angenehmeren Ton. Dann läßt man die Sauce unter fortwährendem Rühren mit dem Spatel oder dem Schneebesen auf offenem Feuer aufkochen, dann noch 1 Stunde langsam aber stetig kochen und schäumt während dieser Zeit mit der größten Sorgfalt ab. Nunmehr passiert man sie durch ein Passiertuch und rührt sie von Zeit zu Zeit um, bis sie erkaltet ist.«

Sauce Demi-glace. Kraft-Sauce

Auguste Escoffier,
Kochkunst–Führer (EA 1903)

Sauce Espagnole
kräftiger Fond
Madeira

»Sauce Demi-glace. Kraft-Sauce.

Die unter dem Namen Demiglace bekannte Sauce ist die gewöhnliche Espagnole, die man durch nochmaliges Beifügen eines kräftigen Fonds und durch nochmaliges Auskochen auf die höchste Stufe der Vollkommenheit gebracht hat. Man vervollständigt diese Sauce noch dadurch, daß man ihr am Schluß abseits des Feuers ½ Deziliter herben Madeira pro Liter Sauce beifügt.«

Escoffier bemerkt zur Espagnole: »...ihr Gebrauch bürgerte sich im letzten Viertel des 19. Jahrhunderts in geradezu übertriebenen Maße ein. Anfang des zwanzigsten Jahrhunderts haben die klaren, hellen Kalbsfonds die Sauce Espagnole immer mehr verdrängt.«

Piquante Sauce. Sauce piquante

Julius Rottenhöfer
Illustrirtes Kochbuch, München 1885

12 Schalotten
magerer Schinken
1 Lorbeerblatt
3 dl Weinessig
3 dl braune Grundsauce
etwas Jus

»Piquante Sauce. Sauce piquante.

Zwölf Stück Schalotten, ein Stück würfelig geschnittener, roher, magerer Schinken, ein Lorbeerblatt, läßt man mit 3/10 Liter gutem Weinessig bis auf zwei Eßlöffel voll einkochen, gibt sodann 3/10 Liter braune Sauce und etwas jus de boeuf dazu und läßt dies zusammen eine viertel Stunde langsam kochen, fettet sie alsdann rein ab, passiert sie durch ein Haartuch und stellt sie bis zu ihrem Gebrauche warm.«

Velouté ou Sauce blanche grasse.
Weiße Grundsauce

Auguste Escoffier,
Kochkunst-Führer (EA 1903)

»Velouté ou Sauce blanche grasse.
Weiße Grundsauce.

Proportionen für 5 Liter.
Bindebestandteil: 625 Gr. frischgemachte blonde Mehlschwitze.
Weißer klarer Kalbsfond: 5 ½ Liter.

Zubereitung:
Man verrührt die Mehlschwitze mit dem kalten oder warmen Kalbsfond, achtet aber darauf, daß die Sauce recht glatt ist, bringt dieselbe unter fortwährendem Rühren zum Kochen und läßt sie dann langsam, aber stetig weiterkochen, damit sie recht gut auskocht; hierauf muß man sein Hauptaugenmerk richten. Die Dauer des Kochens und Auskochens beträgt 1 ½ Stunde. Wenn dies erreicht ist, gießt man die Sauce durch ein Passiertuch und rührt sie von Zeit zu Zeit um, bis sie kalt ist.

Wir raten jedoch, der Sauce 30 bis 40 Gr. recht frische Champignonschalen beizufügen oder, was noch besser ist, für dieses Quantum Sauce 2 ½ Deziliter frischen Champignonfond.«

Velouté de Volaille.
Weiße Geflügel-Grundsauce.

Auguste Escoffier,
Kochkunst-Führer (EA 1903)

Die Zubereitung dieser Sauce ist die gleiche wie die vorhergehende, nur daß man dieselbe mit weißem Geflügelfond ansetzt.«

»Velouté de Poisson.
Weiße Fisch-Grundsauce.
Die Verhältnisse und die Flüssigkeit sind die gleichen wie bei der gewöhnlichen Velouté, nur daß man den Kalbsfond durch Fischfond ersetzt.«

Holländische Sauce. Sauce Hollandaise

Julius Rottenhöfer
Illustrirtes Kochbuch, München 1885

1 gehäufter EL Mehl, Wasser
10–12 Eigelb, 1 Msp Weißer Pfeffer
140 g Butter
5/10 ltr Fischsud, weitere 140 g Butter
Saft 1 Zitrone, etwas Estragonessig

»Holländische Sauce. Sauce Hollandaise.

Ein kleiner Kochlöffel voll feines Mehl wird mit ein wenig frischem Wasser ganz glatt und flüssig angerührt; dazu schlägt man das Gelbe von zehn bis zwölf sehr frischen Eiern, eine Messerspitze ganz groben Weißen Pfeffer und 140 Gramm frische Butter. Eine viertel Stunde, ehe sie gebraucht wird, gießt man 5/10 Liter Fischbrühe, nämlich von der Brühe, worin die Fische abgekocht wurden und zu denen diese Sauce gegeben werden soll, nach und nach dazu, und rührt diese vorsichtig auf einem etwas schwachen Windofen, bis sie aufstoßen will, ab; sodann nimmt man sie vom Feuer, nimmt noch 140 Gramm frische Butter, den Saft einer Citrone und ein wenig Estragon-Essig unter immerwährendem Aufziehen darunter, passirt sie durch ein feines Haartuch in eine Saucen-Casserolle, stellt sie sodann au bain-marie und läßt sie bis auf die letzte Minute langsam fortrühren.«

Einė Nuß=Salsen

Susanne Maria Endter, Vollständiges
Nürnbergisches Koch=Buch, 1691

Walnußkerne
Semmelmehl oder geriebenes Weißbrot
Eier, Wein, Salz, Gewürz

»Eine Nuß=Salsen.

Nimm den Kern von welschen Nüssen / ein Semmel=Mehl oder geriebenes weisses Brod / und das Weisse von hart=gesottenen Eyern / stoß es unter einander / treibs mit gutem Wein durch / saltze und würze es nach belieben / und trags dann mit dem gebratens zu Tisch.«

Cornichons-Sauce.
Sauce aux cornichons

Julius Rottenhöfer
Illustrirtes Kochbuch, München 1885

12 kleine Essiggurken
Butter
5 dl braune Grundsauce
Salz, Pfeffer, Weinessig

»Cornichons-Sauce. Sauce aux cornichons.

Zwölf Stück kleine, in Essig eingemachte Gurken werden zu feinen Blättchen geschnitten, einige Minuten mit einem Stückchen Butter abgeschwitzt und mit 5/10 Liter guter brauner Sauce, dem nöthigen Salz, etwas feinem Pfeffer und Weinessig noch eine Weile gekocht, sodann sehr rein entfettet und bis zum Gebrauche warm gehalten.«

Frische Gurken-Sauce.
Sauce aux concombres

Julius Rottenhöfer
Illustrirtes Kochbuch, München 1885

Einige Gemüsegurken
Salz
280 g Butter
Weinessig, Zucker, Pfeffer, Jus
braune Sauce, Weißwein

»Frische Gurken-Sauce.
Sauce aux concombres.

Einige Gurken werden geschält, die Kerne herausgenommen und die Gurken in 4 Centimeter lange Stückchen nett geschnitten, mit Salz gewürzt und eine Stunde so stehen gelassen. Sodann werden sie auf ein Tuch gelegt, abgetrocknet und in 280 Gramm frischer, klarer Butter goldgelb gebacken und nochmals auf einem Tuch entfettet. Diese werden sodann mit etwas Weinessig, einem Stückchen Zucker, etwas feinem Pfeffer und einem Stückchen Glace auf dem Feuer kurz eingeschmort, dann noch mit der nöthigen kräftigen und mit einem Glas weißen Wein gut verkochten braunen Sauce, eine viertel Stunde langsam gekocht. Diese Sauce gibt man zu gedämpften Hammelskeulen, dergleichen Enten und auch zu gedämpften Fricandeaux.«

»Echte« Frankfurter Grüne Soße

Einpackpapier der Firma Gartenbau Gatzke
Frankfurt am Main 1985

»Echte Frankfurter Grüne Soße.
7 Kräuter, zusammengestellt je nach Jahreszeit: Petersilie, Schnittlauch, Kerbel, Kresse, Pimpinelle, Sauerampfer, Borretsch, Dill, Estragon, Zitronenmelisse
Füllmenge 125 g

Grüne Soße – Goethes Leibgericht:

1.) 2 gekochte Eier, 1 Gewürzgurke, 1 Zwiebel und die Kräuter klein hacken. Eine geriebene Zehe Knoblauch, 2 Eßlöffel Senf, Pfeffer, Salz, Saft und geriebene Schale einer halben Zitrone, sowie Mayonaise. Alles mischen. Zu heißem gekochten Rindfleisch oder Fisch servieren.

2.) 3–4 hatgekochte Eigelb, Öl, Salz, Pfeffer, süßer Rahm, Zitronensaft und die Kräuter dieses Päckchens. Auch hier wieder eine Mayonaise aus Eigelb und Öl herstellen, mit den übrigen Zutaten würzen und die gehackten Kräuter dazugeben.

3.) Mayonaise oder Joghurt, in welche die fein gewiegten Kräuter kommen, mit Salz, Zitronensaft abschmecken. Zur Anreicherung geben Sie gekochtes Rindfleisch gemahlen hinzu. – Ihre Familie wird begeistert sein!«

Eine andere grüne Sauce

Oberrheinisches Kochbuch
Mülhausen 1811

6 Eier
Petersilie
Schnittlauch
Basilikum
Estragon
Kerbel
Sauerampfer
6 EL Ölivenöl
3 KL Weinessig
Salz. Pfeffer
evtl. Senf

»Eine andere grüne Sauce.

Nimm von 6 hart gesottenen Eyern das Gelbe, zerdrücke es fein, nimm eine kleine Hand voll Petersilienkraut, Schnittlauch, etliche Blätter Basilikum, Estragon, etwas Körbelkraut und Sauerampfer; verlese und wasche alles rein, hacke dieses alles zusammen, dann thue es mit dem Eyergelb in einen Mörser, stoße es, bis alles unter einander ist, thue es in eine Schüssel nebst 6 Löffel voll feinem Baumöl, 3 Löffel voll Weinessig, Salz und Pfeffer, rühre dies eine gute halbe Viertelstunde lang unter einander. Will man eine andere Senf-Sauce haben, so thue 2 Löffel voll Senf dazu.«

APRIRE →
EXTRA

Kalte Würzsaucen und Essenzen

Eine besondere Form der Saucen bilden die kalte Würzsaucen, die nah mit den Extrakten und Essenzen verbunden sind. Habs und Rosner weisen in ihrem Appetitlexikon der Mayonaise den ersten Platz unter den kalten Saucen zu. Sie und ihre Varianten sind letztlich Formen der Eiercreme.

Die Würzsaucen, die manchmal auch »Englische Saucen« genannt wurden, sind eher würzende Essenzen, oder, um noch einmal Habs und Rosner zu bemühen, »eher flüssige Gewürze von größter Schärfe, wahrhaft gewaltsame Appetitreizer«.

Das »gáros« der alten Griechen, das bei den Römern zum »Liquamen« wurde, ist ein Vorläufer dieser würzenden Essenzen. Beide bestanden in der Hauptsache aus fermentiertem Fisch. »Soya(sauce)« war im 19. Jahrhundert bereits als Importware bekannt, es galt aber auch als Synonym für Catchup oder Ketchup, der nicht zwangsläufig etwas mit Tomaten zu tun haben musste. Es gab einen Champignon–, einen Walnuß– und eben auch einen Liebesapfel-Ketchup. Senf, verschiedene Essige, Soya und Ketchup waren die hausgemachten Würzen, die später als sogenannte Handelssaucen industriell hergestellt wurden.

In seiner »Physiologie des Geschmacks« erzählt Brillat-Savarin eine Anekdote über den Fürsten von Soubise, der seinen Koch des Betrugs verdächtigt, weil dieser zu einem Mahl für wenige Personen 50 Schinken auf die Einkaufsliste setzte. »Der gnädige Herr kennt unsere Mittel nicht!«, erwiderte der Koch. »Befehlen Durchlaucht, und ich bringe diese fünfzig Schinken, die Sie ärgern, in ein Kristallflakon, nicht viel größer als mein Daumen.« Justus von Liebig machte sich diese Mittel zunutze, als er um 1847 den nach ihm benannten Fleischextrakt industriell herstellte. Rezepte für »Bouillon auf Reisen« oder »Suppenzelten« waren allerdings schon wesentlich früher bekannt. Die Handelssaucen und besonders der industriell hergestellte Fleischextrakt lösten wahre Lobeshymnen aus. Die »neue Chemie«, wie Rumohr sie nannte, war auch eine Chemie der Extrakte. Die industriell hergestellten Produkte fanden ihren Weg nicht nur in die Haushalte, wie aus dem »Hand– und Nachschlagebuch der modernen Restaurations-

Küche« von 1922 zu erfahren ist: »Um den Wohlgeschmack [von Bouillon] zu erhöhen, kann mit etwas Maggis Suppenwürze nachgeholfen werden, doch muß man sich vor einer übertriebenen Anwendung dieses vorzüglichen Hilfsmittels hüten und die Würze nur in sehr kleinen Quantitäten verwenden. Ein vorzügliches Hilfsmittel ist den Restaurationsküchen auch in ›Maggis Gekörnter Fleischbrühe‹ und ›Maggis Bouillonwürfel‹ gegeben. Speziell in solchen Geschäften, die vom Wetter abhängig sind und in denen man immer nur mit einer unbestimmten Zahl von Gästen rechnen kann, ist man durch diese prächtigen Präparate in der Lage, jedem plötzlichen Andrang gerecht zu werden. Man kann damit nicht nur die Grundbouillons, sondern auch eine tadellose trinkfertige Bouillon herstellen, die jeden Gast vollauf befriedigen wird.« (Mag sein, dass das der Anfang des Brühen-Elends der zeitgenössischen Gastronomie war.)

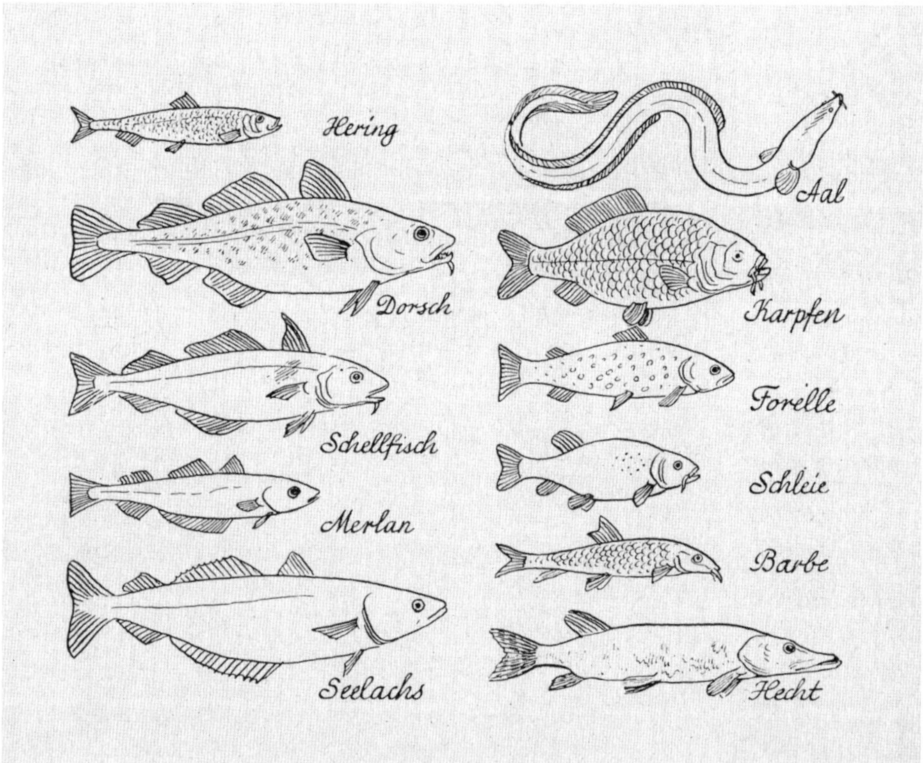

Gáros

Geoponica, 10.Jhd.
zitiert nach Andrew Dalby

Fische, Salz

»Die Bithyner machen gáros wie folgt:

Sie nehmen vorzugsweise kleine oder große Menolas oder sonst Sardellen, Stöckerfisch oder Makrele oder àlix [salzige Fischpaste] oder auch eine Mischung von all diesen, legen sie in eine Schüssel von der Art, in der man Teig knetet. Dann kneten sie sechs italische Pfund Salz für jeden Peck (Viertelscheffel) Fisch ein, so daß diese mit dem Salz gut vermischt sind, lassen das Ganze über Nacht stehen und geben es dann in einen irdenen Krug, den sie zwei oder drei Monate offen in der Sonne stehenlassen, wobei sie gelegentlich mit einem Stock umrühren; dann nehmen sie [die Flüssigkeit], decken sie ab und lagern sie ein.«

Aus der griechischen, fermentierten Fischsauce gáros wird bei den alten Römern das »liquamen«, über das der Stoiker Seneca spottete, es sei eine »kostspielige Jauche aus verdorbenen Fischen«. Im heutigen Italienisch bedeutet das Wort »liquame« denn auch »Jauche«.

Liquamen

Quintus Gargilius Martialis
(um 260 n. Chr.), zit. nach Wiswe

»Man nehme Fische, die von Natur fett sind, wie Salme, Neunaugen, Alsen und Sardinen oder Heringe. In ein wohlverpichtes Gefäß von drei oder vier Modius (etwa 26,25 beziehungsweise 35 Liter) Fassungsvermögen werden abwechselnd trockene, wohlriechende Feld– und Gartenkräuter – nämlich:

anetum (Dill), coliandrum (Koriander),
Feniculum (Fenchel),
apium (Eppich, Sellerie),
satureia (Saturei, Bohnenkraut),
sclareia (eine Salbeiart: Salvia sclarea L.),
ruta (Raute), menta (Minze),
sisymbrium (Brunnenkresse),
ligusticum (Liebstöckel),
puleium (Polei, Flohkraut),
serpullum (Feldthymian, Quendel),
origanum (Majoran),
vettonica (Betonie),
argemonia (?)

und Fische – kleinere ganz, größere zerstückelt – und Salz je zwei Finger dick geschichtet, bis das Gefäß gefüllt ist. Dieses wird mit einem Deckel verschlossen und sieben Tage stehengelassen. Alsdann wird der Inhalt des Gefäßes zwanzig Tage lang zwei bis dreimal täglich mit einem ruderförmigen Holzgerät bis auf den Grund umgerührt. Man sammelt nun die abfließende Flüssigkeit. Von ihr mischt man je zwei Sextarien (etwa ein Liter) mit einem halben Sextar (etwa ein achtel Liter) guten Wein. Dazu fügt man je eine Handvoll getrockneter Kräuter – Dill, Koriander, Saturei und Scharlei –, eine Handvoll Bockskleesamen (Trigonella foenum Graecorum), dreißig oder vierzig Pfefferkörner sowie je drei Drachmen (etwa 12 Gramm) Costus, Zimt und Gewürznelken. Diese Gewürze werden feingestoßen und mit der Flüssigkeit vermischt. Die Mischung wird in einem eisernen oder bronzenen Gefäß bis auf einen Sextarius (etwa ein halbes Liter) eingekocht, nachdem ihr zuvor ein halbes Pfund (etwa 163 Gramm) geläuterter Honig hinzugefügt worden ist. Die gare Flüssigkeit wird noch kochend zur Klärung durch einen Filtersack gegossen. Geklärt und erkaltet, wird sie in einem gut gepichten Gefäß verwahrt, damit Zukost damit gewürzt wird.«

Unter den zahlreichen Varianten dieser Sauce gab es eine, die nur aus Fischeingeweiden hergestellt wurde. Eine Luxusausführung hatte Austern und Schalentiere als Basis und eine der beliebtesten Versionen kam aus dem heutigen Andalusien und wurde nur aus Makrelen bereitet. Im Kochbuch des Apicius gibt es kaum ein Rezept, das nicht Liquamen als Zutat hätte.

Estragon=Essig

Frieda Ritzerow, Mecklenburgisches Kochbuch, Rostock 1868

0,9 ltr Essig
1 Handvoll Estragon
evtl. 4 Schalotten, 4 Lorbeerblätter, 10 Pfefferkörner, Muskatblüte, Nelken

»Estragon=Essig.

In den Monaten Juni bis August eignet sich der Estragon zur Bereitung dieses Essigs am besten. Man pflückt zu diesem Zwecke die Blätter von den Stengeln, thut sie ungewaschen in eine Flasche und gießt besten Weinessig hinzu, wobei man auf einen Pott Essig eine Hand voll Estragon nimmt. Für Salate genügt diese Mischung, soll aber der Essig zu Ragouts benutzt werden, so fügt man auf den Pott noch 4 Chalotten, eben so viel Lorbeerblätter, etwa 10 Körner Pfeffer und ein wenig Muskatblüthe und Nelken hinzu. Man verkorkt nun die Flasche fest, läßt die Mischung 14 Tage bis 3 Wochen in der Sonne oder an einem warmen Orte destilliren [ausziehen], gießt sie durch ein Tuch und zieht sie auf Flaschen.«

Haus=Essig anzustellen

Susanne Maria Endter, Vollständiges Nürnbergisches Koch=Buch, 1691

Sauerteig
Nelken, Langpfeffer
säuerliches Bier oder Wein

»Einen Haus=Essig anzustellen.

Nehmet einen Sauerteig / zerstosset ein wenig Mutter=Negelein und langen Pfeffer / mischt sie unter den Sauer=Teig / und wircket mit den Händen runde Kügelein / etwan so groß als ein Schusser [Murmel] / daraus / last sie zuvor in einem Oefelein gantz ertrocknen / oder gleichsam ein wenig abbachen; alsdann leget sieben neun oder elff derselben in einen grossen Hafen oder Glas / und giesset entweder ein säuerlichtes Bier oder Wein daran / welcher nicht nochwendig von den besten seyn muß; last es also an einem warmen Ort / oder so man ihn in einem Glas anmachet / in der Sonnen stehen / so lang biß er die rechte Säuere bekommt / und auf diese Weiß kan man den besten und schärffesten Essig haben: Man muß aber / so offt man davon nimmt / das Gefäß allezeit wieder auffüllen / damit es immer voll bleibet.

Etliche nehmen die Mutter von einem alten Essig / giessen sie in ein Geschirr / füllen selbiges mit einem säuerlichten Wein oder Bier an / und stellen es an einen warmen Ort / und auf diese Art wird der Essig auch gut und scharff / absonderlich aber der Bier=Essig / mit Sauerteig auf obbeschriebene Art gemacht / daß er dem Wein=Essig nicht viel bevor lassen wird.«

»Mutter=Negelein« sind diejenigen Gewürznelken (die Frucht von Caryophyllus aromations L.), welche an dem Baume zur Reife gelangen, von selbst abfallen und zum Samen gebraucht werden. (Krünitz)

»Ein Pomerantzen=Blüh=Essig.

Nehmet schöne trockene Pomerantzen=Blüh / welche aber noch nicht gantz offen ist / brechet von selbiger die grüne Stielein auf das genauste herab / doch daß die Blümlein gantz bleiben / thut ein gut theil davon in ein Glas / und giesst von dem schärffsten Wein=Essig daran: alsdann verbindet das Glas wohl / stellts an die Sonnen / und lasts vierzehen Tage oder drey Wochen lang darinnen stehen.

Etliche pflegen auch / wann sie diesen Essig anstellen / ein wenig Würtz=Negelein / und gebröckelte Zimmet darein zu thun.«

Flieder=Ketchup, englischer

Universal=Lexikon der Kochkunst
Leipzig 1890

½ ltr Holunderbeeren
½ ltr Weinessig
30 g Schalotten
1 Stück Muskatblüte
1 Stück Ingwer
1 TL Pfefferkörner

»Flieder=Ketchup, englischer.

½ Liter reife abgebeerte Fliederbeeren thut man in einen Steintopf, übergießt sie mit ½ Liter kochendem Weinessig und stellt sie über Nacht in einen lauwarmen Ofen, schüttet am folgenden Morgen den Essig ab, ohne die Beeren zu pressen, kocht denselben mit 30 Gramm Chalotten, einem Blatt Macis, einem zolllangen Stückchen Ingwer, einigen Nelken und einem Theelöffel voll Pfefferkörnern 6–8 Minuten lang, läßt ihn erkalten, füllt ihn nach dem Erkalten sammt den Gewürzen in Flaschen und benützt ihn zu Fisch-Saucen.«

Fliederbeeren ist eine andere Bezeichnung für Holunderbeeren und bei dieser Art Ketchup handelt es sich um einen Essig..

Superior Mint-Sauce (To serve with lamb.)

Eliza Acton, Modern Cookery For Private Families, London 1860

3 gehäufte EL Minze, (römische oder auch Frauenminze, Mentha viridis)
2 gehäufte EL Zucker
Essig

»Ausgezeichnete Minzsauce zu Lamm.

Die Minze für diese Sauce muß jung und frisch sein, denn alte ist hart und unverdaulich. Streife die Blätter von den Zweigen, wasche sie sorgfältig, lasse sie auf einem Sieb ablaufen oder trockne sie in einem Tuch. Hacke sie sehr fein, und gebe sie in eine Saucen-Schüssel. Zu 3 gehäuften Eßlöffeln der Minze gebe 2 Eßlöffel gestoßenen Zucker. Laß es gut gemischt eine kurze Zeit durchziehen, dann gieße nach und nach 6 Eßlöffel guten Essig dazu.

Die auf diese Art gemachte Sauce ist hervorragend und viel gesünder, als wenn mehr Essig und weniger Zucker genommen wurde. Aber nach dem ersten Versuch können die Proportionen leicht an den Geschmack der Esser angepasst werden.«

Oftmals ist auch von selbst angesetztem Minz-Essig zu lesen, der dann bei Bedarf mit Zucker vermischt wird. Einige zeitgenössische Rezeptvariationen nennen zusätzlich 1–2 EL kochendes Wasser als Zutat.

To make Catchup

Hanna Glasse, The art of cookery, 1784

4,5 ltr Starkbier
454 g Anchovis
454 g Schalotten
14 g Nelken
7 g Pfefferkörner
3–4 große Stücke Ingwer
227 g Steinpilze

»To make Catchup to keep twenty Years. (For Captains of Ships.)

Nimm eine Gallone starkes, abgestandenes Bier, ein Pfund gewässerte Anchovis, ein Pfund geschälte Schalotten, eine halbe Unze Nelken, eine viertel Unze ganzen Pfeffer, drei oder vier große Stücke Ingwer, zwei Quarts große Steinpilze, zu Stücken zerrieben. Decke alles gut ab und laß es auf die Hälfte einköcheln. Dann seihe es durch ein Flannel-Tuch. Laß es stehen, bis es abgekühlt ist, dann fülle es in Flaschen. Ein Löffel davon mit frischer Butter vermischt ergibt eine feine Fischsauce [zu Fisch]. Du kannst es auch zum Bratensaft nehmen. Je stärker und abgestandener das Bier ist, desto besser wird der Ketchup sein.«

Die Richtigkeit der Maßumrechnung ist ungesichert, die Proportionen erzielen aber ein gutes Ergebnis. Ausgesprochen gut eignen sich auch getrocknete Steinpilze.

Soya von Champignons

Frieda Ritzerow, Mecklenburgisches Kochbuch, Rostock 1868

900 g Champignons, 113 g Schalotten
2 EL Salz, 8 g gestossenes Gewürz (2 Teile Piment, 1 Teil schwarzer Pfeffer, ½ Teil Nelken), 4 Lorbeerblätter
½ Handvoll Estragon

»Bereitung der Soya von Champignons.

Zur Soya verwendet man ordinaire Champignons, welche man fein zerhackt. Man nimmt sodann aus 2 Pfund Champignons ¼ Pfund geschälte und zerschnittene Chalotten, 2 Eßlöffel voll Salz, ½ Loth durcheinander gestoßenes Gewürz, bestehend aus 2 Theilen Nelkenpfeffer, einem Theil schwarzen Pfeffer und einem halben Theil Gewürz=Nelken, so wie ferner 4 Lorbeerblätter und knapp eine halbe Hand voll kleingeschnittenen Estragon. Diese Gewürze mischt man, füllt abwechselnd mit Schichten davon und von den Champignons einen steinernen Topf und läßt das Ganze darin 3 Tage stehen. Sodann nimmt man die Champignons wieder heraus und preßt ihren Saft sorgfältig mit der Hand zu dem andern im Topfe angesammelten Safte, seiht das Ganze durch ein reines Tuch und läßt es bis zur Sirupsdicke einkochen. Zur Aufbewahrung der Soya verwendet man gut verkorkte Flaschen.«

Ketchup oder auch Catchup

Universal=Lexikon der Kochkunst, Leipzig 1890

»Ketchup oder auch Catchup.

Mit diesem Namen bezeichnet man in England verschiedene, sehr pikante, z. B. aus Austern, Champignons, Wallnüssen, Liebesäpfeln u. dergl. mit Zusatz von Salz und Gewürzen hergestellte Vorraths-Saucen, die zum Würzen von Saucen, Pasteten und Ragouts benützt werden. Wir wollen hier die Bereitungsweise von einigen der gebräuchlichsten Ketchup-Arten angeben.

Austern=Ketchup.

24 Austern
¼ ltr Sherry
125 g eingelegte Sardellen
Schale von ½ Zitrone
8 Pfefferkörner
1 Msp Muskatblüte

Zwei Dutzend ausgeschälte Austern werden in einem Mörser gestoßen und mit ihrer Flüssigkeit in ein Casserol gethan, worauf man ¼ Liter Sherry, 125 Gramm schöne Sardellen und die dünnabgeschälte Schale einer halben Citrone beifügt, Alles langsam eine halbe Stunde über gelindem Feuer dämpft, durch ein Sieb streicht und noch einige Minuten mit acht Pfefferkörnern und einer Messerspitze gestoßenem Macis verkocht, dann auskühlen läßt und in eine Flasche füllt. Bei dem Gebrauch würzt man ½ Liter Sauce mit zwei Theelöffeln dieses Ketchups.«

Man sollte die in Salz eingelegten Sardellen benutzen und sie vorher ein wenig abspülen.

Liebesapfel= oder Tomaten=Ketchup

2 ltr reife Tomaten
125 g Salz
125 g Schalotten
18 Chilischoten

»Liebesapfel= oder Tomaten=Ketchup.

Etwa 2 Liter kleine reife Liebesäpfel werden in Scheiben geschnitten, in einen Topf gelegt und 125 Gramm Salz dazwischengestreut; so läßt man sie vierundzwanzig Stunden stehen, gießt den Saft ab und kocht ihn mit 125 Gramm geschälten Chalotten und 1½ Dutzend kleiner Capsicum=Beeren (Chili), streicht die Liebesäpfel durch ein Sieb, thut das Mark zu dem Saft und kocht Alles noch eine halbe Stunde, gießt den Ketchup warm in gewärmte Flaschen, läßt ihn erkalten, verkorkt und versiegelt die Flaschen und bewahrt sie auf.«

Die angegebene Menge der Chilischoten erzeugt einen sehr scharfen Ketchup.

Wallnuß=Ketchup

grüne Walnüsse
375 g in Salz eingelegte Sardellen
375 g Schalotten
10–12 g Nelken, 10 g Muskatblüte
12 g Pfefferkörner
½ Knoblauchzehe

»Wallnuß=Ketchup.

Gegen Mitte Juli, so lange man die jungen Wallnüsse noch leicht mit einer Nadel durchstechen kann, pflückt und stößt man eine genügende Menge derselben im Mörser, preßt den Saft aus und läßt ihn sich setzen, bringt 2 Liter desselben zum Kochen, schäumt ihn gut ab, thut 375 Gramm Sardellen sammt den Gräten, 375 Gr. Chalotten, 10–12 Gr. Nelken, 10 Gr. Macis, 12 Gr. Pfefferkörner und eine halbe Zehe Knoblauch hinein, läßt Alles kochen, bis die Sardellen ziemlich zerkocht sind, dann auskühlen, worauf man die Flüssigkeit in Flaschen füllt, das Gewürz darin vertheilt, die Flaschen verkorkt und versiegelt und den Ketchup, welcher sich sehr lange hält, erst einige Wochen aufbewahrt, bevor man ihn in Gebrauch nimmt.«

Für die Gewinnung von 2 Litern Walnussaft auf die angegebene Weise würde man eine sehr große Menge grüner Nüsse und eine gute Presse benötigen. Es ist besser, einen warmen Auszug mit Wasser und evtl. Essig herzustellen: die Nüsse zerkleinern, mit Wasser aufkochen und ca. 1 Woche ziehen lassen, bis sie schwarz geworden sind. Die Flüssigkeit eventuell reduzieren. Siehe auch bei Nusslikör auf Seite 57.

Senf zu bereiten

Katharina Prato,
Die süddeutsche Küche, Gratz 1878

Weinmost
1 Teil schwarze (braune) Senfsamen
2 Teile weiße (gelbe) Senfsamen

»Senf zu bereiten.

Mit eingesottenem, heißem Weinmoste brüht man Senfmehl, 5 Loth schwarzen zu 10 Loth weißem gemischt, zu einem dickflüssigen Brei ab, welchen man in Steintiegel gefüllt, verkorkt und verpicht aufbewahrt.«

»Sardellen=Senf (auf französische Art).

140 g schwarze (braune) Senfsamen
140 g weiße (gelbe) Senfsamen
280 g Meliszucker (Rohrzucker)
140 g Sardellen
0,25 ltr Weinessig

»Sardellen=Senf (auf französische Art).
Zu 8 Loth braunem Senf, 8 Loth weißem, beide sehr fein gestoßen, nimmt man 16 Loth braunen Meliszucker, 8 Loth entgrätete [eingelegte] Sardellen, 2 Chalotten fein gehackt und verrührt es mit ungefähr ¾ Seidel gutem Weinessig, treibt es durch ein Sieb und füllt es in Gläser oder Steintiegel.«

Bereitung des Senfes

Maria Anna Neudecker
Die Bayerische Köchin, München 1867

560 g Senfsaat
140 g Zucker
Weinessig

»Bereitung des Senfes.

Man mahlt Senfsamen zu feinem Pulver, wozu man im Nothfall eine ganz fein gestellte Kaffeemühle nehmen kann, oder man zerstößt ihn in einem Mörser. Zu 1 Pfund von diesem Pulver mischt man ¼ Pfund Zucker und gießt kochenden Weinessig hinzu, bis die gewünschte Dicke erreicht ist. Nachdem man diese Mischung ½ Stunde mit einer Reibkeule oder einem hölzernen Löffel gerieben, läßt man sie verdeckt ein paar Stunden lang gehörig ausquellen, thut den noch nöthigen Essig hinzu und füllt den Senf in Kruken oder Gläser.«

Der frisch zubereitete Senf ist anfangs sehr bitter und benötigt mehrere Wochen Reifezeit. Die Senfgrundmasse läßt sich mit vielerlei Aromaten variieren – zum Beispiel mit Preisselbeeren.

Kalte Oel-Sauce. Sauce mayonnaise

Julius Rottenhöfer
Illustrirtes Kochbuch, München 1885

2 rohe Eigelb
je 1 Msp Salz und weißen Pfeffer
Estragonessig
280 g Olivenöl
3 dl Aspik
1 Zitrone
½ EL Wasser
Salz

»Kalte Oel-Sauce. Sauce mayonnaise.

Man gibt in eine Porzellan=Schale das Gelbe von zwei rohen Eiern so weiß wie möglich, eine Messerspitze feines Salz, eine Messerspitze feinen, weißen Pfeffer und den vierten Theil eines Eßlöffels Estragonessig; dieses rührt man mit einem Holzlöffel auf dem Eise fleißig, und wenn es anfängt dick zu werden, so gibt man einen halben Eßlöffel feinstes Oel dazu und, wenn es sich wieder bindet, einen halben Eßlöffel voll Essig, dann etwas später wieder Oel; es muß aber immer sehr fleißig gerührt werden. Nach einer viertel Stunde gießt man zwei Eßlöffel voll Oel und einen mit Estragonessig, wie auch einige Eßlöffel voll weiße Aspic dazu, rührt es wieder eine viertel Stunde sehr weiß und cremeartig. Mit diesem wird von zehn zu zehn Minuten so fortgefahren, bis 280 Gramm des feinsten Provenceröls, 3/10 Liter Aspic und der nöthige Essig, um die Mayonnaise angenehm sauer zu machen, eingerührt ist; zuletzt gibt man den Saft einer Citrone wie auch einen halben Eßlöffel frisches Wasser dazu, welches sie noch weißer und zarter macht, und salzt sie gehörig.«

Olivenöl entwickelt bei der Mayonaisebereitung oftmals einen bitteren Geschmack. Man sollte es wenigstens zum Teil durch Sonnenblumenöl ersetzten. Die »Sauce Mayonnaise à la ravigote« wird durch Zugabe von Kerbelkraut, Pimpernell, Estragon, kleinen Zwiebeln, Petersilie, Kresse und Spinatgrün hergestellt. Zur »Sauce Provençale« rührt man unter die weiße Oel-Sauce vier Esslöffel voll Kräutersenf, einen Esslöffel voll Sardellenbutter nebst einem Esslöffel voll feine Kapern.

Sauce rémolade.
Sauce rémolade au Tartare

Julius Rottenhöfer, Illustrirtes Kochbuch, München 1885

1 EL Kräuter
Butter
8 dl braune Grundsauce
1 EL Rindfleischjus
4 hartgekochte Eigelb
1 EL Senf
Saft von ½ Zitrone

»Sauce rémolade.
Sauce rémolade au Tartare.

Einen Eßlöffel voll feine Kräuter passirt man mit einem Stückchen frischer Butter, gießt 8/10 Liter braune Sauce und einen Eßlöffel voll Rindfleischjüs dazu und kocht dieß zusammen bis auf 5/10 Liter ein. Unterdessen streicht man das Gelbe von vier hartgekochten Eiern durch ein feines Haarsieb, welches beim Anrichten mit drei Eßlöffeln voll gutem französischen Senf und dem Safte einer halben Citrone unter die Sauce gemischt wird.«

Kalte Senf-Sauce.
Sauce rémolade froide ou Tartare

6 harte Eigelbe
1 EL Kräuter
½ EL Kapern
140 g Olivenöl
2 EL Sardellenbutter
3–4 EL Senf
1 Msp weißer Pfeffer
Salz
1 dl Aspik
einige EL Estragonessig

»Kalte Senf-Sauce.
Sauce rémolade froide ou Tartare.

Das Gelbe von sechs hartgekochten, frischen Eiern wird durch ein feines Haarsieb gestrichen und mit einem Eßlöffel voll von den grünen fein geschnittenen Kräutern nebst einem halben Eßlöffel voll fein geschnittenen Kapern untermengt und mit 140 Gramm feinsten Provenceröls, zwei Eßlöffeln voll Sardellenbutter und drei bis vier Eßlöffeln voll gutem Senf und einer Messerspitze feinem, weißen Pfeffer und dem noch fehlendem Salz gut abgerührt. Sodann gibt man noch 1/10 Liter Aspic und einige Eßlöffel voll Estragonessig dazu und rührt es auf dem Eis zu einer salbigen, feinen Sauce ab, die in ihrer Zartheit und piquantem, angenehmen Geschmacke für den Gourmand nichts zu wünschen übrig läßt.«

Hamburger Mayonaise

Universal-Lexikon der Kochkunst
Leipzig 1890

5 hartgekochte Eigelb
80 g Olivenöl
10 g Zucker, etwas Zitronenschale
5 EL Estragonessig
½ Tasse helle Bouillon
1 Glas Madeira
2 Msp Salz
1 geh. KL englischer Senf
1 Prise Cayennepfeffer

»Hamburger Mayonaise.

Die erkalteten Dotter von fünf hartgesottenen Eiern zerdrückt man und verrührt sie mit tropfenweise zugesetzten, allmählich beigemischten 80 Gr. feinsten Provenceöls zu einer klaren [homogenen] Masse, rührt 10 Gr. gestoßenen Zucker, an dem man zuvor etwas Zitronenschale abgerieben, fünf Eßlöffel Estragonessig, eine halbe Tasse helle Kraftbrühe, ein Weinglas Madeira, zwei Messerspitzen Salz, einen gehäuften Kaffeelöffel englischen Senf und eine sehr kleine Prise Cayennepfeffer hinzu und verwendet die Mayonaise zu Fischen, feinen Fleischsalaten und dergl.«

Glace (Bouillonkuchen)

Ernst von Malortie
Das Menü, Zweiter Theil, Hannover 1887

4 kg Rindfleisch
6 kg Kalbfleisch
4 alte Hühner
Suppenkräuter

»Glace (Bouillonkuchen).

4 kg Rindfleisch, 6 kg Kalbfleisch, 4 alte Hühner in Stücke geschnitten, setzt man mit Wasser aufs Feuer und kocht davon Bouillon mit Gewächs aber ohne Salz. Nach 4–5 Stunden nimmt man alles Fett ab, passirt sie in eine große Pfanne und kocht sie auf starkem Feuer rasch ein, bis sie anfängt rund zu werden; dann gießt man sie in eine kleinere Kasserolle, kocht sie unter Rühren dick wie Sirup ein und gießt sie in Topfe. Wenn man sie lange aufbewahren will, gießt man Fett darüber. Diese Glace dient zum Glaciren der großen Fleischstücke, Braten, Koteletten etc., wozu man eine Glacekasserolle mit Pinsel benutzt. Im Nothfall kann man auch Saucen, die nicht kräftig genug sind, damit verbessern.

Will man helle oder blonde Glace haben, so verwendet man nur Kalbfleisch und Hühner. Zur Bereitung von Wildglace nimmt man halb Wild-, halb Kalbfleisch und Hühner, da Wild allein nicht hinreichend Saft hat.«

Fleischextrakt nach Liebig

Meyers Grosses Konversationslexikon, Leipzig 1905-1909.

250 g Rind– oder Hühnerfleisch
0,56 ltr destilliertes Wasser
4 Tropfen reine Salzsäure
24 g Kochsalz
weitere 0,5 ltr destilliertes Wasser

»Fleischextrakt nach Liebig

Eine leichtverdauliche und nahrhafte, weil eiweißreiche Fleischextrakt für Kranke wird nach Liebig auf folgende Art bereitet: Man hackt 250 g frisches Rind- oder Hühnerfleisch, mischt es mit 560 g destilliertem Wasser, 4 Tropfen reiner Salzsäure und 24 g Kochsalz und gießt nach einer Stunde das Ganze durch ein Haarsieb. Den zuerst ablaufenden trüben Teil gießt man zurück, bis die Flüssigkeit ganz klar abfließt. Auf den Fleischrückstand im Sieb schüttet man in kleinen Portionen 250 g destilliertes Wasser nach. Man erhält so etwa 500 g Flüssigkeit von roter Farbe und angenehmem Fleischbrühgeschmack. Sie darf nicht erhitzt werden, da sie sich in der Wärme trübt und ein dickes Gerinnsel von Blutfarbstoff und Eiweiß absetzt.«

Prato gibt zu ihrem ähnlich hergestellten »Liebig's rohem Fleischsaft für Blutarme« noch rothen Wein oder auch Zucker dazu, oder Himbeer= oder Ribiselsaft [Johannesbeersaft].

Trockne Bouillon

Johann Georg Krünitz, Oekonomische Encyklopädie 1773–1858

12 Pfund Rindfleisch
1 Markknochen
2 alte Hähne
1 Kalbsfuß
etwas Muskatblüte, Ingwer, langer Pfeffer (Piper longum)
4–5 Lorbeerblätter
Wasser

»Trockne Bouillon, trockne Fleischbrühe oder Potage=Kuchen.

Eine sonderlich für Reisende zubereitete, und sich einige Jahre im Trocknen haltende, Masse, um aller Orten, zu allen Zeiten und binnen wenigen Minuten gute Kraftbrühen zu bekommen.

Man nimmt 12 Pfund Rindfleisch, welches recht saftig, nicht zu fett und nicht zu mager, ist; einen zerspaltenen Marksknochen; 2 alte Hähne, mit sammt den Knochen in einem Mörsel zerquetscht; einen Kalbsfuß; ½ Quentgen Muskatenblumen; ⅓ Quentg. Ingber, und eben soviel langen Pfeffer; 4 bis 5 Lorbeer=Blätter; dieses thut man zusammen in einen irdenen Topf, gießet eine Portion Wasser dazu, decket den Topf wohl zu, läßt es 12 Stunden auf einem Kohlenfeuer kochen, rührt es dann und wann wohl um, und verschäumet es; seihet die

Masse durch ein Haarsieb, und läßt sie, nachdem man alles Fett davon rein abgeschöpft hat, erkalten. Nunmehr ist es eine Gelée. Diese setzt man in einem irdenen Topf auf ein Kohlenfeuer, und läßt es gelind und recht wohl einkochen, bis es dick geworden. Sodenn schüttet man die Gelée in eine zinnerne Schüssel, und läßt sie recht coaguliren; schneidet sie in 3 Finger lange und breite Stücke, bringt solche in einer irdenen Schüssel nach einem Backofen, woraus das Brod herausgenommen, und welcher nicht mehr zu heiß ist, läßt sie ganz langsam trocknen, und verwahret sie, in ein besonderes Papier gewickelt, an einem trocknen Orte, daß sie nicht schimmeln: so conserviren sie sich Jahr und Tag.

Will man nun in Eil eine Suppe daraus machen, so läßt man Wasser mit Körbel, Spinat und Sauerampfer, damit die Kräuter gar werden, kochen; setzt alsdenn soviel davon, als 2 gute Suppentellervoll ausmachen, in einem andern Geschirr über Kohlenfeuer, thut von den Täfelchen 1 Loth hinein, schüttet etwas von feingestoßenen Muskatenblumen, nebst dem behörigen Salz, hinzu, rühret es solange um, bis das Stück vom Täfelchen geschmolzen ist, und läßt alsdenn alles, ohne weiteres Umrühren, nur einmahl aufkochen und anrichten. Es schmeckt solche Suppe überaus wohl und angenehm, und die Farbe ist röthlich, wie die, so man von Jüs zu machen pflegt. Man kann auch die Täfelchen bei einem Trunk Wein, Bier oder Wasser, genießen; sie sind nahrhaft.«

Da Krünitz die Quelle der von ihm zitierten Rezepte nicht angibt, lassen sich die Gewicht nur grob umrechnen – was keinerlei Auswirkungen auf das Rezept hat. (1 Quentchen ca. 3–5 g)

Von den Sülzen

Die älteste Bedeutung von Sülze, Sulze, Sulz ist »Salzwasser« und verweist auf das Pökeln von Fleisch in Salzlake. Aus dieser Wortfamilie stammen auch salse (Sauce) und Salami. Im erweiterten Sinne wird der Begriff Sülze aber für Speisen verwendet, in denen verschiedenste zerkleinerte Zutaten durch konzentrierte Fleischbrühe, Aspik oder Gelatine gebunden sind.

Anfang des 19. Jahrhunderts begann die industrielle Produktion von Gelatine. Bis sich diese in den Haushaltungen durchgesetzt hatte, wurde der Sulz oder »Stand« auf verschiedene Weise hergestellt. Zum einem benutzte man die konzentrierten Fleisch– oder Fischbrühen, die beim Erkalten gelierten. Da die Standfestigkeit dieser Gallerten aber relativ gering ist, verkochte man gezielt die besonders collagenhaltigen Teile von Schlachttieren, wie zum Beispiel Kalbsfuß, –knie und Knorpel, sowie Schweinsfuß, –schwanze, –ohr und –schwarte.

Weit verbreitet war die Herstellung eines »Standes« von Hausenblase, der getrockneten Schwimmblase vom Stör. Katharina Prato schreibt in ihrem Kochbuch: »Hausenblase, welche aus der Blase und rein bereitet wurde, ist glatt, weiß und durchsichtig, während die aus Gedärmen gemachte kraus erscheint, sich nicht so gut auflöst und warm einen Fischgeruch hat.«

Krünitz nennt als Grundstoff für Gelees »Fleisch, Elfenbein, Hirschhorn, Kälber= oder Schöpsfüßen, Hühner= oder Truthühnerbeinen, und andern knorpeligen Theilen der Thiere, ja von Hühnern und Kapaunen selbst.« Im Gegensatz zum Gelee als »puren Saft« besteht die Gallerte »aus dem Fleische, aus Füßen, Ohren, Köpfen, oder woraus sie sonst gekocht worden, … und nach Belieben mit Rosinen und zerschnittenen Mandeln bestreuet wird, mithin also vor sich selbst ein Essen ausmacht, da hingegen das Gelee nothwendig bey andern Speisen dienen muß.«

Die Gallerte war für Krünitz also die Speise, die wir heute als Sülze bezeichnen. In der Tradition der Humoralpathologie führt er dann auch gleich die diätetische Wirkung dieser Speise an: »… ist es doch schwachen Personen, insonderheit Frauenzimmern, Gelehrten, und solchen Leuten, die eine sitzende Lebensart [!] führen, nicht zu rathen, daß sie sich solcher zähen

Speisen öfters bedienen. Man kann ihnen zur Noth im Winter solche Freyheit gestatten, wo ihre Verdauungs=Kräfte am stärksten sind. Am meisten aber sollten sie von Personen, welche ohne dieß zähe phlegmatische Säfte haben ... vermieden werden. Daß Kindern eine solche Nahrung schlechterdings unzuträglich seyn müsse, versteht sich von selbst.«

Neben den genannten Gelees aus tierischen Grundstoffen war der alten Küche auch die Sulzbereitung aus pflanzlichen Stoffen bekannt. Dazu verwendete man das aus Algen gewonnene Agar Agar, so wie auch verschiedene Moosarten.

Zur Familie der Sülzen gehören auch die süßen, gesulzten Cremes, Breie und Muse. Exemplarisch sei hier auf die verschiedenen Rezepte für »Blanc Manger« hingewiesen (siehe Seite 162 ff.), an denen sich diese Beziehung gut ablesen lässt. Als »feine Verwandte« der Sülzen könnte man die in der Hochküche beliebten Schaumbrote, Mousses und Parfaits bezeichnen, sofern sie nicht durch Eiweißbindung hergestellt sind.

Einen besonderen Bereich der Sulzspeisen bilden die eingedickten Fruchtmassen, die im Mittelalter »Latwerge« genannt wurden. Wir kennen diese Obstkäse, wie sie später auch genannt wurden, heute noch in der Form von Quittenbrot und ähnlichen Zubereitungen.

Das Schleimige

Morphologisch betrachtet, sind alle Arten von Sulz und Gelee eng mit dem Schleim verbunden. Der Schleim als eine unentschiedene Form zwischen dem Flüssigen und dem Festen – ein Zustand, sehr nahe dem Werden und Vergehen von Leben. Das Schleimige als Erinnerung an die Endlichkeit des eigenen Seins, an das Ver-Wesen. Womöglich mag das Grund sein, warum sulzige, collagenhaltige Speisen bei vielen Menschen ein Gefühl des Ekels hervorrufen.

Schwarze Gallrat vom Schweinskopf

M. Marxen Rumpolt, Ein new Kochbuch, Franckfort am Mayn, 1581

Kopf, Fleisch und Blut vom Spanferkel
Hausenblase
3–4 Zwiebeln
Bertam (Anacyclus pyrethrum)
Essig
Pfeffer, Safran, Zimt

»Schwarze Gallrat vom Schweinskopf

Nim den Kopff/unnd kleine stücklein Fleisch von der Spensaw/setz es zu mit Schweiß/und thu ein wenig Hausen Blasen darunter/laß es darmit sieden/nim auch gantze Zwibeln darein/drey oder vier/unnd Pertrum Kraut/mach es säurlich/Und wen das Fleisch gesotten/so min es mit einem Faumlöffel auff ein saubers Bret/und laß kalt werden. Laß die Brüh durch ein Sib durchlauffen/und schöpff das Feißt davon hinweg/den die Spenferckel seindt gern feißt/sonderlich wenn sie noch an der Mutter saugen/Nim die Brüh/und mach sie ab mit Pfeffer/unnd ein wenig Saffran unnd Zimmet/laß damit ein Sudt auffthun/laß die Brüh widerumb kalt werden/rür es immerzu mit einem Löffel/biß daß es kalt wirt/leg das Fleisch in eine Schüssel/vnnd den Kopff mitten darein/geuß den Schweiß [das Blut] darüber/und laß kalt werden/so Wirt es geschehen/so hastu ein schöne schwartze Gallrat/die nicht böß ist/und wenn du es nicht wilt glauben/so laß dich die mühe nicht verdriessen/und versuchs/als denn wirstu es loben wie ich.«

Weiße Gallrat von Ochsenfüß.

Ochsenfüße, Wasser, Salz
Essig, evtl. Knoblauch

»Setz die Ochsenfüß in einem Wasser zu/thu ein wenig Saltz darein/und laß sie wol sieden/und wenn sie kalt werden/so werden sie wider fest. Zeuch sie auß der Brüh auff ein saubers Bret/und laß sie kalt werden/leg sie in ein Schüssel /unnd seig die Brüh durch ein Härin Tuch in ein säubern Fischkessel/geuß ein wenig Essig darein/vnd laß nicht sieden/geuß mit einem eysern Löffel auff und nider/biß kalt wirt/Oder nim Zween newe Häfen/un geuß auß einem in den andern/so wirdt es fein weiß/als wann du hettest Milch darein gegossen/das macht der kalt Essig/den du unter die warme Brüh gegossen. Geuß darnach auff die Füß/vnd laß stehen biß kalt wirdt.

Wiltu es aber mit Knobloch haben/so schmidt ein wenig darein/so ist es auch wolgeschmack. Denn die Ungern [Ungarn] essen sie gern mit Knobloch/sonderlich solche weisse Galrat/kost nicht viel/ist aber grosse müh darmit.«

Eingemachte Speckschwarten
Couennes Confites

ALFRED WALTERSPIEL
MEINE KUNST IN KÜCHE UND RESTAURANT, 1952

Schweineschwarten
Salz, Thymian, Pfeffer
Schweineschmalz, Wasser

»Eingemachte Speckschwarten
Couennes Confites.

Die eingemachten Speckschwarten sind ein ausgezeichnetes Hausgericht, sie erscheinen beim Genuß zart und nicht zu fett. Sie schneiden dazu die vom Fett befreiten Schwarten der ganzen Länge nach in etwa sieben Zentimeter breite Streifen und salzen sie unter Beigabe von etwas Thymian und Pfeffermühle gut ein, das heißt, Sie legen sie der Länge nach übereinander, nehmen sie nach achtzehn Stunden heraus und befreien sie vollständig vom Salz. Die Schwarten werden dann aufgerollt, so daß Schnecken von etwa fünf Zentimeter Länge entstehen. Falls die Schwarten dünn sind, können Sie auch zwei übereinander nehmen. Diese Schnecken umwickeln Sie ein– oder zweimal mit Bindfaden. Nun bringen Sie eine der Anzahl der Schwarten entsprechend große Braisière mit Wasser und reichlich feingeschnittenem Schweineschmalz zum Kochen, setzen die Rouladen senkrecht hinein, decken gut zu und lassen sie etwa drei Stunden langsam fertigdünsten, nehmen sie dann beiseite, entfernen die Bindfäden und placieren sie in einem passenden Steingut– oder Porzellantopf und begießen sie nach und nach mit dem heißen Fett, und zwar in Abständen, so daß die jeweilige Schicht erkalten kann. Auch hier ist eine einen Zentimeter dicke Fettschicht darüber erforderlich.«

In heutiger Zeit findet die Haut des Schweines zumindest in unserem Kulturkreis nur noch versteckt in Wurstwaren Verwendung. Bis vor Kurzem wurde sie allerdings noch zur Herstellung von Fruchtgummi benutzt. Man könnte die Fruchtgummi-Schnecken also als Verwandte der eingemachten Schwarten bezeichnen.

Aal in Gelee

Universal=Lexikon der Kochkunst, Leipzig 1890

4 Kalbsfüße
2 Aale
Essig
Schalotten, Lorbeerblätter, Zitronenscheiben, Salz, Pfefferkörner
etwas Petersilie, Thymian und Basilikum
4 Eiweiß

»Aal in Gelee

hat zwar Aehnlichkeit mit dem Aal=Aspic, ist aber in der Zubereitung dennoch verschieden, jedenfalls weniger mühsam herzustellen, und bildet, wenn man ihn in irgend eine zierliche Form bringt, eine hübsche und feine Schüssel für ein größeres Frühstück oder Abendessen.

Zunächst kocht man vier gut geputzte Kalbsfüße einige Stunden lang, schöpft alles Fett von der Brühe ab und gießt diese sehr vorsichtig durch. Dann theilt man zwei abgezogene Aale in Stücke, schneidet die Flossen ab, begießt die Stücke mit warmem Essig, läßt sie in ungesalzenem Wasser einmal auskochen, legt sie in ein Casserol mit einigen Chalotten, Lorbeerblättern, Citronenscheiben, Salz, Pfefferkörnern, etwas Petersilie, Thymian und Basilicum und gießt soviel Weinessig dazu, daß der Aal eben damit bedeckt ist. Wenn dies eine Viertelstunde langsam gekocht hat, nimmt man den Aal heraus, gießt die abgefettete Brühe durch ein feines Sieb, fügt die Brühe von den Kalbsfüßen und das zu Schaum geschlagene Eiweiß von vier Eiern hinzu, läßt Alles zusammen noch einmal aufsieden und streicht es durch einen Geleebeutel in eine beliebige Form, etwa in Gestalt einer Schildkröte, eines großen Fisches, einer Melone, Torte oder sonst dergleichen, legt die Aalstücke hinein, halbe Citronenscheiben, oder Oliven dazu und läßt es kalt werden, worauf man [nach dem Gelieren] die Form mit einem warmen Tuche bedeckt und auf eine Schüssel umstürzt. Gewöhnlich giebt man eine Remouladen= oder Mayonnaisen=Sauce dazu.«

Spitzbeinsülze
Restauration a.a.O.

Schweinsfüße (Spitzbeine)
Schweineschwänze, –schwarten und –ohren
Pfeffer, Piment, Lorbeerblatt
Möhren, Petersilie, Zwiebeln, Essiggurken, Paprika
evtl. Sherry, Portwein, Madeira

Die Schweinsfüße (Spitzbeine), Schweineschwänze und –ohren werden in ein Tuch gebunden und zusammen mit den Schwarten und Gewürzen für fünf Stunden in Wasser geköchelt. Die so entstandene Gallerte entfettet, geklärt und abgeschmeckt. Die gewürfelten Gemüse werden in einem Teil der Brühe separat gegart, die fleischigen Anteile der Zutaten werden von den Knochen und Knorpeln gepult, alles miteinander vermengt, in Formen gegossen und kalt gestellt.

Sieht man von der großen Schwierigkeit ab, heutzutage Schweinsfüße aus anständiger Tierhaltung zu bekommen, kann man Rumpolt nur zustimmen: »kost nicht viel, ist aber große Mühe darmit«.

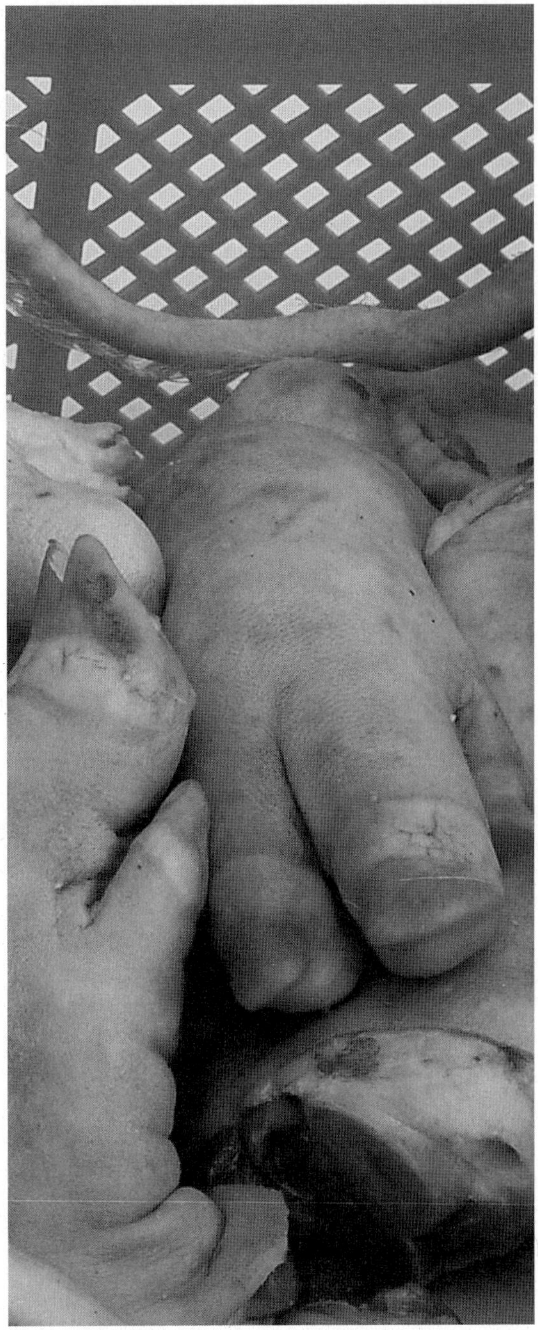

Zucker-Ei

AUS DER KINDHEIT DES VERFASSERS, 1960ER-JAHRE

1 Hühnerei
Zucker

Das Kind fragt: »Mutti, darf ich ein Zucker-Ei?« Und wenn das Kind darf, nimmt die Mutter ein Ei, schlägt es auf und gibt es in ein Glas, läßt Zucker hineinrieseln, nimmt eine Gabel, verschlägt alles tüchtig und gibt es dem Kind. Das Kind ist glücklich.

Jahre später, als das Kind in die Pubertät kommt, hört es von der Mutter die Ermahnung: »Iß nicht so viele Eier, sonst haust du über die Stränge.«

Reißschleim (Getränk)

BETTY GLEIM, BREMISCHES KOCH= UND WIRTHSCHAFTSBUCH, BREMEN 1808

62 g Reis
1,6 ltr Wasser

»Reißschleim.

Man reibt 4 Loth Reiß in einem eisernen Mörser zu Pulver; läßt ihn in 2 Quartier Wasser kochen, bis eine klare Brühe daraus wird, die man heiß durch ein Tuch preßt. Sie hat die Konsistenz einer Gallerte und man vermischt 1 oder einige Theelöffel voll davon mit warmen Wasser, Fleischbrühe oder Milch.«

Rosen=Gelee

Hamburgisches Koch=Buch, verfasst von einigen Hamburgischen Hausfrauen, Hamburg 1830

970 g Rosenblätter
0,45 ltr Rheinwein
Rosenöl, einige Tropfen
0,9 ltr »Stand« aus 728 g Hirschhorn
0,68 ltr Weißwein
121 g Zucker
3 Zitronen
Eiweiß

»Rosen=Gelee.

Zwei Pfund Rosenblätter werden in einer zinnernen Schüssel mit kochendem Flußwasser eingesprengt, so bleiben sie eine Nacht über zugedeckt stehen; des Morgens wird ein halbes Quart Rheinwein darauf gegossen, man deckt die Schüssel recht fest zu und läßt es darin eine Stunde auf Kohlen kochen, nachher werden die Blätter sehr ausgedrückt und einige Tropfen Rosenöl dazu gethan; so lange diese ausgedrückte Rosenessenz warm ist, muß sie zugedeckt bleiben, sonst verfliegt das Feine davon; ist sie kalt, so wird sie durch einen Filztrichter in eine Bouteille gefüllt und bis man sie braucht, zugepfropft. Alsdann wird der Stand von anderthalb Pfund Hirschhorn bis zu einem Quart eingekocht und hinzugethan, desgleichen drei Viertel Quart weißen Wein, ein Viertel Pfund Zucker, der Saft von drei Citronen; dies wird mit Eyerweiß geklärt und dann läßt man es einigemal durch einen Gelee=Beutel laufen, zuletzt thut man in eine Forme oder Schüssel die Hälfte von der Rosenessenz und läßt es dazu laufen. Die übrige Essenz hebt man gut zugepfropft in einer kleinen Bouteille auf.«

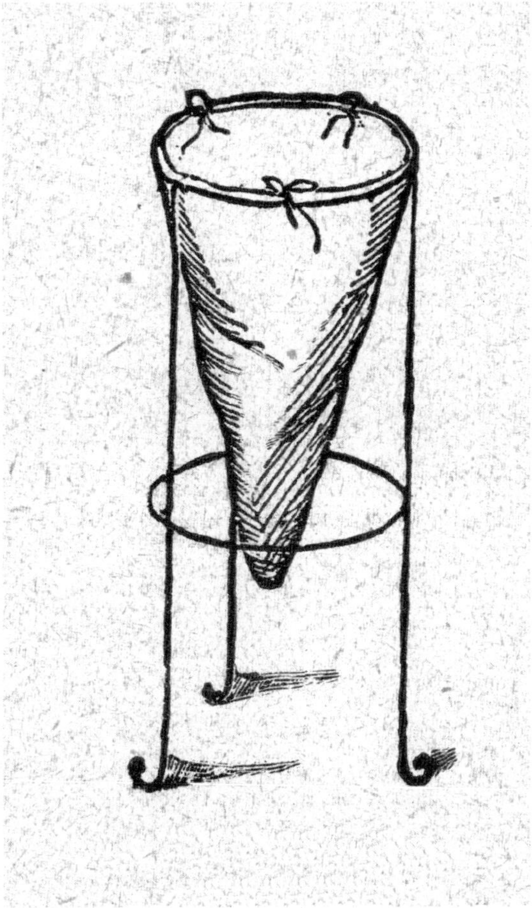

Quittenkäse

Katharina Prato, Die süddeutsche Küche, Gratz 1873

abgelagerte Quitten
auf 0,35 ltr Quittensaft 560 g Zucker
Zitronensaft
560 g Quitten

»Quittenkäse.

Abgelegene Quitten schält man, reibt sie und drückt das Geriebene durch ein Tuch. Diesen Saft läßt man zwei Stunden stehen, seiht das Klare davon herab, gibt zu 1 Seidel davon 1 Pfund gestoßenen Zucker und etwas Limoniensaft und stellt es auf die Gluth. Wenn es anfängt zu sieden, gibt man 1 Pfund geschälte geschnittene Quitten dazu, kocht es, bis diese weich sind, daß man sie ganz zerdrücken kann und läßt es auf gelindem Feuer fortkochen, bis es rauscht. Die langen Mödel oder dgl. taucht man in heißes Wasser und füllt den heißen Quittenkäse ein, so lange sie noch naß sind, läßt ihn einen Tag stehen und stürzt ihn dann auf Papier zum Trocknen, wobei man ihn täglich umwendet.«

Diese eingedickten Fruchtmuse von geleeartiger Konsistenz gab es bereits im Mittelalter unter dem Namen »Latwerge«. Mit verschiedensten Zutaten waren sie als Heilmittel in Apotheken erhältlich.

Gelees – als Nachspeisen

Grete Willinsky, Kochbuch der Büchergilde, Frankfurt am Main 1958

Fruchtsaft oder Früchte
Gelatine

»Gelees – als Nachspeisen

sind mit Hilfe von Gelatine eingedickte Fruchtsäfte oder gedünstete Früchte aller Art, die meist in Verbindung mit Schlagrahm gereicht werden und bei Kindern sehr beliebt sind. Für einen halben Liter Fruchtsaft werden, wenn die Speise am selben Tag gereicht werden soll, 6–7 Blatt Gelatine benötigt. Wird das Gelee erst am folgenden Tag serviert, können 1–2 Blatt Gelatine gespart werden.«

1928
1886
1928
1909
1952
1564
1909
1570
1886

Von den Suppen

Getränk, Suppe und Brei sind drei Kategorien von Speisen auf dem Gradienten vom Flüssigen zum Festen. Sprachlich erinnert die Suppe noch an das »supen« die mittelniederdeutsche Bezeichnung für »saufen«. In einigen Fällen entscheidet einzig die Art des Servierens, ob wir von Suppe oder Getränk sprechen. So stellt Rottenhöfer in seinem Kochbuch von 1885 fest, dass »die Kaltschalen allgemein und zwar mit Recht zu den Suppen gezählt werden, und diese auch bei vielen Höfen Deutschlands an heißen Sommertagen sehr häufig als zweite Suppe gegeben werden.«. Die bei ihm in Tellern servierten Fruchtkaltschalen sind nach unserem heutigen Verständnis aber nichts anderes als Bowlen.

Glühwein und Punsch haben ihre Vorläufer, die aus Tellern gelöffelt wurden. Und das auf Seite 125 zitierte Rezept für eine »Kaffeesuppe« berichtet von der Zeit, als der moderne Kaffee auf alte Speisegewohnheiten traf. Die zahlreichen historischen Rezepte für Bier– und Weinsuppen siedeln im Grenzgebiet zwischen Getränk und Suppe. Diese Grenzüberschreitungen waren in den letzten Jahren auch eine Mode der zeitgenössischen Gastronomie. Hier wurde der »Espresso von Hummeressenz« oder ein »Latte macchiato von Erbsen mit Pfifferlingen« in den entsprechenden Trinkgefäßen serviert.

Historische Kochbücher zeugen von dem Bestreben, Ordnung in die unüberschaubare Zahl und Art der Suppen zu bringen. Waren die Rezepte in den mittelalterlichen Sammlungen noch relativ sporadisch verteilt, so bildeten sich mit Zeit Suppen-Ordnungen, die in den unterschiedlichen Zutaten und Herstellungsweisen gründen. Die für die zeitgenössische Hochgastronomie immer noch gültige Einteilung der Suppen geht auf Auguste Escoffier (1846–1935) zurück. Er beklagte, gerade was die gebundenen Suppen betraf, das man »das gleiche Rezept ohne Unterschied unter der Benennung Bisque, Purée, Coulis, Velouté oder Crème findet«. Sein Bestreben »Ordnung und Logik in das Chaos der Bennnungen zu bringen« gestaltete sich »nicht ganz ohne Mühe«, wie er betonte. (Der Nachvollzug seines Systems aber auch nicht immer.)

Die Einteilung der Suppen nach Escoffier

Eine erste, hauptsächliche Unterteilung besteht in der Unterscheidung von klaren und gebundenen Suppen. Die klaren Suppen sind die Kraftbrühen oder Consommés mit wenig Einlage, die, so Escoffier, »teilweise ganz leicht mit Tapioka gebunden« werden. [sic!] Die gebundenen Suppen sind wiederum in fünf Arten unterschieden:

1.) »**Purèes, Coulis oder Bisques**«: Sie haben ein Purèe von Fleisch oder Gemüse zur Grundlage, durch das sie meist auch gebunden sind. Ansonsten werden Reis, gebackenes Brot, mehliges Gemüse, Kartoffeln oder Hülsenfrüchte als Bindemittel zugegeben. Der Begriff Coulis bezeichnet Purèes von Geflügel, Wild und Fisch. Er wurde allerdings auch für Saucen verwendet und bedeutete in diesem Zusammenhang Saucenfond oder Grundsauce. Bisques waren bis Ende des 18. Jahrhunderts Hühner– und Taubenpuréesuppen, heute versteht man darunter gebundene Suppen von Schalentieren.

2.) »**Crèmes**«: Crèmes haben ebenfalls ein Fleisch– oder Gemüsepüree zur Grundlage. Sie werden mittels einer weißen Mehlschwitze (Roux) gebunden, die mit einer dem Grundmaterial entsprechenden Kraftbrühe aufgegossen wird. Crèmes enthalten kein Eigelb und werden mit süßer Sahne vollendet.

3.) »**Veloutés oder Schleimsuppen**«: Auch Veloutés haben entweder ein Püree zur Basis oder sie werden passiert. Wie die Crèmes sind sie mit einer weißen Mehlschwitze gebunden, die mit Milch aufgegossen wird – es handelt sich also um eine Bechamel. Veloutés werden immer mit Eigelb und Butter vollendet: 3 Eigelb und 1 dl Rahm pro Liter Suppe und 80–100 g Butter zur Vollendung im letzten Moment.

4.) »**Gebundene Kraftbrühen**«: Zur Bindung von Kraftbrühen werden Stärke (Kartoffelmehl, Tapioka, Arrow Root), Mehlschwitzen oder Eigelb verwendet.

5.) »**Die speziell zusammengesetzten Suppen**, deren Zubereitung unveränderlich ist und die von mehreren Arten abstammen«, sind mehr oder weniger ein Sammelbecken für Suppen, die nicht in die vorgenannten Kategorien passen.

Das hier in aller gebotenen Kürze geschilderte, recht komplexe und manchmal auch widersprüchliche System Escoffiers wurde wegweisend für die Küchenlehre des 20. Jahrhunderts. In etwas abgewandelter und gestraffter Form ist es bis heute gültig.

Die Suppenkategorien der bürgerlichen Kochbücher des 19. und beginnenden 20. Jahrhunderts sind meist an den jeweiligen Grundmaterialien ausgerichtet. Hier werden in der Regel Fleisch– und Fischsuppen, Suppen von Feldfrüchten oder Kräutern, Wein– und Biersuppen, Milch– und Wassersuppen sowie Obstsuppen und Kalteschalen unterschieden. In süddeutschen beziehungsweise österreichischen Kochbüchern findet sich nicht selten nur die einfache Unterscheidung von Fleisch– und Fastensuppen.

Neben diesen kochtechnischen Aspekten ist die »Löffelspeise« mit zahlreichen Bildern besetzt. Die Suppe als wärmendes Labsal oder als bescheidene Speise, die schon der griechische Philosoph Epikur lobte – das Wohlbefinden eher in der geistigen Lust als in der körperlichen Erfüllung verortend. Oft zitiert ist diese flüssige Speise als Overtüre zum folgenden Mahl – natürlich nur von jenen, die danach ein solches genießen konnten. Für zu viele Esser bleibt sie aber verbunden mit einer Erfahrung des Mangels.

Wasser=Suppe

Luise Richter / Sophie Charlotte Hommer, Illustrirtes Hamburger Kochbuch, Hamburg 1879

Weißbrot
Wasser
Butter
Eigelb

»Wasser=Suppe auf einfache Art.

Man bratet würfelig geschnittenes Weißbrod gelbbraun, gießt kochendes Wasser darüber, rührt ein Stück Butter darin glatt, fügt ein wenig Salz hinzu und zieht die Suppe mit einigen Eidottern ab.«

Wasser=Suppe auf andere Art

Für 6–8 Personen
242 g Sago, Reismehl, Grütze o.Ä.
Wasser
Salz
Butter
evtl. Zucker, Zimt, Eigelb

»Um eine einfache Wasser-Suppe zu kochen, nimmt man für 6–8 Personen ½ Pfund Sago, Reismehl, Grütze oder dergleichen, rührt es mit etwas Wasser eben, läßt es in kochendem Wasser gar werden, giebt dann etwas Salz und ein Stück Butter dazu, rührt es öfters um, damit es sich nicht ansetzt und richtet die Suppe an. Man kann sie nach Belieben mit Zucker und Zimmet bestreuen und mit einigen Eidottern abziehen.«

Wasser=Suppe mit Grütze

Pro Person
1 Kochlöffel Grütze
Butter, Salz

»Für jede Person rührt man einen guten Kochlöffel voll Grütze mit Wasser eben, rührt dieses zu dem zur Suppe bestimmten kochenden Wasser, setzt die Suppe, sobald sie gut kocht, zur Seite des Feuers und läßt sie langsam eine halbe Stunde kochen. Beim Anrichten giebt man Butter und Salz daran.«

Kaffeesuppe

Maria Katharina Siegel
Baier'sches Kochbuch, 1812

evtl. Kaffeesatz
Wasser
Kaffee
⅓ Erdmandelkaffee
Zucker
Semmelschnitten
Sahne, evtl. Eigelb

»Kaffeesuppe.

Wenn man keinen Kaffeesatz hat, den man mit Wasser vorher aufgefüllt: so stelle man das Wasser zum Feuer und lasse es oder den Satz sieden, mahle indessen den Kaffee nach Proportion der Gäste, schütte die Hälfte von obenangeführten gesottenem Wasser oder Satz in ein anderes reines Geschirr ab, streue den gemahlenen Kaffee in den halbgefüllten Topf, und ungefähr ein Drittel guten Erdmandelkaffee dazu, gieße das vorher abgesiehene Wasser darauf zurück, lasse ihn noch einige Minuten sieden, stelle ihn dann vom Feuer, gieße ein Paar Tropfen frisches Wasser darein, damit er sitzt. Hausenblasen und dergl. Quacksalbereyen, – die unverständige Köchinnen hiezu anwenden, sind geldraubend und eckelhaft; doch geschieht es öfter, als man glauben sollte. Wenn nun der Kaffee sich gesetzt hat: so seihe man ihn auf den erforderlichen Zucker in die Suppenschüssel, lege gebähte Semmelschnittchen hinein, gieße den siedheissen Ram darüber, decke sie zu, lasse sie ein wenig weichen und sie ist zum Auftragen fertig. Guter Ram ist dabei die Hauptsache. Wenn man diesen nicht hat: so kann man ihn mit Eydotter verbessern. Guter Erdmandelkaffee ist unter andern bei Hrn. Bergfeld, Materialisten in Regensburg, das Viertelpfund für 8 kr. zu haben. Man kann ihn wohl ganz weglassen; allein man wird dann den so kräftigen Kaffee vermissen, und doch noch theurer beikommen. Andere Surrogate, z.B. recht gebrannte Weizen, Eicheln, Haselnüsse, Brod ec. leisten zwar auch nützlichen Dienst, man kann sie aber wie den Zichori leicht bemerken. Den Zichori sollte man vermeiden, da er gewöhnlich Bauchgrimmen oder andere Inkommoditäten verursacht.«

Dieses Rezept zeugt von der Zeit, als sich das aufkommende Kaffeetrinken mit der traditionell üblichen Morgensuppe vermischte.

Brennsuppe

Anna Erhart, *1921

Fett (Butter), Mehl, Wasser, Salz
evtl. Essig

»Brennsuppe.

Das kann doch jeder, versteh' ich nicht, wie man diese Frage stellen kann; man tut gute Fettn in eine Pfann, laßts hoaß werdn – es darf aber nicht verbrennen, dann tut man Mehl dazu, soviel man braucht, will man viel Brennsuppn viel Mehl, will man weniger Brennsuppn, weniger. Das Mehl wird braun angeröstet, ziemlich braun, aber nicht verbrennen lassen, dann gießt man mit Wasser auf und verrührt es schnell mit dem Schneebesn, daß es keine Knollen abgibt, zuletzt salzt man die Suppn. Am Teller kann man noch mit einem Schuß Essig würzen, was der Opa immer gemacht hat – ich finde die bloaße Brennsuppn besser.«

Die »Gebrannte Mehlsuppe« ist ein Elementargericht . In verschiedenen Regionen entwickelten sich zahlreiche Varianten mit unterschiedlichen Bezeichnungen: die Baseler haben ihre »Brennti Määlsubbe« oder auch »Mählsuppe«, im Kleinwalsertal gibt es eine Variante mit gedörrten Kirschen unter dem Namen »Chriasesuppa«, es existiert eine türkische »Un Çorbasa« und mancherorts heißt sie einfach nur »Wassersuppe«. Vor der Verbreitung des Kaffees in den Haushalten der Bauern und Arbeiter hatten diese Suppen oft die Funktion des Frühstücks. Karl Friedrich Freiherr von Rumohr schrieb 1822 über die gebrannte Mehl– oder eingebrennte Suppe: »diese ist jedoch so allgemein bekannt, daß es der Beschreibung hier nicht bedarf.« So ist auch in der mit dem 19. Jahrhundert aufkommenden bürgerlichen Kochbuchliteratur nur selten ein entsprechendes Rezept zu finden. Die Speisen der »einfache Leute« wurden mündlich weitergegeben; die Hochküche kümmerte sich eher um aus dem Französischen adaptierte Gerichte.

Ganz im Sinne Rumohrs erging es dem norddeutschen Autor dieser Zeilen, als er das Rezept der Brennsuppe von der neunzigjährigen Anna Erhart erfragte: in Vorarlberg geboren, seit über siebzig Jahren in Tirol lebend, ist sie eine erfahrene Hausfrau. Sie konnte es sich nicht vorstellen, dass man »etwas solch' Einfaches wissen möchte«, – es amüsierte sie.

Aillade (Knoblauchsuppe)

Joseph Delteil
La Cuisine Paléolithique, 1963

Wasser
Knoblauch
Pfeffer, Salz, 1 Lorbeerblatt
Salbei, ein Zweig Thymian, Minze
Öl, Brotscheiben
1 Ei (Öl, evtl. Zitrone)

»Aillade

Was die Aillade oder Knoblauchsuppe betrifft, hier ist sie: Wasser mit Knoblauch (reichlich) zum Kochen bringen, dazu Pfeffer, Salz, ein Lorbeerblatt, ein Zipfelchen Salbei, ein Zweig Thymian, Minze wenn ... Währenddessen Brotscheiben rösten, in der Suppenschüssel anrichten, mit einem hübschen, dünnen Ölstrahl begießen, arabesk oder wie Männekenpiss, das ist alles eins. Sodann ein bereitstehendes Eiweiß über dem kochenden Wasser ausgießen, so wie man schwungvoll ein Netz auswirft, damit es sich verstreut. Nun zum Eigelb: zu einer Mayonnaise aufschlagen. Mit ein wenig Wasser verrühren und das Ganze im Topf gut vermengen. Ganz schnell über das Brot in die Schüssel gießen.

Das Wesentliche bei der ganzen Sache ist das Zusammenwirken, linke und rechte Hand sind Schwestern; bald das Ei, bald die Suppenschüssel, und vorwärts! Ich sage rösten; wisse, daß jegliches Brot für die Suppe, Brotbrocken, Toast, gebutterte Wildschnitten, usw... über offener Flamme auf der Messerspitze geröstet und nicht in der Pfanne gebraten werden muß, Dummkopf!

Was die Eier betrifft, so sieh darauf, daß sie mit Körnern ernährt wurden (sie oder ihre Hühner), und das seit Anbeginn der Welt. Die Aillade war immer schon eine Sache des Volkes, halbliturgisch. Früher brachte man sie nämlich den Jungvermählten gegen Mitternacht (die Stunde, in der man vermutet, daß sie bereits ordentlich Hand angelegt haben), in Form einer Zeremonie (ein bißchen karnevalesk, das stimmt schon) und sang dabei durch das dunkle Dorf: Anan pourta l' aillado as nobits, Ora pro nobis! [Wir bringen die Aillade den frisch Vermählten. Bete für uns.] Auf der Hochzeit von Albine war ich dabei. Es geht darum, unsere Turteltäubchen im Bett zu überraschen – sie ganz errötend in ihrem Spitzenkrägelchen, er gespielt großsprecherisch – und sie wohl oder übel in einem Feuerwerk von Streichen und Foppereien dazu zu bringen, das heilige Süppchen zu trinken: eine ganze, riesige Suppenschüssel voll Suppe, die schwarz von Pfeffer, violett von Wein und angefüllt mit Knoblauch ist. Die brächte die schlimmsten Holzfäller wieder auf die Beine, das schwöre ich Euch. Wer ist dran?«

Ölsuppe

Joseph Delteil
La Cuisine Paléolithique, 1963

weiße Bohnen
Wasser, Öl
Salz

»Ölsuppe

Bringen wir also einen ›toupinat‹ [Tontopf] weißer Bohnen aus gutem Hause langsam zum Kochen. Das Wasser wechseln; die Bohne, wie Ihr wißt, verändert sich, wenn sie ›platzt‹. Und nun schlägt die schicksalshafte Stunde. Anstatt dieses Wasser (den cambiadis) [Wechsel] von einem sehr hübschen, jungen Gelb, das ich weiß nicht was vom Taufwasser hat, wie Herr und Frau Grobian wegzuschütten, werden wir daraus eine richtige Brotsuppe bereiten (aus Brot, das wir zuvor gut mit lebendigem Öl beträufelt haben), nicht ohne hie und da lässig für den Anblick und für's Bild ein paar Körnchen [Salz] in die Suppenschüssel gleiten zu lassen.«

»La Cuisine Paléolithique«, 1963 von Joseph Delteil geschrieben und 1993 in deutscher Übersetzung bei Bettina Wassmann in Bremen verlegt, ist quasi <u>das</u> Kochbuch der »Cuisine brut« (Wenn man dieses Glaubensbekenntnis denn Kochbuch nennen will.) Und an dieser Stelle ist auch ein Dank fällig an Bettina Wassmann, die in ihrem kleinen Verlag in Bremen so wunderbare Werke verlegt(e): Danke.

La Soup l'ognon. Zwiebelsuppe

Maria Elisabetha Meixner
Linzer Kochbuch, Linz 1828

140 g Butter
12 Zwiebel oder Schalotten
Erbsen– oder Petersilienwurzelbrühe
Salz
Brot

»La Soup l'ognon.

Gib in ein Kasterol ein Viertelpfund frischen Butter, laß ihn zerschleichen, dann nimm 12 kleine Zwiebelhappel, oder Schalottel, schneide solche klein, und gib selbe in den Butter, laß es rösten, daß aber das Feuer nicht zu stark ist, damit der Zwiebel nicht braun wird, wenn solcher schleimig wird, so schütte eine gute siedende Erbsenbrühe, oder Petersilwurzen=Wasser daran, laß es gut sieden, und salze es, was nöthig ist, dann seihe es durch ein Suppensieb über gebähtes Brot; diese Suppe ist so gut, wie eine Rind=Suppe, und ist für 8 oder 9 Personen.«

Zwiebelsuppe mit Käse.
Soupe à l'oignon au frommage

ERNST VON MALORTIE, DAS MENÜ, ZWEITER THEIL, HANNOVER 1887

12 weiße Zwiebeln
Butter
Salz
1 EL Zucker
2 gestr. EL Mehl
3–4 ltr Wasser
36 Weißbrotscheiben (Baguette o.Ä.)

300 g besten Schweizerkäse (z.B. Gruyère)
100 g Parmesan
oder
5–6 Eigelb
1 dl Sahne
1 Stück Butter

»Soupe à l'oignon au frommage.

Ein Dutzend mittelgroße weiße Zwiebeln schneidet man in feine Scheiben, schwitzt sie mit einem Stück Butter ganz langsam auf schwachem Feuer bis sie dunkelgelb sind, fügt dann ein wenig Salz, einen Eßlöffel Zucker und zwei kleine Löffel Mehl hinzu, rührt sie noch einige Minuten, giebt dann 3–4 Liter kochendes Wasser darauf und läßt die Suppe noch 12–15 Minuten kochen.

Während der Zeit röstet man 36 feine Weißbrotscheiben, schneidet 300 g besten Schweizerkäse in kleine Würfel und reibt 100g Parmesankäse. Die Brotscheiben legt man in die Terrine, die Käsewürfel dazwischen und streut den Parmesankäse nebst ein wenig Pfeffer darüber, legt einige kleine Stücke Butter darauf und gießt die Suppe darüber. Nach einigen Sekunden kann man die Suppe serviren.

Man kann diese Suppe auch ohne Käse, nur mit Brot serviren, dann muß man sie zuletzt mit 5–6 Eigelb, 1 dcl Rahm und einem Stück Butter legiren.«

Eine andere Fleisch Suppe

Susanne Maria Endter, Vollständiges Nürnbergisches Koch=Buch, 1691

Eier, Brühe
Weißbrot
Butter, Muskat
evtl. Petersilie
evtl. süße Sahne

»Eine andere Fleisch Suppe.

Schlage auf eine Schüssel zwey Eyer in einen Topff, querle sie daß sie schäumen, alsdenn gieß Brühe, wenn sie am stärckesten siedet, darzu, du must aber immer querlen auch solche noch ein wenig aufs Feuer setzen, daß die Eyer recht gahr werden: richte sie über geschnitten Weisbrodt, thue Butter und Muscaten darein. Man kan auch an statt Muscaten recht klein gehackte Petersilie hinein thun, auch an statt der Eyer dicken süssen Rahm nehmen.«

Eine klassische »Einlaufsuppe«, bei der das gequirlte Ei in die Suppe »läuft« – ähnlich der italienischen »Stracciatella«.

Falsche Rind=Suppe mit Eyergerstel

Maria Elisabetha Meixner
Linzer Kochbuch, Linz 1828

Erbsen
Petersilienwurzel, Kräuter, Porree, Mohrrüben, Sellerie
1 Schleie
Gewürz
Butter
Salz, Safran
4 Eier
4 EL Semmelbrösel, wenig Mehl

»Falsche Rind=Suppe mit Eyergerstel.

Gib in ein Hafen ein Paar Hand voll Erbsen, Petersilwürzel und Kräutel, Buri, gelbe Rüben, Zellerie, eine geschuppte und ausgewaschene Schleyn, ein wenig Gewürz, ein Stückel Butter, Salz, und ein wenig Saffran, laß es ein Paar Stunden gut sieden, seihe es durch ein Sieb, setze es wieder zum Feuer, dann gib in ein Häferl 4 Eyer, 4 Löffel voll fein geriebene Semmelbrösel, ein wenig Mehl, rühre es gut ab, und laß es über den Kochlöffel in die Suppe hineinlaufen, und richte sie an.«

Eiergerstel, Eiergraupen bedeutet hier die Eier–, Semmelbrösel–, Mehlmischung, die in der kochende Suppe zu Graupen, Knöllchen gerinnt – eine Einlaufsuppe.

Fleisch=Brühe=Suppen
Susanne Maria Endter, Vollständiges Nürnbergisches Koch=Buch, 1691

Rind–, Kalbs– oder Hühnerbrühe
Butter,
Muskat
Weiß– oder Roggenbrot

»Fleisch=Brühe=Suppen ohne Eyer.

Man kan die blosse reine Brühe, es sey von Rind= oder Kalb=Fleisch oder Hüner, über weiß Brod geben, mit Butter und Muscaten verbessert; Die Rind Fleich=Brühe aber kan wohl Rocken=Brodt vertragen, auch schickt sie sich zu einer gesetzten Suppe (Fricasse).«

**Wurst– oder Metzelsuppe.
Brouet d'andouilles**
Marguerite Hinkel-Rudrauf
Elsässisches Kochbuch, Strasbourg 1949

1 Schwein, dass Sie schlachten
und verarbeiten

»Wurst– oder Metzelsuppe.
Brouet d'andouilles.

Beim Abkochen der Hausmacher Blutwurst verwendet man die Wurstbrühe, in welcher zuweilen eine Wurst zersprungen ist. Man richtet diese Wurstbrühe über in Butter geröstete Weckwürfel und Zwiebelscheiben an. In dieser Metzelsuppe Rüssel, Ohren, ein Stück Brust mit Bauchlappen mitgekocht, macht dieselbe besonders gut. Das Fleisch serviert man zu Sauerkraut oder auch zu Erbsen, Linsen oder Kartoffelpurée.«

Eine Suppe aus der Zeit der Hausschlachtungen. Die Metzelsuppe oder Wurstesuppe beziehungsweise –brühe, wie sie im Norddeutschen genannt wurde, entstand natürlich nicht nur bei Abkochen der Blutwürste, sondern generell beim Garen von Fleisch und Würsten während des Schlachtens und der anschließenden Verarbeitung des Tieres. Vielerorts verließ man sich auch nicht auf das zufällige Platzen von Würsten, sondern half ein wenig nach – so entstand die »Opferwurst«. Weit verbreitet war auch die Zugabe von Grützen zur Wurstesuppe.

Braune gestoßene Fischsuppe

Maria Anna Neudecker
Die bayerische Köchin, München 1867

Für 12 Personen:
2 Pfund Fisch
3 Eier
Semmelschnitten
Schmalz, Mehl
braune Jus-Suppe
oder Erbsenbrühe (ca. 3–3,5 ltr)

»Braune gestoßene Fischsuppe.

Nachdem man etliche Fische geputzt, gewaschen und eingesalzen hat, wendet man sie in Mehl um, und bäckt sie in Schmalz. Zu einer Suppe von zwölf Personen kann man immer 2 Pfund Fische nehmen. Je besser die Fische sind, desto besser wird auch die Suppe werden. Man bäckt auch drei Eier, und um einen Kreuzer Semmelschnitte schön bräunlicht dazu, gibt alles in den Mörser, und stößt es recht fein zusammen, legt in einen Tiegel ein Stück Schmalz und einen Löffel voll Mehl, macht daraus ein bräunliches Einbrenn, gibt das Gestoßene darein und füllt es mit brauner Jus-Suppe oder mit Erbsensud auf, läßt es gut aufkochen, treibt es durch ein Sieb, und gibt es über gebähte oder gebackene Semmelschnitte zur Tafel.«

Eine Auster=Suppe

Susanne Maria Endter, Vollständiges
Nürnbergisches Koch=Buch, 1691

Mehl, Butter
Fleischbrühe
12 Austern
Pfeffer, Muskat
Zitrone
Butter, Eigelb
Semmelscheiben

»Eine Auster=Suppe.

Nimm etwas Mehl, brenne es in Butter, doch nicht braun, gib darauf ein Maß siedende Fleisch=Suppe, hacke ein Dutzend Austern, thue sie in die Brüh, und dazu Pfeffer, Muscaten Blumen, etwas Citronen, auch ein gut Stück Butter, wirff ferner etwas gantze Austern hinein, querle ein paar Eyerdotter in die Suppe, richte es über geröstete Semmel, bestreue es mit klein geschnittenen Citronen=Schalen.«

Schneckensuppe

Maria Anna Neudecker,
Die bayerische Köchin, München 1867

30 Schnecken
Eier
Zwiebel
Petersilie
Semmel, Milch
Butter, Mehl
weiße Fisch-Jus-Suppe oder Erbsenbrühe
evtl. Eigelb zum Binden

»Schneckensuppe.

Man kocht dreißig Schnecken im Wasser ganz weich, putzet und hacket sie mit hart gesottenen Eiern, Zwiebeln, grüner Petersilie, und um einen Kreuzer in Milch geweichter Semmel recht klein, setzt in einem Tiegel ein Stück Butter auf, gibt einen Löffel voll schönes Mehl dazu, und füllet ihn mit weißer Fisch-Jus-Suppe oder mit Erbsensud auf, läßt es mit Salz und Pfeffer gut aufkochen, richtet es dann über gebähte Semmeln an, und gibt es zur Tafel. Man kann es auch mit etlichen Eierdottern fricassiren.«

Nieren=Suppe

Luise Richter / Sophie Charlotte Hommer,
Illustrirtes Hamburger Kochbuch, Hamburg 1879

(Kalbs-)Nieren
Wasser
Suppengemüse
Gewürz, Pfefferkörner, Lorbeerblätter
Butter
Petersilie
Mehl
Bouillon
Eigelb
Brotklöße oder geröstetes Brot

»Nieren=Suppe.

Die Nieren werden mit wenig Wasser, Salz, Wurzelwerk, Gewürz, Pfefferkörnern und mehreren Lorbeerblättern weichgekocht; dann gießt man die Brühe durch ein Sieb, läßt sie mit den würfelig gehackten Nieren, einem reichlichen Stück Butter, feingehackter Petersilie und ein wenig Mehl kurz einkochen und verdünnt das Ganze mit leichter Bouillon zu einer Suppe, die man mit mehreren Eidottern abzieht und mit Brodklößen oder geröstetem Brod zu Tische bringt.«

Suppe von Hünerbeinen

Susanne Maria Endter, Vollständiges Nürnbergisches Koch=Buch, 1691

Hühnerfleisch und Knochen
Hühnerbrühe
Muskatblumen
Kardamom
Ingwer
Butter,
Weißbrotscheiben

»Suppe von Hünerbeinen
oder gestossenen Knochen.

Nehmet das Fleisch von einer Hennen, hacket es klein, stost die Beine und Fleisch, thut es in ein Häfelein, thut ein Stück geröstet Brodt darzu, giest Hüner=Brühe daran, last es sieden, zwingets durch, thut Muscaten=Blumen, Cardamomlein, Ingber und Butter daran, last es aufsieden, gebet es über geröstete Semmelscheiben.«

»Beine« ist hier noch im alten Sinn von Knochen zu verstehen.

Erbsensuppe

M. Marxen Rumpolt, Ein new Kochbuch, Franckfort am Mayn, 1581

Erbsen
Speck
Rinder– oder Hühnerbrühe
Ingwer
Pfeffer

»Nimm neuwe Erbeß / oder Schoten / quell sie ein wenig in Wasser mit den Hülsen / kül sie wieder auß / und schneidt ein Speck fein dünn / leg ihn in ein Pfannen / und rößt in ein wenig / thu darnach die Erbeß darunter / un rößt sie auch mit / geuß ein gute Rindtfleisch oder Hennenbrüh darzu / thu ein wenig Ingwer und Pfeffer darein / laß darmit eynsieden / daß ein kurze Brüh gewinnet / so wirt es gut und wolgeschmack.«

Ein Rezept, dem man sein Alter von 431 Jahren nicht anmerkt.

Schwarzsuppe. Svartsoppa
Von Gabriele Gereckes schwedischer Freundin Ruth (um 2004)

»Schwarzsuppe

6 dl Gänseblut
3,5 ltr Bouillon
3 EL Butter
7–9 EL Mehl
3 Teelöffel Salz (nach Geschmack)
6–7 EL Zucker
1 TL weißer Pfeffer
1 TL Ingwer
1–2 Nelken
4–5 EL Weinessig
1 dl Cognac
3 dl Rotwein (oder Madeira, Sherry oder Portwein)
Zum Garnieren: Gekochter Apfel, Backpflaumen, Gänseleberwurst

Blut sieben. Aus dem Mehl und der Butter eine Mehlschwitze machen. Nach und nach Bouillon oder Brühe vom Gänseklein dazugeben. Suppe sachte für 10 Minuten kochen lassen. Suppe durchs Sieb geben und zurück in den Topf schütten. Das Blut unter kräftigem Schlagen (mit dem Schneebesen) dazugeben und die Suppe unter ständigem Schlagen zum Sieden bringen. (Die Suppe gerinnt leicht.) Topf vom Feuer nehmen, Gewürze dazugeben. Abschmecken! Suppe im Wasserbad warm halten und dampfend heiß servieren. Gänseklein, Obst, Gänseleberwurst schön auf dem Servierteller dekorieren. Das Zubehör kann man auch direkt in den Teller legen. (Gekröse, Herz, Magen, Haut, Hals, Flügelspitzen, Füße – so man dies nicht zu Herstellen der Brühe benutzt hat) Ruth sagt, dieses Rezept kommt aus einer Zeit, in der Schweden ein sehr armes Land war.«

Anies=Suppe

Susanne Maria Endter, Vollständiges Nürnbergisches Koch=Buch, 1691

ca. 0,4 ltr Wein
ca. 0,4 ltr Wasser
Anis
Stärke

»Anies=Suppe.

Nehmet einen Quartiers Topff voll halb Wein, halb Wasser, thut Anies darein, so viel, als man zwischen die Finger fassen kan, und last es damit eine halbe Stunde sieden, biß der Wein den Geschmack von Anies bekommen, darauf nehmet einen guten Löffel voll weisse Stärcke, gebet Wein darauf, und rühret solches in den Topff, last es ein wenig sieden, und thut denn ein wenig Butter und Zucker hinein. Wenn man es aufgiebet, siehet es recht aus wie Froschleich.«

Weinsuppe oder Weinwarm

Oberrheinisches Kochbuch, Mülhausen 1811

½ Teller voll Weißbrot
Butter
0,9 ltr alten Wein
1 Glas Wasser
1 Stck Zucker
4 Eigelb

»Weinsuppe oder Weinwarm.

Schneide einen halben Teller voll Weißbrod würflicht, röste es schön gelb in ausgelassener Butter, thue es hernach in einen Schaumlöffel und laß es darin liegen, damit alles Fett ablaufe. Hierauf thue in eine Casserolle, die wohl verzinnt ist, eine halbe Maas alten Wein, ein Glas Wasser und ein Stück Zucker, und laß es mit einander kochen, bis es nicht mehr nach Wein riecht. Dann lege das gebackene Brod darein, zerklopfe vier Eyerdotter mit ein wenig Wasser, und richte die Suppe darüber an.«

»Draußen saßen allerdings die zwei männlichen Paten, ein alter und ein junger, den neumodischen Kaffee, den sie alle Tage haben konnten, verschmähend, hinter dem dampfenden Weinwarm, dieser altertümlichen, aber guten Bernersuppe, bestehend aus Wein, geröstetem Brot, Eiern, Zucker, Zimmet und Safran …«
Jeremias Gotthelf: Die schwarze Spinne, 1842

Bickbeeren=Kalteschale

Luise Richter / Sophie Charlotte Hommer, Illustrirtes Hamburger Kochbuch Hamburg 1879

Blaubeeren, Zucker, Zimt, Zitronenschale
etwas Wasser, 1 Fl Rotwein
geröstetes Brot

»Bickbeeren=Kalteschale.

Wenn die Bickbeeren gereinigt und gewaschen sind, werden sie mit Zucker, ganzem Zimmet, Citronenschale und wenig Wasser zu einem Mus gekocht; ist dieses abgekühlt, so wird es durch ein Sieb gerieben, mit einer Flasche Rothwein vermengt und mit geröstetem Weißbrod kalt zur Tafel gegeben.«

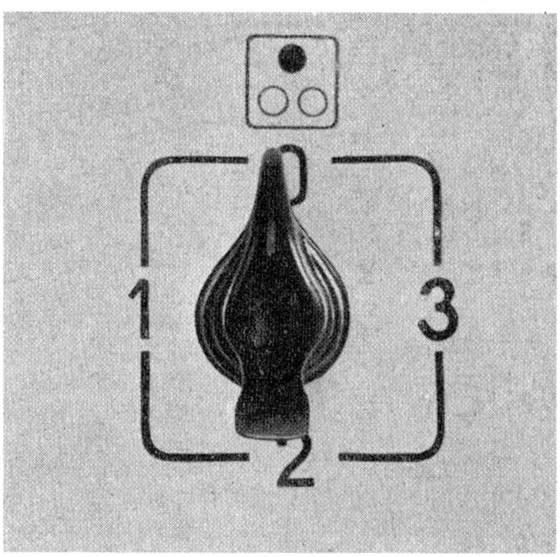

Kaltschale von Braunbier oder Weißbier

Gertrud Brostowski, Kochbuch von E. Doennig, Königsberg; München 1952

»Kaltschale von Braunbier oder Weißbier.

für 4–6 Personen 1 ½ Liter
¾ l = 1 Flasche Braun– oder Weißbier,
¾ l Wasser,
½ Zitrone in Scheiben ohne Kerne
oder Zitronensaft,
Zucker nach Geschmack,
½ Teel. pulv. Zimt
1 Prise pulv. Kardamom,
1 Scheibe Brot würfelig geschnitten.

Alle Zutaten werden gut gemischt, kalt gestellt, in Gläsern angerichtet. Statt Zimt und Kardamom kann Kaltschalepulver [?] verwendet werden.«

»Kaltschalen sind kalte Suppen, die in der heißen Jahreszeit sehr erfrischend sind. Man gibt sie in Tellern oder Gläsern. Sie werden von Bier, Wein, Milch, Fruchtsäften, mit Früchten, Reis, Brot, Zitronensaft, Zucker, Eiern bereitet, wie die betreffenden Vorschriften es angeben. Die Kaltschalen müssen gut abgeschmeckt und recht kalt gestellt werden.«

Ananas-Kaltschale mit Champagner

Julius Rottenhöfer
Illustrirtes Kochbuch, München 1885

2 Anananas, Zucker
3 dl Zuckersirup, 3 dl Wasser
1 Fl Champagner
½ Fl Rheinwein
weitere 560 g Zucker
1–2 Zitronen

»Ananas-Kaltschale mit Champagner.
Soupe froide à l'ananas au vin de Champagne.

Zwei Stück schöne, reife Ananas werden geschält und das Weichste und Beste derselben wird in feine Scheibchen geschnitten, stark mit feinem Zucker bestreut auf's Eis gestellt. Die Schalen und das Uebrige derselben werden fein zerrieben, mit 3/10 Liter Zucker=Syrup vermischt und durch eine feine Serviette gepreßt; das in der Serviette Zurückgebliebene wird mit 3/10 Liter Wasser begossen, damit anfgekocht und gleichfalls zu dem andern gepreßt, das Ganze hierauf mit einer Bouteille Champagner und einer halben Bouteille Rheinwein, 560 Gramm Zucker und dem Safte von einer bis zwei Citronen versetzt und durch ein Haarsieb nochmals in die dazu bestimmte Terrine geseiht; die unterdessen marinirten Ananas=Scheibchen werden dazu gethan und in's Eis gegraben.«

Bickbeeren=Kalteschale mit Milch

Luise Richter / Sophie Charlotte Hommer,
Illustrirtes Hamburger Kochbuch
Hamburg 1879

1 ltr Blaubeeren
121 g Zucker
Milch oder Sahne

»Bickbeeren=Kalteschale mit Milch.

Nachdem man 1 Liter Bickbeeren verlesen hat, wäscht man sie mehrmals durch einen Durchschlag, legt sie abgetrocknet in die Terrine und streut ¼ Pfund Zucker darüber; dann gießt man so viel Milch oder Sahne hinzu, wie man zur Suppe nöthig hat.«

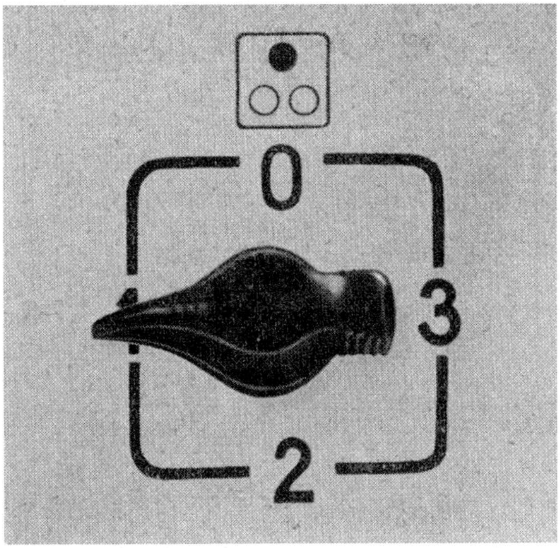

Suppe von eingemachten Himbeeren

Betty Gleim, Bremisches Kochbuch
Bremen 1823

eingemachte Himbeeren
1 Teil Wasser
3 Teile Rotwein
Zimt, Zitrone
Zucker
Zwieback oder Sago

»Suppe von eingemachten Himbeeren.

Man nimmt in Zucker eingemachte Himbeeren, gießt dazu Wasser und rothen Wein, auf 1 Theil Wasser 3 Theile Wein gerechnet, wie auch Kaneel und einige Citronenscheiben; setzt sie damit auf's Feuer, läßt sie aufkochen, gibt dann so viel Zucker dazu, daß die Suppe süß genug wird, und etwas gestoßenen kleinen Zwieback, oder gekochten Sago, hiermit läßt man die Suppe wieder aufkochen, und richtet sie an. Diese Suppe schmeckt besser kalt als warm.«

Hagebutten=Suppe

Betty Gleim, Bremisches Kochbuch
Bremen 1823

Hagebutten
Zitronenschale
Zimt
Wein
Zucker
Eigelb
evtl. Zwieback

»Hagebutten=Suppe.

Man nimmt Hagebutten, laßt sie in Wasser weich kochen, rührt sie durch ein Haarsieb, setzt sie dann wieder auf's Feuer, und gibt etwas geriebene Citronschale, einige Stücke Kaneel, und einige Gläser Wein, dazu. Man kann auch wohl gleich mit den Hagebutten einige kleine Zwiebäcke durchkochen lassen; Zucker gibt man nach Geschmack zu der Suppe, und rührt sie, kurz vor dem Abrichten, mit einigen Eidottern ab.«

Backobstsuppe

Gertrud Brostowski, Kochbuch von E. Doennig, Königsberg; München 1952

»Backobstsuppe

für 2–3 Personen 1 Liter
50 g getrocknete Birnen,
50 g getrocknete Äpfel,
50 g getrocknete Pflaumen,
1 l Wasser,
etwas Zitronenschale,
Zucker,
1 Prise Salz,
10 g = 1 Eßl. Kartoffelmehl.

Das Obst wird mehrmals lauwarm gewaschen; Äpfel und Birnen werden durchgeschnitten, die Pflaumen ausgesteint, nachtsüber eingeweicht und mit dem Wasser aufgesetzt. Die Birnen werden zuerst gekocht, da sie schwerer weich kochen; man gibt Zitronenschale hinzu, später die Apfel und Pflaumen. Ist das Obst weich, bindet man die Suppe mit Kartoffelmehl, schmeckt mit Zucker ab.

Auf andere Art: wird die Suppe mit Weizenmehl gebunden, kann in die fertige Suppe ⅛ l aufgekochte süße Sahne oder Milch gegeben werden.

Einlage: einfache oder feinere Mehlklöße. Als Eintopfgericht nimmt man von allem die doppelte Menge.

Einfache Mehlklöße
für 1½ Liter Suppe

75 g = ⅛ l Mehl, ½ Ei,
½ Eßl. geschmolzene Butter,
1 gare, geriebene Kartoffel, Milch, Salz.

Zu dem Mehl gibt man Ei, Kartoffeln, Butter, Salz und fängt an zu verrühren, wenn man die Milch zugießt. Das Maß der Milch kann nicht genau angegeben werden. Man macht am besten einen Probekloß. Nach Vorschrift werden kleine Klöße abgestochen und 5 Minuten gekocht, sind sie gar, werden sie auf einen Durchschlag geschüttet, mit kaltem Wasser abgespült, damit sie nicht zusammenkleben.«

Man isst die Backobstsuppe kalt oder warm.

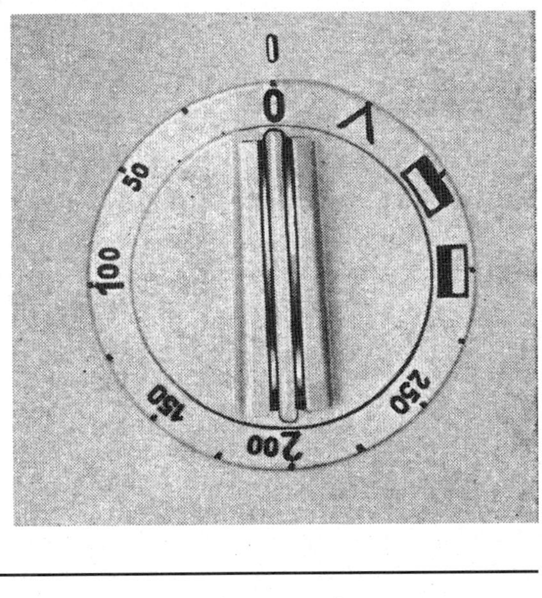

Milch–, Rahm– und Käsesuppen

M. Marxen Rumpolt, Ein new Kochbuch, Franckfort am Mayn, 1581

Milch, Eier, Butter, Weißbrotschnitten

»Milchsuppen und verlorne Eyer darein / oder schlag Eyer auff / und laß sie durch eim Härin Tuch lauffen / unnd wenn die Milch mit der Butter seudt / so zeuch die Eyer fein langsam darein / unnd laß nur ein wenig sieden / richts darnach in ein Schüssel auff gebeht Schnitten von einem Weck / so ist sie gut.«

Parmesankäse, Wasser oder
halb Wasser, halb Erbsenbrühe

»Käßsuppen von einem Parmesankäß außgezogen / die fein weiß ist / den Käß mit Wasser gesotten / oder halb Wasser unnd halb Erbeßbrüh / ist gut und lieblich.«

Molkenkäse, Wasser
Butter, Salz

»Zigersuppen mit Wasser und Butter lassen auffsieden / seig es durch ein Sib / und versaltz sie nicht.«

Zieger (auch Schotten) bezeichnet einen Käse, der aus Molke durch nochmaliges Ausfällen der (letzten) festen Bestandteile entstanden ist, wie zum Beispiel auch der klassische italienische Ricotta.

Milchsuppe mit Zwiebeln

Oberrheinisches Kochbuch, Mülhausen 1811

1,8 ltr Milch
1–2 Zwiebeln
1 Hühnereigroß Butter
Weißbrot
Pfeffer, Salz
2 Eigelb

»Milchsuppe mit Zwiebeln.

Zu einer Maas Milch nimm eine große oder zwey kleine Zwiebeln, zerschneide sie lang und fein, nimm frische Butter ein halbes Hühner=Ey groß, laß sie in einer Pfanne zergehen, lege die geschnittenen Zwiebeln dazu, und dische sie bis sie weich, aber nicht gelb geworden. Hernach gieße die Milch darüber und laß sie aufkochen; schneide Weisbrod rein, wirf es darein mit etwas Pfeffer und Salz, rühre zwey Eyerdotter in eine Schüssel und gieße die Suppe darüber. Das Eyergelb muß immer mit ein wenig Wasser wohl verrührt werden.«

Beist

Martina Richter, Borkum 2011

1 Liter Beist (Kolostrum von der Kuh)
3 Eier, etwas Salz, Mehl, Butter
dunkler Zuckerrübensirup

»Beist.

Den Beist mit den Eiern verrühren und etwas Salz dazu geben. Dann soviel Mehl unterrühren, dass ein dünnflüssiger Teig entsteht (wie für einen Pfannkuchen). Einen großen länglichen Topf mit Wasser aufsetzen und zum Kochen bringen. Wenn das Wasser sprudelnd kocht, einen länglichen Wurstschlauch (Durchmesser ca. 12 cm) mit dem Beist füllen und gut verknoten. Früher hat man Beistschläuche aus Leinentuch verwendet. Nicht ganz voll füllen, weil der Beist sich beim Garen noch ausweitet, dann 2 bis 2,5 Stunden kochen – immer im sprudelnden Wasser, sonst wird er nicht richtig fest. Wenn der Beist fertig ist, mit zerlassener Butter und dunklem Zuckerrübensirup servieren.«

Kolostrum ist die erste Milch von Muttertieren. Bei Kühen wird sie im norddeutschen Raum auch Beist– oder Biestmilch genannt. Ihre Konsistenz ist dickflüssiger als normale Milch, etwas schleimig, gelblich und manchmal von Blut durchsetzt. Da eine Kuh nach dem Kalben davon wesentlich mehr produziert als für das Kalb erforderlich, wurde dieser Überschuss zu verschiedenen, käseähnlichen Gerichten verarbeitet.

Schokolade=Suppe

Maria Elisabetha Meixner
Linzer Kochbuch, Linz 1828

0,7 ltr Milch
Schokolade
Zucker
Butter
3 Eigelb
Brot

»Schokolade=Suppe.

Nimm eine gute Milch, schneide ein Paar Ziegel Schokolade darein, ein wenig Zucker, ein Stückel Butter, und laß es gut sieden, rühre es aber öfters um, daß es substanz wird, auf eine halbe Maß Milch gibt man 3 Eyerdotter, und gießt die Suppe damit ab, und richtet sie über gebähtes Brot an.«

Von den Krems, Cremes oder Crèmes

Der Begriff Creme leitet sich ab aus dem Lateinischen »Cremor lactis«, für Milchrahm, Flott, Sahne, Schmand oder auch Schmetten. (In dieser Wortfamilie sind übrigens auch »Schmetterling« und »Butterfly« beheimatet. Diesen Tierchen sagte man eine Vorliebe für den Milchrahm nach.) Das französche Crème oder Crême bezeichnet eine Süßspeise wie auch die Sahne selbst. Ab dem 18. Jahrhundert ist es in diesem Sinne auch im Deutschen gebräuchlich. Sahne ist bis heute Grundstoff für vielerlei Dessertspeisen, ihre pure Verwendung als Dessert erscheint in der heutigen Zeit aber ungewohnt. Noch ungewöhnlicher für heutige Esser dürfte aber eine Süßspeise des 16. bis 19. Jahrhunderts sein, die ausschließlich aus der Haut bestand, die sich mit der Zeit auf der Milch absetzt, wenn diese nicht homogenisiert ist. (Siehe nächste Seite.) Diese Haut, der Milchrahm, war natürlich wesentlich dicker als das Häutchen auf unserer »normalen« Milch.

Krünitz schildert die Crèmes als »eine Menge künstlicher Muse oder Sulzen (gesülzte Milch), die theils aus Eyern, Milch und Zucker, theils aus Eyern, Wein und Zucker, theils auch ohne Eyer, und oft mit einem Zusatz von verschiedenen andern Ingredienzien, z. E. von Chocolate, Mandeln, Pistacien, Kirschen, Himbeeren, Johannis=Beeren etc. zubereitet, und gemeiniglich als Zwischengerichte (Entremets) aufgesetzt werden. Die besten Gattungen sind ... Citronen=Creme, die Eyer= Mandeln= Pistacien= Wein= und Zimmet=Crêmes.«

Die Bindung der aufgeschlagenen Cremes wird durch Eigelb erzeugt. Um der Gefahr des Gerinnens dieser Emulsionen vorzubeugen, kann man der Masse eine geringe Menge von Stärke (Mehl) beifügen. Diese Cremes finden bei entsprechender Verdünnung auch als Saucen, wie zum Beispiel Chaudeau oder Weinschaum, Verwendung. Die »englischen oder Dunst Crêmes«, eine Mischung aus Eiern und Milch, werden im Wasserbad gestockt. Die »abgeschlagenen Crêmes nach französischer Art«, verdanken ihre Konsistenz der Gelatine oder vormals einem »Stand« von Hausenblase, Agar Agar, Kalbsfüßen oder Schweineschwarten und nähern sich so den Sülzen an. Die mittlerweile auch bei manchen Köchen beliebten Emulgatoren der Lebensmittelindustrie wollen wir hier außer Acht lassen.

Milchhaut

M. Marxen Rumpolt, Ein new Kochbuch, Franckfort am Mayn, 1581

Milch (nicht pasteurisiert)
Zucker

»Nim süsse Milch / die dick ist / setz sie auff Kolen / und laß sie auffsieden / bleib darbey / daß nicht ubergehet / auch nicht darein stäubt / setz es vom Feuwer hinweg / und rürs mit einem höltzern Löffel umb / setzs in einen kalten Keller / und laß uber Nacht stehen / dz wol kalt wirt / so wirt es ein dicke Haut darauff gewinnen / schepff sie herab mit einem Faumlöffel / und richt es in ein Schüssel oder in ein Silber an / Unnd wenn du es schier wilt zu essen geben / so besträw es mit schönem weissen Zucker. Unnd die Speiß nennet man in Italia ein Gandelat.«

Dieses Rezept für Milchhaut wird an anderer Stelle »Matte, Mattes, Flottkes sowie Spanische– oder Häutleinmilch« genannt. Bei Rontzier findet sich eine Variante, bei der mehrere Schichten übereinander serviert werden. Im Mittelalter war geschlagene Sahne als »Luftspeis« bekannt.

Geschlagene Sahne nach Schweizer Art

Henriette Davidis, Zuverlässige und selbstgeprüfte Recepte der gewöhnlichen und feineren Küche, Osnabrück 1845

gute Sahne
Vanille
Zucker

»Geschlagene Sahne nach Schweizer Art.

In guter Sahne vom vorigen Tage, es darf aber keine Milch darunter sein, läßt man ein gespaltenes Stück Vanille etwa eine Stunde ausziehen, gibt dann Zucker nach Geschmack hinzu und schlägt sie im Keller mit einem Schneebesen in gleichmäßiger Schnelligkeit, indem man denselben immer hin und her bewegt, nimmt zuweilen den Schaum ab, legt ihn auf ein Haarsieb, schüttet die abgelaufene Flüssigkeit wieder zur Sahne und fährt fort zu schlagen, bis man den Schaum zusammen hat. Dann nimmt man die Vanille heraus (man kann sie mehrere Male gebrauchen) und giebt die geschlagene Sahne in eine Assiete zur Tafel, oder benutzt sie nach Angabe. (Man kann die Vanille auch mit Zucker fein stoßen, auf diese Weise gebraucht man viel weniger.)«

Geschlagene Milch (Dickmilch)

Henriette Davidis, Zuverlässige und selbstgeprüfte Recepte der gewöhnlichen und feineren Küche, Osnabrück 1845

dicke Milch
Zimt
Zucker
Zwieback
evtl. 1 Glas Rotwein

»Geschlagene Milch.

Dick gewordene Milch mit der Sahne wird mit einem Schneebesen ¼ Stunde stark geschlagen, [mit] Zucker und Zimmet durchgerührt, in eine tiefe Schüssel gefüllt mit Zwieback herum gegeben. Man kann auch ein Glas rothen Wein mit durchschlagen.«

Rahmschnee mit Himbeeren. Crêmes fouettée aux framboises

Julius Rottenhöfer, Illustrirtes Kochbuch, München 1885

1,1 ltr Sahne
1 Teller Waldhimbeeren
280 g Zucker, Meringue oder Bisquit

»Rahmschnee mit Himbeeren.
Crêmes fouettée aux framboises.

1 1/10 Liter dicker süßer Rahm wird eine Stunde vorher in eine tiefe irdene Schüssel in's Eis gestellt, nach dieser Zeit zu einem leichten, schaumigen Schnee geschlagen, der nach einigen Minuten mit einem Schaumlöffel abgenommen und über ein Haarsieb gelegt wird. Der zurückgebliebene Rahm wird nun wieder so geschlagen, nach einigen Minuten abgenommen und gehäuft zu dem ändern gelegt und so lange fortgefahren, bis der ganze Rahm zu Schaum geschlagen ist. Unterdessen wird ein Teller voll gute reife Wald=Himbeeren durch ein feines Sieb in eine tiefe Porzellan=Schale passirt, unter welche man sodann 280 Gramm sehr fein gestoßenen Zucker rührt. Kurz vor dem Gebrauche wird nun der Rahm=Schnee durch ein leichtes Rühren nach und nach untermengt, erhaben in eine Schale angerichtet und mit Merinques oder kleinen runden Bisquits bekränzt zu Tisch gegeben.«

Bagatellen.

Neues Bremisches Koch= und Wirthschaftsbuch nach Betty Gleim
Bremen 1840

0,8 ltr Sahne
117 g (Löffel)Bisquits
Maraschino

»Bagatellen

Man schlägt 1 Quartier süssen Rahm zu Schnee, besprengt ¼ Pfd. leichten Bisquit mit Maraschino, doch so, daß er durch und durch feucht wird, thut alsdann eine Schicht Bisquit in eine Compotschale, und bedeckt solche mit geschlagenem Rahm, und fährt damit fort, bis beydes alle ist, jedoch muß der geschlagene Rahm die Schale bedecken.«

Die Mischung sollte einige Zeit durchziehen. In anderen Schilderungen ist anstatt des Maraschinos »Spanischer Feuerwein«, also Süßwein, genannt. es handelt sich bei diesen Kleinigkeiten um eine einfache Verwandte des italienischen Tiramisus.

Bereitung von Chaudeau und Crême

Katharina Prato
Die süddeutsche Küche, Gratz 1878

Für Chaudeau:
Eigelb, Wein, Saft

Für Creme:
Eigelb, Sahne, evtl. etwas Mehl

»Bereitung von Chaudeau und Crême.

Man sprudelt die Dotter mit der gezuckerten Flüssigkeit (bei Chaudeau, Wein oder Saft, bei Creme, Obers), schüttet es in das Einsiedbecken und schlägt es über Feuer mit der Schneeruthe oder einer aus abgezogenen Birkenzweigen verfertigten, bis es zur Siedhitze kommt, oder setzt es in einem engen, hohen Topfe auf's Feuer und sprudelt tüchtig, bis es fertig ist. Sobald es zu steigen beginnt, zieht man das Geschirr von der starken Hitze zurück und peitscht oder sprudelt fort, bis es dick und schaumig geworden, worauf man es gleich serviren, oder, wenn es kalt werden soll, das Geschirr in kaltes Wasser halten und während dem Auskühlen fortschlagen oder sprudeln muß. Da Creme von Obers bereitet wird, so ist es, damit sie nicht gerinne (topfig oder käsig werde), sicherer, das Obers gekocht und geseiht zu verwenden, besonders wenn man recht gutes nimmt. Sollte es aber trotz jäher Hitze und rechtzeitiger Entfernung vom Feuer geschehen, so kann man ein paar rohe Dotter mit etwas kalter Flüssigkeit gesprudelt zur Creme mischen, um sie zu binden.

Um Dotter zu ersparen, kann man etwas Mehl zu Crême nehmen, bei 3 bis 4 Deciliter einen Kaffeelöffel voll, welcher zwei Dotter ersetzt, sonst ist das Verhältniß zu je 2 Deciliter geistiger Flüssigkeit 1 Deciliter Dotter, bei Obers etwas weniger Dotter.

Wein=Chaudeau

Zu 3½ Deciliter guten Wein 14 Deka Zucker nur aufgelöst oder damit gekocht und ausgekühlt und 7 oder 8 Dotter.

Pomeranzen=Chaudeau

Zu 2 Deciliter Pomeranzensaft nimmt man 1 Deciliter Limoniensaft, 1 Deciliter Wasser, 18 Deka Zucker, welchen man mit dem Wasser aufsiedet, und 2 Deciliter voll Dotter.

Punsch=Chaudeau

Zu 3½ Deciliter ausgekühlten Holländer Thee gibt man Saft von 1 Limonie und 2 Pomeranzen, Zucker und Rum nach Geschmack, und 8 Dotter.

Punsch=Chaudeau

Zu 3 1/2 Deciliter ausgekühlten Holländer Thee gibt man Saft von 1 Limonie und 2 Pomeranzen, Zucker und Rum nach Geschmack, und 8 Dotter.

Vanille=Crême

3½ Deeiliter Obers mit Vanille aufgesotten und ausgekühlt geseiht, sprudelt man mit 7 Deka Zucker und 6 bis 8 Dottern oder 1 Kaffeelöffel Mehl und 5 Dottern auf jäher Hitze.

Caramel=Crême

7 Deka Zucker schön braun geschmolzen, mit 3½ Deciliter Obers ausgekocht, sprudelt man mit 6 Dottern.

Chocolade=Crême

7 Deka mit 4 Deciliter Obers gekochte Chocolade sprudelt man ausgekühlt mit 7 Deka Zucker und 6 Dottern. Für recht dunkle Creme kocht man 10 Deka Chocolade mit 4 Deciliter Wasser und sprudelt sie mit Zucker nach Geschmack und 5 Dottern.

Thee=Crême

Zu Aufguß von 1 Kaffeelöffel russischen Thee und 4 Deciliter Obers nimmt man 7 Deka Zucker, 6 Dotter, und wenn sie dick wird, etwas Rum oder Pomeranzen-Zucker.«

1 Deka = 10 Gramm

Chaudeau oder Weinschaum (Getränk)

Universal=Lexikon der Kochkunst
Leipzig 1890

1 Fl Rheinwein oder Burgunder
250 g Zucker
1 Zitrone
8 Eigelb
2 Eier
1 Msp Salz

»Chaudeau oder Weinschaum

wird als Getränk, noch häufiger jedoch als Sauce zu den verschiedensten Mehlspeisen gegeben. Will man das Chaudeau als Getränk geben, so wählt man dazu einen feinen Rheinwein oder Burgunder, rechnet auf die Flasche Wein 250 Gramm gestoßenen Zucker, auf dem man zuvor die Schale einer Citrone abgerieben hat, den Saft der Citrone, acht Eidotter und zwei ganze Eier nebst einer Messerspitze voll Salz, mischt Alles gut durch einander und schlägt es über gelindem Feuer mit der Schneeruthe zu dickem Schaum, den man in Gläser oder Tassen füllt.«

Chaudeau oder Weinschaum (Sauce)

Universal=Lexikon der Kochkunst
Leipzig 1890

1 Fl Weißwein
190 g Zucker
Schale von ½ Zitrone
3 Eier
2–4 Eigelb
evtl. etwas Rum oder Maraschino

»Zur Sauce nimmt man einen geringeren Weißwein, von dem man ¼ Liter mit 190 Gramm Zucker und der feinabgeschälten Schale einer halben Citrone wohlverdeckt bis zum Kochen kommen läßt. Inzwischen schlägt man in einem Casserol über dem Feuer eine halbe Flasche Weißwein mit drei ganzen Eiern und zwei bis vier Eidottern zu Schaum, fügt den durchgeseihten anderen Wein hinzu und fährt fort zu schlagen, bis die Masse beinahe kocht. Man kann sich dieses zu Schaum Schlagen, welches sich in der Ofenröhre nicht gut thun läßt, sehr erleichtern, wenn man das Casserol auf einen rothglühenden, auf die Herdplatte gelegten Plättstahl stellt. Nach Belieben oder falls der Wein sehr geringer Art war, hebt man den Geschmack des Chaudeau noch durch das schließliche Hinzufügen von einem Liqueurgläschen voll Rum oder Maraschino.«

Sabayon

UNIVERSAL=LEXIKON DER KOCHKUNST
LEIPZIG 1890

6 Eier
8–10 Eigelb
Schale 1 Zitrone und 1 Orange
1 Stück Zimt
250 g Zucker
1 Fl Malaga oder Madeira

»Sabayon, Sabaillon,
Sambaglione oder Zabayon.

Eine Art Weinschaum wie Chaudeau, nur nimmt man anstatt Weißwein alten Malaga, Madeira oder Malvasier dazu; man giebt den Sabayon theils als Getränk, theils als Sauce zu feinen Mehlspeisen.

Soll derselbe als Getränk dienen, z.B. als eine Art von sehr wohlschmeckendem Punsch, für eine aus Herren und Damen gemischte Gesellschaft passend, so verfährt man auf folgende Art: Man thut sechs ganze Eier und acht bis zehn Eidotter in ein Kesselchen oder einen Topf, fügt die feinabgeschälte Schale von einer Citrone oder Orange, ein Stück ganzen Zimmt, 250 Gramm gestoßenen Zucker hinzu, quirlt oder rührt die Eier mit dem Zucker gut durch einander, gießt eine Flasche Malaga oder Madeira zu und schlägt mit einer Schaumruthe von Draht oder einer Weidenruthe die Mischung über gelindem Feuer zu dickem Schaum, bis das Getränk zu steigen beginnt. Dann schlägt man den Sabayon durch ein feines Sieb in eine Bowle, gießt noch etwas Wein nach und servirt ihn in Punschgläsern oder Tassen.«

Zu einer kleineren Quantität:
12 Eigelb
100 g Zucker
½ Fl Malaga
wenig Zimt und Zitronenschale

oder:
6 Eigelb
¼ ltr Madeira
oder Frontignac (Muskateller)
100 g Zucker
einige Löffel Rum oder Cognac

»Zu einer kleineren Quantität nimmt man z. B. auch zwölf Eidotter, 100 Gramm Zucker, eine halbe Flasche Malaga, ein wenig Zimmt und Citronenschale, oder auch sechs Eidotter, ¼ Liter Madeira oder Frontignac, 100 Gramm Zucker und einige Löffel Rum oder Cognac. Anstatt über dem Feuer läßt sich der Sabayon gleich dem Chaudeau auch recht bequem im Bainmarie [Wasserbad] mit siedendem Wasser schlagen.«

Bayerische Creme

Beate Schumacher, um 1985

»Nach Größe der Formen
für 4–6 Portionen

125 gr. Pumpernickel
½ ltr. Milch
100 gr. Zucker
4 cl Kirschwasser
1 Vanilleschote
4 Blatt weiße Gelantine
3 Eigelb
⅛ Schlagsahne
evtl. Himbeeren

Pumpernickel zerbröseln und mit Kirschwasser beträufeln; ¼ ltr. Milch mit 50 gr. Zucker aufkochen und über das Brot geben und mindestens für 4 Std. ziehen lassen; Vanilleschote längs teilen, das Mark herauskratzen und beides in die restliche Milch geben, zum Kochen bringen und ziehen lassen; Gelantine in kaltem Wasser einweichen; Eigelbe mit dem restlichen Zucker schaumig rühren; die warme Vanillemilch (Schote entfernen) nach und nach unter die Eigelbmasse rühren und diese Masse dann im Wasserbad aufschlagen (kein Mixer!!) bis sich ›eine Rose pusten läßt‹; Gelatine ausdrücken und rührend in der Creme lösen; ausgedrückten Pumpernickel dazugeben; Sahne steif schlagen und unterziehen; in Förmchen füllen und für mindestens 6 Std. kühlen; zum Servieren die Creme mit einer Stricknadel o.ä. vom Rand der Form lösen oder Form kurz in heißes Wasser tauchen, dann stürzen.

Dazu evtl. Himbeerpüree (250 gr. Himbeeren durch ein Sieb streichen und einkochen, nach Geschmack etwas zuckern und mit Himbeergeist abschmecken).«

Warmbier

HENRIETTE DAVIDIS, ZUVERLÄSSIGE UND SELBSTGEPRÜFTE RECEPTE DER GEWÖHNLICHEN UND FEINEREN KÜCHE, OSNABRÜCK, 1845

1 ltr Braunbier
Zitronenschale, Zimt, Zucker
3 Eier

»Warmbier.

Ein Maß gutes Braunbier wird mit Zitronenschale, einem Stück Zimmet und Zucker gekocht, dann schlägt man 3 ganze Eier mit etwas Wasser, läßt das Bier aus dem Kochen kommen, gibt die Eier hinzu, während man das Bier über Feuer fortwährend, bis vor dem Kochen, stark schlägt.«

Zitronencreme

NACH AGNES BRUNS (1905-2004)

4 Eier
125 g feiner Zucker
5 EL Zitronensaft
4 Blatt Gelatine

»Zitronencreme.

Das Gelbe der Eier mit dem Zucker und dem Zitronensaft rund 20 Minuten verrühren, die in Wasser eingeweichte Gelatine ausdrücken, vorsichtig erwärmen, dazugeben und weitere 10 Minuten rühren. Das Eiweiß zu Schnee schlagen und unter die Zitronenmasse geben, in eine Porzellanschüssel geben und kalt stellen.«

Von den englischen Crêmes (Dunst-Crêmes)

Julius Rottenhöfer, Illustrirtes Kochbuch, München 1885

»Von den englischen Crêmes.
(Dunst-Crêmes.) Des crêmes à l'Anglaise.

Die englischen Cremes, oder sogenannten Milchbecher, werden größtenteils in Bechertassen aufgetischt und erscheinen nur bei Soupers, weil sie kühlen und sehr leicht verdaulich sind. Durch die Idee, gute kräftige Brühe (Consommé) mit Eiern im Dunste stocken zu machen, entstanden die sogenannten Kaiser-Eier (oeufs à empereur) und eben durch diese Erfindung kam man auch auf den Versuch, Milch mit Eiern stocken zu lassen und diesem irgend einen angenehmen Geschmack beizubringen und so erhielt man die Dunst-Cremes.«

**»Milchbecher mit Kaffee.
Petits pots de crême au café.**

210 g Mokkabohnen
210 g Mokka, 1,1 ltr Sahne
10–12 Eigelb, 210 g Zucker

Es werden 210 Gramm Mokka=Kaffee lichtbraun gebrannt, aus der Trommel in 1 1/10 Liter kochend heißen Rahm gethan und genau bedeckt, kalt gestellt. Wenn nun der Rahm kalt geworden und den Geschmack des Kaffees ganz in sich aufgenommen hat, wird derselbe durchgeseiht, mit zehn bis zwölf Eiergelb und 210 Gramm gestoßenem Zucker gut abgesprudelt und nochmals durch ein feines Haarsieb geseiht. Sodann werden die Crêmebecher mit demselben angefüllt und in einer Casserolle bis zur Hälfte in's kochendheiße Wasser gestellt, die Casserolle über ein Beet von leichtem Kohlenfeuer gestellt, zugedeckt, auf den Deckel etwas Kohlengluth gethan und so eine halbe Stunde sehr langsam, bis die Crême zitternd, einer Sulz ähnlich, gestockt ist, gedämpft. Hierauf werden sie herausgenommen, rein abgewischt, über eine schön gebrochene Serviette auf einer flachen Schüssel angerichtet und bis zum Gebrauche kalt gestellt.

Zu bemerken ist noch, daß das Dunstbad niemals den Siedegrad erreichen darf, denn sie würden sonst gerinnen, unten Wasser ziehen und auch oft mit kleinen Bläschen durchlöchert sein, welches sie als mißrathen bezeichnen würde.«

Von den abgeschlagenen Crêmes nach französischer Art

Julius Rottenhöfer, Illustrirtes Kochbuch, München 1885

»Von den abgeschlagenen Crêmes nach französischer Art.
Des crêmes á la Française.

Die geschlagenen französischen Crêmes oder gesulzten Milch=Cremes werden größtentheils in zierlich gearbeitete Formen gefüllt und zum Stocken in's Eis gegraben. Ihre Erfindung kam erst nach den gewöhnlichen Milchbechern, indem man nicht nur darauf bedacht war, diesen Crêmes durch Einfüllen in genannte Formen ein gefälligeres Ansehen zu geben, sondern sie gewannen durch ihre Zubereitung auch einen angenehmen feinen Geschmack.«

Französische Aprikosen=Crême
Crême française aux abricots

12 Aprikosen
280 g Zucker
10 Eigelb
175 g Zucker
0,8 ltr Sahne
52 g Hausenblase
(entsprechend Gelatine oder Agar Agar)

»Französische Aprikosen=Crême. Crême française aux abricots.

Zwölf Stück schöne, gut reife, rothe Aprikosen werden mit 280 Gramm Zucker zu einer dicklichen Marmelade gekocht, welche durch ein feines Haarsieb in eine Schale passirt wird. Ferner werden zehn Eidotter mit 175 Gramm Zucker und 8/10 Liter Rahm zu einer Creme auf Kohlenfeuer abgerührt, unter welche sodann 52 Gramm gut ausgekochte Hausenblase gegossen und zusammen ebenfalls durch ein Haartuch gepreßt werden. Diese Crême wird dann nach und nach unter die Marmelade gerührt und auf dem Eis so lange abgeschlagen, bis sich die Masse verdicken will.«

Model vom Johannis Häupt

M. Marxen Rumpolt, Ein new Kochbuch, Franckfort am Mayn, 1581

Wachsform vom Kopf des Johannes
Stand von Kälberfüßen
Zimt, Zucker

»Model vom Johannishäupt.

Nim ein Model vom Johannis Häupt / von Wachs abgedrückt / seudt Kälbernfüß mit Wasser / und laß durch ein Härin Tuch lauffen / brich gantze Zimmet unter die Brüh / und mach sie wol süß / machs zu / und laß widerrumb sieden / laß es durch ein Wüllen Sack lauffen / so wirt es ein schöne lautere Farb von dem Zimmet gewinnen / geuß darnach ein Model / wenns gestanden ist / so stürtz umb in eine Schüssel / daß das Angesicht ubersich stehet / so ist es schön / zierlich und wolgeschmack.«

»Da aber Herodes seinen Jarstag begieng / Da tanzte die Tochter der Herodias fur jnen. Das gefiel Herodes wol / Darumb verhies er jr mit einem Eide / er wolt jr geben / was sie foddern würde. und als sie zuuor von jrer Mutter zugerichtet war / sprach sie. Gib mir her auff eine Schüssel das heubt Johannis des Teuffers. Und der König ward trawrig / Doch umb des Eides willen / und dere die mit jm zu Tisch sassen / befalh ers jr zu geben. Und schicket hin / und entheubtet Johannes im gefengnis. Und sein Heubt ward her getragen in einer Schüsseln / und dem Meidlin gegeben / und sie bracht es jrer Mutter.«

Lutherbibel von 1545, Matthäus 14, 6–11

Die Enthauptung des Johannes war ein beliebtes Motiv in der bildenden Kunst. Die ab dem Spätmittelalter entstandenen »Johannisschüsseln« stellen den Kopf des Johannis auf einem Teller plastisch dar und werden im Rezept nachvollzogen. Die Abbildung zeigt eine solche, farbig gefasste Johannisschüssel aus Holz um 1490, aus der Liebieghaus Skulpturensammlung in Frankfurt am Main.

Weyſſzen.
Gerſten waſſer.
Gebrochen Gerſt.
Gerſt.
Gebrochener Weyſſzen.
Krafftmel.
Rocken.

Brei und Mus

Die Mauer aus Brei, die das utopische Schlaraffenland von der alltäglichen Welt trennt, lässt viel von der Präsenz und dem Stellenwert dieser Speiseform in unserer Kultur erahnen. Das Mittelalter hindurch herrschte der »Brei– und Musstandard«, wie es wissenschaftlich heißt. Die Rezeptaufzeichnungen dieser Zeit zeugen von der Vorherrschaft dieser Speisen – keine Substanz, die nicht auch als Brei oder Mus zubereitet worden wäre. Mus und Brei waren über lange Zeit die vorherrschende Speiseform in unseren Küchen und bis heute findet sie sich in nahezu allen Kulturen. Abgesehen von der Kinderkost war Brei meist die Speise der Armen, Kranken und Zahnlosen, derjenigen, die nichts »zu kauen« hatten (oder es nicht mehr konnten). »Feste Speise aber ist für die Vollkommenen, die durch den Gebrauch geübte Sinne haben und Gutes und Böses unterscheiden können.«

Entwicklungsgeschichtlich betrachtet gehören Brei und Mus zu den frühesten Speisen. Die ersten Köche der Gastronomiegeschichte haben Grassamen, Getreidekörner, Wurzeln und Früchte zerstossen, gequetscht oder zermahlen. Dabei werden sie bemerkt haben, dass sich eingeweichtes Material wesentlich leichter verarbeiten lässt. Dieser Urbrei war die »Grundnahrung des sich entwickelnden Landbaues« (Maurizio Adam). Durch die anfänglich spontane, später gesteuerte Gärung entstanden Brot und Bier. Die gesteuerte Nutzung von Gärprozessen ist eine der bedeutendsten kulinarischen Errungenschaften der Menschheit. (Tiere müssen sich bis heute mit natürlich entstandenen Alkoholika begnügen.)

Ein Mehlbrei aus Gerste und Emmer soll die Verpflegung der Soldaten im antiken Griechenland gewesen sein, wohingegen Gerste essen zu müssen, für römische Soldaten als Strafe gegolten haben soll. Cato der Ältere beschwor die Tugend des Breiessens gegen die dekadente Sitte des Verzehrs der zahlreichen Brotsorten, die durch die griechischen Bäcker ins römische Reich gekommen waren. Er schildert auch ein Rezept für den legendären »Puls Punica«. Dieser bestand aus 1 Pfund eingeweichter Graupen, 3 Pfund Frischkäse, ½ Pfund Honig und 1 Ei. Gerstengrütze aus geschälter oder gebrochener Gerste hieß bei den alten Griechen »ptisáne« – jenes Gericht, von dem Elsholtz 1682 als Getränk berichtet und welches als Ptisane oder

Tisane noch in Kochbüchern Mitte des 19. Jahrhunderts zu finden ist (siehe Seite 24).

Die Begriffe Brei und Mus sind um das 9. Jahrhundert entstanden, wobei der Begriff »Brei« sich am ehesten von »brauen« ableitet (Kluge). Das bayrisch-österreichische »Brein« bedeutet in der Regel Hirse und zeugt so von der engen Verknüpfung von Pflanze und Speise. Das Wortfeld Mus steht in Verbindung mit Speise, Essen, Zukost und Zugemüs, wobei »Zugemüß, Gemüse« anfangs nur den Brei und die Beilage bezeichnete, die nicht zwangsläufig aus Vegetabilien bestehen musste. So gab es nicht nur »ain gemüß von Fischen«, sondern auch ein »fast guts gemüß«, welches aber nicht etwa nur fast gut, sondern gut für die Fastenzeit war. Franz de Rontzier beschreibt 1598 in seinem »Kunstbuch von mancherley Essen« als erstes Gericht in der Kategorie »mancherley Gemüse« den »Blamensy Gemüs«, also die Mandelsulz-Speise »Blanc Manger«. In Frankreich ist das Gericht als Blanc manger bereits um 1300 nachweisbar, im England des 15. Jhds. wurde es blamang bzw. blank-mang genannt. Wie bei jeder Speise finden wir auch für den Blanc manger unzählige Rezeptvariationen.

Anfänglich wurde das Gericht aus Reis, weißem Fleisch (als Fastengericht mit Fisch), Mandeln und Ziegen–, Schafs– oder Kuhmilch als Brei hergestellt. Dem mittelalterlichen Geschmack entsprechend war er mit damals sehr teuren (und daher beliebten) Gewürzen versehen: Muskat, Nelken, Ingwer, Zimt, Pfeffer, Safran und vieles andere mehr. Verbreitet war auch das Färben oder Vergolden des Gerichts.

Später entwickelte sich diese Speise zu einem Sulz, der mittels Hausenblase, Hirschhorn oder Isländisch Moos geliert wurde. In der heutigen Zeit bezeichnet Blanc Manger oder Mandelsulz eine gelierte, mit Mandeln aromatisierte Milch. In dieser Form ist er mit der italienischen Panna cotta, der gekochten Sahne verwandt.

Im süddeutsch-österreichischen Sprachraum werden Brei und Mus fast synonym gebraucht, während zumindest im Norddeutschen Mus fast ausschließlich zur Bezeichnung von Speisen aus Obst gebraucht wird. Der Begriff »Koch« wird vorrangig im Oberdeutschen gebraucht und ist eine

Bezeichnung für brei- und musartige Speisen, so wie als »aufgelauffener Koch« für gebackene Massen auf Basis von Brei. Das aufgelauffene Koch würden wir heute als Soufflée bezeichnen – was Rumohr mit »Pustekuchen« übersetzt. Im 18. Jahrhundert wandert dann das »Püree« aus Frankreich in die deutsche Sprache ein und bedeutet aber auch nichts anderes als eine breiartige Speise.

Blamensir

Das buoch von guoter spise (um 1350)

Ziegenmilch
½ Pfund Mandeln
¼ Pfund Reis
1 Hühnerbrust
Schmalz
Veilchen
¼ Pfund Zucker

»Wilt du machen einen blamensir,

Wie man sol machen einen blamenser. Man sol nemen zigenin milich vnd mache mandels ein halp phunt. einen virdunc ryses sol man stozzen zvo mele, vnd tuo daz in die milich kalt. vnd nim eines huones brust, die sol man zeisen vnd sol die hacken dor in. vnd ein rein smaltz sol man dor in tuon. vnd sol ez dor inne sieden.

vnd gibs im genuoc vnd nime es denne wider. vnd nim gestozzen violn vnd wirfe den dor in. vnd einen vierdunc zuckers tuo man dor in vnd gebs hin. Also mac man auch in der vasten machen einen blamenser von eime hechede.«

Blaemantir

Mittelniederdeutsches Kochbuch
15. Jahrhundert

1 Teil Reis
1 Teil Mandeln
Wein, Milch
Brüste von 3 gebratenen Hühnern
»weißen« Ingwer
Muskatblume
Paradieskorn
Nelken
Eigelb

»Item wiltu maken blaemantir,

so nym rises eynen halven verding unde alsovele mandelkerne. So nym dat ryß unde wassche id reyne unde wriff de hulsen alle wech. So nym unde lat dat riß droghen. So nym de kerne unde make reyne. Unde make de dicke myt wyne. So nym de dunne melk. Do in dat riß. Rore dat sere. So nym dre bruste van dren braden honeren unde plucke clene also eyn har. Rore de in dat riß. So nym witten ingever, muschatenblomen, paradiseskorne unde neghelken unde stod tosammende. Rore dat in dat riß unde eigesdodere. Unde giff dat in de schottele.«

Manscho Blancko vom Hecht

M. Marxen Rumpolt, Ein new Kochbuch, Franckfort am Mayn, 1581

1 Hecht
Reismehl oder Weizenmehl
Mandelmilch, Zucker
Maibutter
Rosenwasser
Salz

»Manscho Blancko vom Hecht.

Seudt ein Hecht ab in Wasser/ un saltz ihn nicht viel. Nim kein Essig darzu / unnd seudt jn an die statt / zeuch jhn auß auff ein Bret /und laß kalt werden / Nim alsdenn das weiß Fleisch vom Hecht / und klaub die Grädten herauß / und hacks gar klein / nim darnach ein Reißmehl / oder ein Krafftmehl / und Mandelmilch / treib das Mehl darmit ab / daß fein glat und dünn wirt / setz es darnach auff ein Glutkessel / vnd rür es umb / biß auffseudt / und sihe /daß du es nit anbrennest / ist es dick / so mach es wider dünn mit Mandelmilch / thu den gehackten Hecht darein / und laß darmit wider auffsieden / rürs wider umb / biß daß auffseudt / thu darein ein schönen weissen Zucker / der fein klein gestossen ist / auch frische Meybutter / und laß es wider zum drittenmal auffsieden / und wenn du es schier wilt vom Feuwer nemmen / so geuß Rosenwasser darein / laß darmit ein Sudt auffthun / und wenn du in abhebst / so thu ein wenig Saltz darein / und rürs umb / biß das Saltz darein kompt. Unnd wenn du es anrichtest / so bestrāw es mit weissem Zucker. Also macht man ein Manscho Blancko von einem Hecht.«

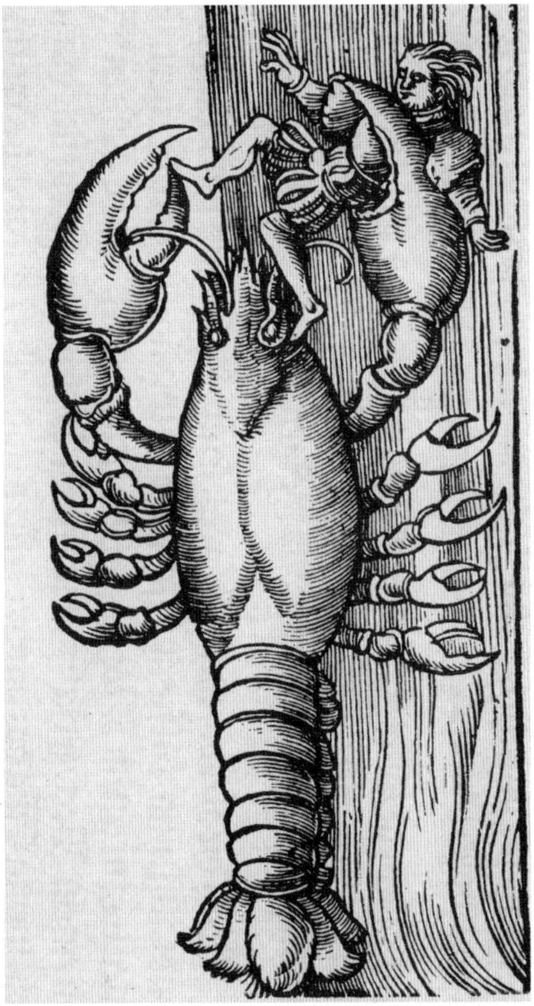

Blamminsy Gemüß

Frantz de Rontzier, Kunstbuch von mancherley Essen, Wollffenbüttel 1598

Reismehl
Milch
Rosenwasser
Rosinen
Salz
evtl. Safran

»Von mancherley Gemüse / und zum ersten Blamminsy Gemüß.

Reismehl bricht man mit Milch / setzes es auffs Fewr / machts ab mit Rosenwasser / kleinen Rosin und ein wenig Saltz / lests weiß oder machts gelb / etc.«

Blanc-Manger a la Française Mandelsulz nach französischer Art

Auguste Escoffier
Kochkunst-Führer (EA 1903)

»Blanc-Manger a la Française.
Mandelsulz nach französischer Art.

500 g Mandeln,
4–5 Bittermandeln
8 dl Wasser
200 g Zucker
30 g Gelatine

Masse:
500 Gr. süße und 4 oder 5 bittere Mandeln putzen und in frischem Wasser wässern, um sie schön weiß zu erhalten. Dann so fein als möglich stoßen und dabei nach und nach löffelweise 8 Deziliter Wasser beifügen. Das Ganze hierauf in einem starken Tuch unter Drehen auspressen, dann 200 Gr. Zucker in der auf diese Weise erhaltenen Mandelmilch (ungefähr 7 Deziliter) auflösen, 30 Gr. in lauwarmem Sirup aufgelöste Gelatine hinzufügen, die Masse durch ein Mousseline passieren und nach Belieben parfümieren. Dann wie bayerische Creme in mit süßem Mandelöl bestrichene Zylinderform füllen, in Eis erstarren lassen und auf Serviceplatte stürzen.

Anmerkung: für die Herstellung der Mandelmilch hat die moderne Küche das obige Rezept der alten Küche dahin geändert, daß die Mandeln nur mit einigen Löffeln Wasser und dünnem Rahm gestoßen werden.

Zu Blanc-Manger mit Früchten

können alle zu Püree eingekochten Früchte verwendet werden. Man nimmt dazu die Hälfte Fruchtpüree und die andere Hälfte von obiger Mandelmasse mit der gleichen Dosis Gelatine. Die Benennung erfolgt nach der verwendeten Frucht, z. B. Blancmanger aux fraises = Mandelsulz mit Erdbeeren.

Für die Blanc-Mangers mit Likören

nimmt man pro Liter der oben beschriebenen Mandelmasse 1/2 Deziliter Likör. Am besten eignen sich Kirschwasser, Maraschino und Rum [Liköre ?].

Blanc-Mangers Rubannés

werden wie die gebänderten bayerischen Cremes gemacht, indem man Massen von verschiedener Natur und Farbe in egalen Lagen einfüllt.

In seinem Buche ›Le Cuisinier Parisien‹ empfiehlt Careme, der Blanc-Manger-Masse ein Viertel ihres Volumens halbgeschlagenen feinen frischen Rahm beizufügen, wenn die Masse anfängt, sich zu binden. Dieser Ratschlag verdient Beachtung.«

Blanc-manger
Alexandre Dumas
Grand Dictionaire de Cuisine, 1873

2 Kalbsfüße
1,86 ltr Wasser
125 g süße Mandeln
6 Bittermandeln
¼ ltr Wasser
185 g Zucker
Schale einer halben Zitrone
1 Handvoll Koriander(grün)

»Blanc-manger

(Rezept von Monsieur Beauvilliers)

Man besorge zwei Kalbsfüße und halbiere diese, um die großen Knochen zu entfernen. Man wässere und blanchiere sie und lasse sie auskühlen. Dann lege man sie in einen Topf mit eineinhalb Pinten [1 Pinte = 0,93 ltr.] Wasser. Aufkochen lassen, abschäumen, zwei bis drei Stunden köcheln lassen, Fett abschöpfen und die Suppe durch ein nasses Tuch seihen. Man blanchiere und schäle 125 gr süße Mandeln und sechs Bittermandeln, zerstoße sie und mache einen Brei daraus. Dabei ist darauf zu achten, dass von Zeit zu Zeit etwas Wasser darüber gegossen werde, damit sie sich nicht in Öl verwandeln. Man gebe einen Viertelliter Wasser, 185 gr Zucker, die Zesten einer halben Zitrone und eine Hand voll Koriander in eine Kasserole, lasse all dies eine halbe Stunde lang ziehen, nehme Koriander und Zitrone heraus und gieße den Sud über die Mandeln. Alles mehrmals durch ein Küchentuch treiben, dann so viel Kalbsfuß-Gelee dazugeben, wie nötig ist, um das Blanc-manger delikat zu machen und um es dick genug werden zu lassen, was man herausfindet, indem man es probiert. Wenn es richtig ist und gut schmeckt, gießt man es in kleine Schüsselchen oder in eine Backform und lässt es auf Eis fest werden wie Gefrorenes. Man kann dieses Blanc-manger, wie auch alle anderen möglichen Gelees, mit Fischleim, Hirschhorn oder Isländisch Moos zubereiten.‹

Das Rezept von Monsieur Beauvilliers ist ausgezeichnet. Es trotzt allen Neuheiten und man wäre im Unrecht, würde man es nicht genau befolgen.«

Dicker Reis mit Zimt und Zucker

Gertrud Mallinger (1923–2002)

Milchreis
Milch
Zimt
Zucker

»Dicker Reis mit Zimt und Zucker

Den Reis in kochende Milch geben und köcheln lassen. Umrühren nicht vergessen. Wenn man das Gefühl hat, er könnte bald gar sein, vom Feuer nehmen und mit geschlossenem Deckel noch etwas quellen lassen. Der Reis soll zu dickem Brei verkocht sein. In Suppenteller füllen, Zimt und Zucker mischen und dick auf den Reis streuen. Dicken Reis ißt man warm und kalt.«

Griesspeise, kalte, oder Flammri

Universal-Lexikon der Kochkunst
Leipzig 1890

1 ltr Milch
125 g Zucker
80 g Butter
8–10 Mandeln
Zitronenschale
10 g Succade
125 g Weizengries
5 Eier

»Griesspeise, kalte, oder Flammri.

Man läßt 1 Liter Milch mit ¼ Pfund Zucker, 8 Neuloth Butter, 8-10 gestoßenen Mandeln, etwas ganzen Zimmet, einem Stückchen Vanille, geriebener Citronenschale und 1 Neuloth feingeriebener Succade aufkochen, giebt noch ¼ Pfund feinen Gries, welchen man vorher in Milch und Wasser glatt gerührt hat, dazu und läßt es unter beständigem Umrühren dick kochen. Dann nimmt man den Gries vom Feuer, giebt 5 Eidotter und das zu Schnee geschlagene Weiße der 5 Eier darunter, füllt die Masse in beliebige Formen und richtet sie nach dem Verkühlen mit einer Frucht-, Vanillen- oder Wein-Sauce an.«

Risotto mit getrockneten Steinpilzen
Restauration a.a.O.

Zutaten pro Person

1 Handvoll Risottoreis
½ ltr Fleischbrühe
getrocknete Steinpilze
(für 3 Personen 1 Handvoll)

½ Schalotte
Olivenöl oder Rindsfett
etwas Weißwein
schwarzer Pfeffer
Parmesan

Wenn Sie selbstgemachte Rinderbrühe verwenden (und nur dann macht der Aufwand Sinn), können Sie das erhärte Rindsfett von der Brühe anstatt des oder zusätzlich zum Olivenöl verwenden.

Eine Stunde vor dem Kochen die Steinpilze in kaltem Wasser einweichen. Die Rinderbrühe zum Kochen bringen, die Zwiebeln in kleinste Würfel schneiden, den Pfeffer stoßen. Die Zwiebeln im Risottotopf in Öl oder Rindsfett glasig werden lassen und die ausgedrückten, gehackten Steinpilze zugeben. Wenn die Zwiebel-Pilzmischung angezogen hat, den Reis dazugeben und evtl. noch etwas Öl, damit die Reiskörner davon umhüllt sind. Diese Mischung mit gestoßenem Pfeffer würzen, und mit Weißwein ablöschen. Wenn der Wein verdampft ist, gießen Sie so viel kochende Brühe an, dass sie den Reis daumenbreit bedeckt. Während des gesamten Kochvorganges (bei offenem Deckel) soll der Reis von Brühe bedeckt sein und köcheln, d.h. sie gießen immer wieder kochende Brühe nach, lassen diese einkochen, gießen nach, lassen einkochen, gießen nach usw. – und rühren mittels eines Holzlöffels nicht zu wenig um, damit nichts am Boden ansetzt. Zwischendurch probieren Sie den Gargrad der Reiskörner – lieber einmal mehr als zuwenig. Sie müssen durchgegart sein, aber noch Biss haben. In der letzten Kochphase müssen Sie die Flüssigkeitsmenge exakt steuern: es darf nicht zu viel Flüssigkeit sein, weil es sonst eine Suppe ist, nicht zuwenig, weil es sonst ein »Pamps« wird. In dieser letzten Phase wird auch der geriebene Parmesan untergerührt, der Topfdeckel aufgesetzt und das Risotto vom Feuer genommen, um es noch ein wenig ziehen zu lassen. Das perfekte Risotto ist ein wenig schleimig, seimig, schlotzig – aber nicht suppig – und es hat noch Biss.

Übrigens passiert es manchmal, dass die Menge der Brühe nicht ausreicht; für diesen Fall halten Sie das kochende Einweichwasser der Pilze, evtl. verdünnt, bereit.

Und sagen Sie Ihren Gästen: »Das Risotto wartet nicht auf die Gäste, sondern die Gäste warten auf das Risotto.«

Süßes Vanillekartoffelpüree (Pré Dessert)

Ferran Adrià, elBulli 1998–2002, Roses 2003

Zutaten für 4 Personen, wobei pro Person ein Suppenlöffel Masse vorgesehen ist:

200 g Püreekartoffeln
130 g Butter
50 g flüssige Sahne (35%)
40 g Puderzucker
5 Vanilleschoten

Für das emulgierte Eigelb:
1 Eigelb
12 g heißes Wasser
1 g Puderzucker

Zubereitung:
Geschälte Kartoffeln in Stücke schneiden und garen, Kartoffeln durch ein Sieb pressen und mit Sahne und weicher Butter zu einem Püree verarbeiten, Vanillemark (einer Schote) und Zucker daruntermischen und warm stellen (Wasserbad).

Das Eigelb mit Zucker weiß schlagen und nach und nach das warme Wasser hinzu geben. Pro Person einen Suppenlöffel der Masse auf einen Teller und mit Streifen des emulgierten Eigelb überziehen. Mit einer Vanilleschote servieren.

Kartoffelbrei

Restauration a.a.O.

1 kg ungeschälte Kartoffeln
ca. 200 g Butter
ca. 0,2 ltr Milch oder Sahne

Die Kartoffeln schälen, halbieren oder vierteln und in Salzwasser gerade gar kochen. Abgießen und etwas abdampfen lassen. Die in kleine Stücke geschnittene Butter zufügen und mit einem Stampfer einarbeiten – stampfen und nicht rühren. Die heiße Milch oder Sahne bis zur richtigen Konsistenz des Breies einarbeiten. Die Zugabe von Muskatnuss oder Muskatblüte ist eine Glaubensfrage.

Kasche, russische

Universal-Lexikon der Kochkunst
Leipzig 1890

500 g Buchweizengrütze
1,5 ltr Wasser
Salz

»Kasche, russische,
oder gebratene Buchweizengrütze.

Diese Kasche, welche in Rußland zu den verschiedenen Nationalsuppen, wie Stschi, Borschtsch u.s.w., gereicht wird, bereitet man auf folgende Weise:

Man schüttet etwa ½ Kilogramm Buchweizengrütze in 1½ Liter siedendes Wasser, kocht sie zu dickem Brei, den man etwas salzt, breitet denselben dann auf eine mit Butter bestrichene flache Schüssel [Platte oder feuchtes Brett], läßt ihn erkalten, schneidet ihn in viereckige Stücke und brät dieselben auf beiden Seiten in Butter.«

Dieses Gericht wird in Norditalien Buchweizen-Polenta, im bayrisch-österreichischen Sprachraum »Sterz« (steifer Brei) genannt.

Ein Heydel=Brey oder Buchweitzen=Mus

Susanne Maria Endter, Vollständiges Nürnbergisches Koch=Buch, 1691

Buchweizen
Fleischbrühe
Pfeffer
Fett (Butter– oder Gänseschmalz)

»Ein Heydel=Brey oder Buchweitzen=Mus.

Der Heydel oder Buchweitzen muß erstlich mit einem siedenden Wasser wol fünfmal abgebrühet werden: alsdann seihe man das Wasser durch einen Seiher davon herab / thut ihn in einen Hafen / giesst eine gute Fleischbrühe daran / wie auch Pfeffer und ein Bach [Back] oder Gans=Schmalz / läßt ihn wohl sieden / daß er nicht zu dick / auch nicht zu dünn werde; würff Saltz darein nach belieben / und richtet ihn an.«

Unklar ist, in welcher Former der Buchweizen verwendet werden soll – ganze oder gebrochene Körner? Mehl scheidet wegen des wiederholten Abwaschens aus. Grütze ergibt das bessere Mus.

Cottura della polenta

Ada Boni, Il talismano della felicità
Roma 1995 (EA 1929)

»Polenta kochen.

Die Polenta ist eine Zubereitung, die man durch Kochen von Maismehl in Salzwasser erhält. Allgemein wird Maismehl als ›farina gialla / gelbes Mehl‹ bezeichnet.

Für 10 Personen braucht man annähernd:
1,5 ltr Wasser, 500 g Maismehl, Salz

Sie setzen einen Topf mit Salzwasser aufs Feuer. Wenn das Wasser kocht, beginnen Sie, mit einer Hand das Maismehl in den Topf rieseln zu lassen, während sie mit der anderen Hand und einem Holzlöffel ständig rühren, ohne Klümpchen zu bilden. Wie man sieht ist die Zubereitung sehr einfach, aber ein wenig Aufmerksamkeit ist notwendig, um einen glatten, homogenen und cremigen Teig zu bekommen. Die Polenta ist fertig, wenn sie sich beim Rühren von der Topfwand löst, was eine gute halbe Stunde benötigt.«

Will man die Polenta nicht als Brei essen, sondern weiterverarbeiten, so schüttet man sie auf ein angefeuchtetes Holzbrett oder Backblech und streicht sie mit einem feuchten Messer glatt. Klassische Zubereitungen sind das Braten in Fett, oder das Überbacken im Ofen. Rumohr meint: »Vortrefflich ist die Polenta, wenn sie, wie sich gehört, vermöge eines Fadens in Scheiben geschnitten, und alsdann abwechselnd mit frischer Butter, Salz und feingehobelten Trüffeln in einem Kuchen zusammengesetzt, äußerlich mit zerlassener Butter bestrichen und endlich in dem Ofen oder in der Tortenpfanne mit einer leichten Kruste abgebacken worden. [2] Dasselbe, doch statt der Trüffeln nimm Parmesankäse.«

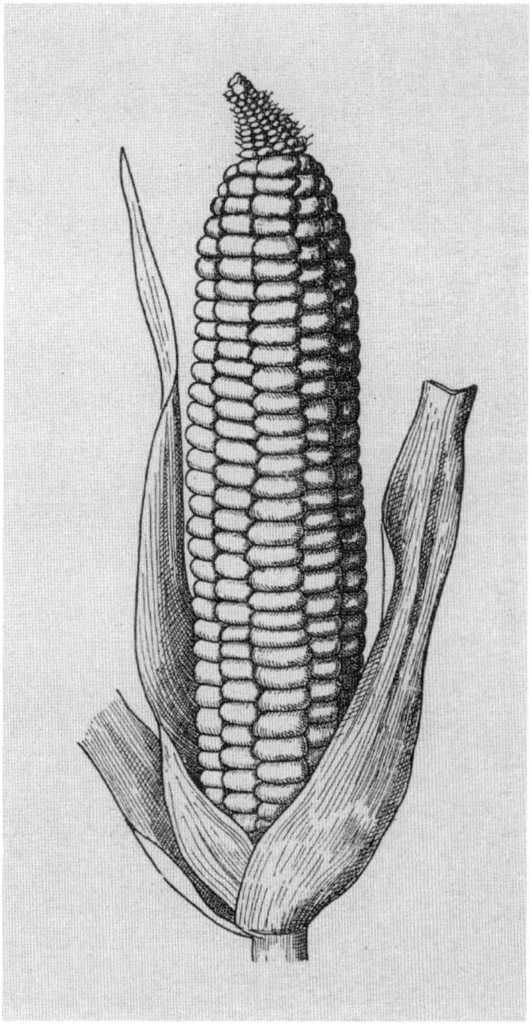

Muos

Das Buch von guter Speise (um 1350)

Huenre von Kriechen (Griechisches Huhn)

Hühner
Schweinefleisch
Rosen, Ingwer, Pfeffer
Wein, Essig
Zucker oder Honig, Salz

»Diz heizzent huenre von Kryechen. Man sol huenre braten vnd ein fleisch eines swines, weich gesoten. vnd gehacket vnder ein ander. vnd nim einen vierdunc rosen dor zvo vnd nim yngeber vnd pfeffer vnd win oder ezzig vnd zucker oder honic vnd siede daz zvo sammene vnd gibs hin vnd versaltzez niht.«

Ein guot muos

gebeizten Barsch
Mandelmilch,
Reismehl
Schmalz

»Wilt du machen ein guot muos.

Ein gebacken muos von vischen. Dar zvo solt du nemen einen bersich gebeizt in ezzig, vnd wirf in denne in milich, die do si von mandel gemachet, mit ris mele wol gemenget vnd ein wenic smaltzes dor in geton vnd mit erwellet. Daz ist gar guot, vnd versaltz niht.«

Ein muos mit lauche

Weißen Lauch
Mandelmilch
Reismehl

»Ein muos mit lauche.
nim wizzen lauch vnd hacke in cleine vnd mengez wol mit guoter mandelmilich vnd mit ris mele. vnd wol gesoten. Aber ein vasten muos gemachet wol mit mandel milich vnd wol gemenget mit ris mele. vnd daz suede wol vnd versaltz niht.«

Aber [auch] ein col rys [?]

1 Teil Eierkuchen
1 Teil Semmel
Milch,
1 Apfel
Eigelb

»Aber ein colris.
nim duenne kuochen gebacken von eyern vnd snit die wuerfeleht vnd snit als vil semelbrotes dor zvo wuerfeleht vnd tuo ez in ein milich. vnd nim einen apfel vnd snit den wuerfeleht drin vnd ruerez wol mit eyertotern vnd laz ez sieden wol vnd gibz hin.«

Ein Haber=Mus

Susanne Maria Endter, Vollständiges Nürnbergisches Koch=Buch, 1691

Hafermehl
Butter
Fleischbrühe
(Rosen)Essig
Ingwer
Pfeffer
Muskatnuss

»Ein Haber=Mus.

Röste Habermehl in Butter / daß es braun werde; gieß hernach eine gute Fleischbrüh / wie auch ein wenig Rosen= oder andern Essig darein / würze es mit Ingber / Pfeffer und Muscatennüssen / laß also sieden biß es dicklicht wird / und trags dann auf.«

Brei und Getreidegrütze

Marcus Gavius Apicius (um 25 v. Chr. bis max. 40 n. Chr): De re coquinara

Grütze
Öl
2 kleine Hirne
Fleisch
Pfeffer
Liebstöckel
Fenchelsamen
Liquamen (siehe Seite 95)
Wein

»Brei: Weiche gereinigte Grütze ein und koche sie. Wenn es gekocht hat, gib Öl dazu. Wenn es steif geworden ist, gib zwei gekochte Hirnchen hinzu und Fleisch, das fast zu Gulasch zerpflückt ist, zerstampfe es mit den Hirnchen und gib es in einen Topf. Stoße Pfeffer, Liebstöckel, Fenchelsamen, gieße Liquamen dazu und ein wenig unvermischten Wein und gib es in den Topf über die Hirnchen und das Fleisch. Wenn es genügend (gekocht) hat, mische es mit der Sauce. Damit würze die Grütze nach und nach, aber so, daß die Sauce fast wie ein dicker Brei aussieht.«

»Zu Gulasch zerpflückt« scheint eine recht kühne Übersetzung zu sein.

Gaspacho

Karl Friedrich von Rumohr
Geist der Kochkunst, Stuttgart 1822

feines Weizenbrot
Olivenöl
einige Knoblauchzwiebeln [–zehen?]
Paprikaschoten

»Gaspacho

Die Bereitung des Gaspacho ist folgende: Eine große Krume feinen Weizenbrotes wird in einen Mörser getan, mit Olivenöl, das durch Geruch und Geschmack sich der Wahrnehmung aufdringt, genetzt, Salz, einige Knoblauchzwiebeln, allenfalls ein Paar Schoten des grünen oder roten Pimiento dazu geworfen, das Ganze nunmehr zu einem steifen Brei zerstampft und frisch aus der Hand verzehrt.

Wir haben dieses Mörsergericht von Männern der arbeitenden Klasse nicht nur mit großem Wohlgeschmack verzehren, wir haben sie, mit einem Frühstücke von einer Handvoll dieser Masse, die heftigsten und anhaltendsten Anstrengungen in glühender Mittagssonne und ohne weitere Nahrung den größten Teil des Tages über ausdauern gesehen. Es ist nicht die einzige Wahrnehmung, die wir von der nervenstärkenden Eigenschaft des Knoblauch gemacht haben. In Andalucia scheint das Gericht zu Hause. Auf den Tafeln der Wohlhabenden nimmt der Gaspacho eine andere Gestalt an. Was nur von marinierten Fischen, Krebsen und pikantem Eingemachten, sauren Gurken, Tomaten, Pimientos, den Gaumen reizen kann, wird in einer großen Schüssel aufgetragen und mit Eiergebackenem in gallertartiger Umgebung, auch mit Essig und Öl genossen.«

Muß von der Kälbernleber und Hirschen Hirn

M. Marxen Rumpolt, Ein new Kochbuch, Franckfort am Mayn, 1581

Muß von der Kälbernleber

Kalbsleber
geröstetes Brot
schwarze Rosinen
Zimt, Zucker

»Muß von der Kälbernleber.

Nim die Kälbernleber / schneidt sie voneinander / und brat sie auff ein Roßt / wenns gebraten ist / so stoß mit gebehtem Brot / un saubern schwartzen Rosein / treibs durch mit Wein / mach es ab mit Zimmet und Zucker / laß widerumb damit auffsieden / gibs warm auff ein Tisch / so wirt es gut vnd wolgeschmack.«

Muß von Hirschen Hirn

Hirschhirn, Eigelb
Pfeffer, Ingwer, Butter

»Muß von Hirschen Hirn.
Nim das Hirn / kochs / unnd treibs mit Eyerdottern / Pfeffer unnd Ingwer ab / streichs darmit durch / thu Butter darein / laß darmit auffsieden / so ist es ein gut Muß.«

Ein gutes mühßlein von hüner=lebern

Eleonora Maria Rosalia, Fürstin zu Lichtenstein, Freywillig aufgesprungener Granat=Apffel, Leipzig 1709

Hühnerleber
1–2 Eier
Sahne

»Ein gutes mühßlein von hüner=lebern.

Man soll die schön ausgewässerten lebern gar schön und klein hacken, eins oder zwey eyer, und obere süsse milch daran giessen, und es in einer schüssel oder pasteten=tiegel fein gemach lassen auf einem kohl=feuer sieden, nicht zu lange, daß nicht zergeht.«

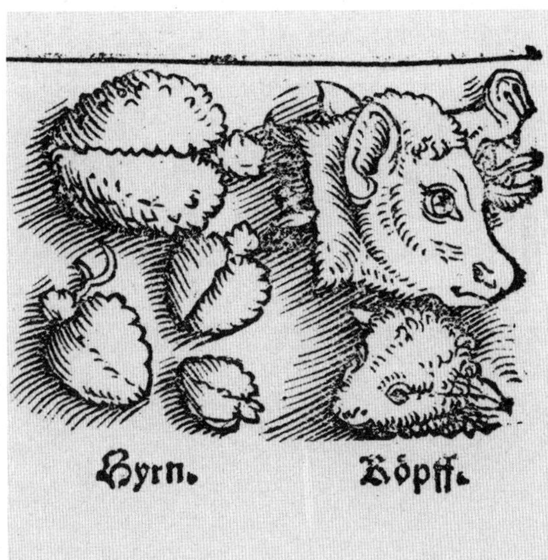

Gemüse von Wein

Frantz de Rontzier, Kunstbuch von mancherley Essen, Wollffenbüttel 1598

Weißbrot
Wein
Butter
Salz
Rosinen
Muskatblüte

»Gemüse von Wein.

Weißbrodt schneidet man ohne die Rinden klein / seudt es in Wein / machts ab mit frischer Buttern / Saltz / kleinen Rosin und Muscatenblumen / lests durchkochen das es dicke wirdt / bestrewets mit Muscatenblumen unnd gibts zum tisch.«

Fleischbrühe=Muß

Susanne Maria Endter, Vollständiges Nürnbergisches Koch=Buch, 1691

Fleischbrühe
geriebene Semmel
Butter, Muskat
evtl. süße Sahne

»Fleischbrühe=Muß.

Man nimmt rein abgeklärete Fleisch Brühe, setzet sie an das Feuer, und thue so viel geriebene Semmel hinein, daß es dicke wird, wie ein Brey, auch etwas Butter und Muscaten, und läst es ein wenig kochen, so ist es gut. Man kan auch süssen Rahm darzu geben.«

Kindskoch

Katharina Prato
Die süddeutsche Küche, Gratz 1873

35–52 g Mehl
0,175 ltr Milch
0,35 ltr Milch

»Man sprudelt 2–3 Loth Mehl mit ½ Seidel kalter Milch ab, kocht es unter beständigem Rühren in 1 Seidel siedende Milch ein, rührt, bis es wieder siedet und läßt es ¼ Stunde ruhig kochen.«

Krünitz malt ein wahres Horrorszenario über die Wirkung des Kindskoches: »Der gemeine Brei von Milch, Mehl und etwas Butter, bringt, wenn er unverdauet bleibt, bey Kindern viele schädliche Wirkungen hervor. Die Verstopfungen, das Brechen, das beständige Bauchgrimmen, die Durchfälle, der schleimige, graue, orangenfarbige, grüne und schwarze Abgang, das Aufschwellen des Bauches, die vielen prasselnden Winde, das Herzgespann, die die Kinder sehr plötzlich fast erdrosselnde Halsstarre, und alle Gattungen convulsivischer Anfälle, kommen hauptsächlich von der überflüssigen Nahrung her, mit welcher man den Magen und die Därme der Kinder verkleistert und gleichsam verkittet. Weit besser wäre es, daß man den Kindern, an statt Breies, aus Gerste oder gebrochenem Haber abgekochte Brühen, mit ein wenig frischer Butter, auch zuweilen, der Säure zu wiederstehen, ein wenig Fleischbrühe, und endlich Milch mit geriebenem Brod, oder auch nur gebratene Borsdorfer Aepfel, gäbe.«

Aufgegangenes Kindskoch

Maria Elisabetha Meixner
Linzer Kochbuch, Linz 1818

0,35 ltr Milch
70 g Butter
4 Eigelb
2 Eiweiß
½ Zitronenschale
Zucker

»Aufgegangenes Kindskoch.

Mache von 1 Seidel Milch [und Mehl] ein dickes Kindskoch, stelle es auf die Gluth, rühre es beständig, laß es aber nicht sieden, sondern, wenn das Koch dick ist, nimm es vom Feuer weg, schlage es klar ab, wie einen Germteig, und laß es auskühlen, treibe einen halben Vierting Butter pflaumig ab, rühre das Koch darein, schlage 4 Eyerdotter daran und von einer halben Limonie die mit Zucker abgeriebene Schale, Zucker, daß es süß genug wird, und von 2 Eyern die aufgeklopfte Klar, rühre es gut unter einander, schmiere eine Schüssel sammt Reif mit Butter, fülle das Koch hinein, backe es schön langsam, und gibs mit Zucker besäet zur Tafel.«

Vierting, der 4. Teil eines österreichischen Pfundes von 560 g.

Kirschen Gemüß

Frantz de Rontzier, Kunstbuch von mancherley Essen, Wollffenbüttel 1598

Kirschen
Weißbrot
Anis, Muscat
Zucker

»Kirschen Gemüß.

Man seud auch rote Kirschen mit Weißbrodt und Anіß in Wein / streichts durch ein harntuch / macht es ab mit Zucker und Muscaten / legt gebacken arme Ritter herumb wenn man sie wil zu tisch geben unnd bestrewt sie mit Zucker.«

Armeritter von Weissembrodt

Weißbrot, Eier
Muscatblüte
Butter, evtl. Milch

»Armeritter von Weissembrodt.

Man schneidet Weißbrodt in Scheiben oder rundt / legts in Eyer die mit Muscatenblumen durchgeschlagen sein unnd beckt sie in Buttern / das Weißbrodt wirdt auch wol zuuor in Milch geweicht und darnach mit Eyern in Buttern gebacken.«

Wachholderbeeren=Mus

Luise Richter / Sophie Charlotte Hommer, Illustrirtes Hamburger Kochbuch Hamburg 1879

500 g reife Wacholderbeeren
½ ltr Wasser
Zucker
etwas Zimt
Zitronenschale

»Wachholderbeeren=Mus.

Man stoße 1 Pfund frische, reine, zeitige Wachholderbeeren klein, gebe sie in einen Topf, gieße ½ Liter Wasser darauf und lasse sie über Kohlenfeuer unter öfterem Umrühren 2 Stunden langsam kochen. Hierauf reibt man sie durch ein Haarsieb, giebt Zucker nach Geschmack, etwas Zimmet und geriebene Citronenschale daran, setzt dieses wieder zu Feuer und läßt es langsam dick kochen.«

Branntwein-Kaltschale
Heinrich Finke, Köln 1962

750 g Honigkuchen
0,75 ltr Korn
3–4 El dunkles Bier
Honig, evtl. Nusskerne, Mandeln
Rosinen

1,5 Pfund einfacher Honigkuchen (»Koltschalkuchen«) wird mit ¾ Liter Korn und 3–4 EL dunklem Bier übergossen, mit etwas Honig gesüßt und eventuell mit Nusskernen, Mandeln und Rosinen vermengt. Das Ganze soll 4–5 Tage ziehen. (Andere Überlieferungen erwähnen ausschließlich Rosinen als Beigabe und ein Durchziehen von einer halben Stunde bis zu mehreren Wochen.)

Eine frühe Form des Aperitifs war der sogenannte »Willkomm«. Für ihn gab es im Bürgertum repräsentative Pokale gleichen Namens, aus denen Gästen bei Feierlichkeiten ein Schluck gereicht wurde. Bauern hatten oftmals spezielle Zinnschalen, aus denen gemeinsam gelöffelt wurde. Die Sitte der Branntwein-Kaltschale geht mindestens auf Anfang des 16. Jahrhunderts zurück und hat sich in ländlichen Gegenden teilweise bis in die ersten Jahrzehnte des 20. Jahrhunderts erhalten. In einigen Gebieten Norddeutschlands gibt es bis heute Korn mit Rosinen vom Zinnlöffel als Willkommenstrunk bei festlichen Anlässen (Bohnsupp, Sienbohnsopp). Gedruckte Rezeptüberlieferungen der Branntwein-Kaltschale scheint es kaum zu geben. Eine der seltenen schriflichen Schilderungen eines Rezeptes findet sich in dem 1962 veröffentlichtem Aufsatz von Dr. Heinrich Fincke »Kaltschale, Brocksel und andere gesüßte alkoholhaltige Brauchtumszubereitungen, meist mit Zusatz von Lebkuchen oder von Rosinen«. Hieraus stammt auch das Rezept für Koltschalkuchen. Die Branntwein-Kaltschale sollte mindestens 3–4 Wochen ziehen und selbst Standzeiten von einem Jahr wirken sich nicht negativ aus.

Koltschalkuchen

»½ Pfund Bienenhonig
½ Pfund Zucker
1 EL Schweineschmalz
1 TL Zimt
½ TL gemahlene Nelken
¼ ltr Milch
2 Eier
1 Pfund Mehl
1 TL Natron oder 6 g Pottasche
oder 1 Tüte Backpulver«

Honig, Zucker, Schmalz, Gewürze und die Milch werden leicht erwärmt und mit Mehl und Eiern zu einem Teig verarbeitet, zuletzt das Triebmittel zugegeben und auf einem Blech gebacken.

Wein=Mus

Luise Richter / Sophie Charlotte Hommer, Illustrirtes Hamburger Kochbuch, Hamburg 1879

1 alter Klöven
(Hefegebäck mit Rosinen, Stuten)
Wein
Zucker, Zimt, Kardamom,
2 Eigelb

»Wein=Mus.

Man reibt das Weiche von 1 alten Klöven klein, röstet die Krumen in Butter, thut Wein, Zucker, Zimmet und etwas Cardamom daran und läßt es zusammen durchkochen. Sobald es fertig ist, rührt man das Gelbe von 2 Eiern dazu, füllt es in ein Gefäß und bringt es kalt zu Tische.«

Käß mit Wein kochen

Kochbuch von Anna Margaretha Gessnerin, Zürich 1699

Wein
fetten, alten Käse
Brot

»Käß mit Wein zu kochen.

Thu ein halb gläßlin voll wein in ein blaten [Platte] und die glutpfann und thu gschabnen oder zerribnen feißen alten käß darein und laß ihn im wein kochen, biß er gantz zergangen und man den wein im kusten [beim Kosten] nit mehr gespürt. Ist er aber lind das er sich nit schaben oder zerschnieden läßt, so schnid ihn so dünn du kanst und laß ihn im wein kochen, biß er gantz zergangen und man den wein im kusten nit mehr gespürt. Dann dunke brot darein, und iß ihn also mit dem brot, aber du mußt allzeit ein wenig glüht darunter laßen, sonst wird es bald wider hert.«

Recept der Fondue.

Brillat Savarin
Physiologie du gout, Paris 1848

Eier, ⅓ eischwer Freiburger Käse
⅙ eischwer Butter, evtl. Salz

»Recept der Fondue

Aus den Papieren des Herrn Trolliet, Vogt von Moudon im Canton Bern

Nach der Zahl Eurer Gäste wiegt die Eier, die Ihr anwenden wollt. Dann nehmt ein Stück guten Freiburger Käse, welches das Drittheil wiegt, und ein Stück Butter, welches das Sechstheil wiegt.

Schlagt und rührt die Eier wohl in einer Pfanne, dann thut die Butter und den geraspelten Käse hinein. Setzt die Pfanne auf ein lebhaftes Feuer, und rührt mit einer Spatel, bis die Mischung hinlänglich dick, weich und fadenziehend ist. Thut ein wenig oder gar kein Salz hinein, je nachdem der Käse mehr oder weniger alt ist, aber gehörig viel Pfeffer, der zu dieser antiken Speise nothwendig gehört. Tragt auf einer gewärmten Schüssel auf, bringt den besten Wein herbei, von dem man gehörig trinkt, und Ihr werdet Wunderdinge erleben.«

Da Fonduerezepte mit der bloßen Zugabe von Eigelb anstatt des ganzen Eies existieren, wird Brillat-Savarin mancherorts nachgesagt, er hätte bei der Notation Vollei mit Eigelb verwechselt. Die beiden folgenden Rezepte legt zumindest nahe, dass es auch Zubereitungen mit Vollei gab.

Käs=Gericht

L. Rytz, Neues Berner Kochbuch, Bern 1843

fetter, junger Käse
Butter
2 Eier

»Käs=Gericht.

Man thut in eine Kochplatte frische Butter und fetten jungen Käs in Scheiben geschnitten, und läßt dies auf der Glut schmelzen. Alsdann thut man 2 wohlgeklopfte Eier dazu, und thut es noch einen Augenblick auf die Glut.«

Kochplatte steht hier für einen flachen Topf oder eine Pfanne, ähnlich der bayrischen »Kachel«, von lat. »cacculus« für Kochgeschirr (Kluge).

Fondue. Fondues

Maria Imhof, Schweizerisches Familien-Kochbuch, 1903

»Fondue. Fondues

Für 6 Personen:
8–10 Eier,
250–350 Gramm geriebenen Käse,
1 Tasse Milch (oder guter Weisswein),
kleineigross Butter.
Nach Belieben 1 Löffel fein gehackte Zwiebeln.

Zuerst rühre man die Eier und Milch (oder Wein) gut zusammen und füge dann den Käse dazu. Hierauf erhitze man in einer soliden Kochplatte die Butter, dünste kurz die Zwiebeln drin, schütte den Käseteig hinein und rühre auf starkem Feuer, bis die Masse dicklich wird. Nun wird noch etwas Pfeffer drübergestreut und das Gericht sofort aufgetragen. Fondue wird vielenorts aus der Platte gegessen. Ein nahrhaftes und besonders in der französischen Schweiz beliebtes Gericht, wo statt der Milch guter Weisswein verwendet wird.«

Fondue

Eugen Pauli, Lehrbuch der Küche, Aarau 1976

»Fondue

Zutaten für etwa 4 Personen:
600 g geriebener Käse
(für Neuenburger Fondue ½ Emmentaler, ½ Greyerzer; für Waadtländer Fondue nur Greyerzer)
4 dl leichter Weißwein,
2 Kaffeelöffel Maizena,
2 Gläschen Kirsch,
Pfeffer, wenig Muskatnuß
1 Knoblauchzehe.

Zubereitung: Den Caquelon (Fondue-Pfanne) mit einem Knoblauchzehen ausreiben, auf das Feuer stellen und den Wein dazugießen. Nach und nach den Käse, unter stetem Rühren in Achterform, dazugeben. Weiterrühren, bis die Masse aufkocht. Das mit dem Kirsch aufgelöste Maizena dazugeben und unter Rühren nochmals aufkochen, würzen. Auf dem Tisch soll das Fondue auf einer Spiritusflamme stets leicht weiterkochen.

Bemerkung: Sollte es passieren, daß das Fondue nicht richtig bindet (zu junger Käse oder zu schwerer Wein), einen kräftigen Schuß Essig dazugießen und in Achterform rühren, bis es sich sämig gebunden hat.«

Fondue
Universal-Lexikon der Kochkunst
Leipzig 1890

Fondue auf gewöhnliche Art
250 g Schweizer Käse
0,5 ltr Sahne, 40–50 g Butter

»Fondue auf gewöhnliche Art.

250 Gramm Schweizerkäse werden feingerieben und mit drei Eidottern und ½ Liter Rahm verrührt, worauf man in einem tiefen Casserol oder einer die Hitze gut vertragenden Schüssel 40–50 Gramm frische Butter schmelzen läßt, die Masse hineinschüttet und über ziemlich starkem Feuer so lange umrührt, bis sie ringsherum zu kochen und zu steigen beginnt; man muß sie dann sofort in derselben oder einer anderen, sehr gut erwärmten Schüssel zu Tisch bringen.«

Fondue auf italienische Art
250 g Parmesankäse
0,25 ltr Sahne, 2 KL Mehl
Salz, 4 Eier

»Fondue auf italienische Art.

250 Gramm geriebener Parmesankäse werden zu ¼ Liter Rahm geschüttet, der zuvor mit zwei Löffeln Mehl über dem Feuer dicklich verrührt worden war; man läßt Alles etwas auskühlen, thut eine Prise Salz, vier geschlagene Eidotter und den Schnee der vier Eiweiße hinzu und füllt eine mit gebuttertem Papier ausgelegte Form zur Hälfte damit, bäckt die sehr hoch ausgehende Fondue in einem heißen Ofen und servirt sie sogleich.«

Fondue auf englische Art
0,375 ltr Milch, 30 g Butter, 60 g Stärke
4 Eier, 1 KL Salz, 1 Prise Cayennepfeffer
125 g Parmesan

»Fondue auf englische Art.

⅜ Liter Milch werden mit 30 Gramm Butter zum Kochen gebracht und mit 60 Gramm in kalter Milch geriebenem Arrowroot verquirlt; dann läßt man dies auskühlen, thut vier geschlagene Eidotter, einen Kaffeelöffel Salz, eine Prise Cayennepfeffer und 125 Gramm geriebenen Parmesankäse, sowie den Schnee der vier Eiweiße hinzu, schüttet die Masse in eine mit gebuttertem Papier ausgekleidete Souffleschüssel und bäckt sie rasch in einem heißen Ofen, worauf man die Fondue augenblicklich aufgiebt.«

Das 1850 in New York verlegte Kochbuch »The Modern Housewife« schildert 4 Fondue-Rezepte, darunter ein »Fondue of Stilton Cheese« – auch diese Rezepte sind, wie die beiden zuletzt zitierten, Käse-Soufflèes.

und backt dann den leckeren Eintopf 35 Minuten mit halbgroßen Flammen.

Herstellungszeit: 1 Stunde 25 Minuten.

Bauernlinsentopf

Zutaten: **3/4 kg Linsen, 2 1/2 l Wasser, 1/2 kg Brat- oder Blutwurst, 5 Mohrrüben, 5 geschälte Kartoffeln, 1 Stange Porree (Lauch), 1 Stückchen Sellerie, Salz, Essig und Zucker nach Geschmack.**

Die Linsen werden 24 Stunden vorher eingeweicht. Ist das Einweichwasser nicht ganz aufgeschluckt, so wird es mit verwendet und von der obigen Flüssigkeit abgerechnet.

Die Linsen mit dem kleingeschnittenen Gemüse und den Kartoffeln werden mit dem Wasser auf großer Gasflamme angesetzt. Dann läßt man mit kleinster Gasflamme garen. Die Wurst wird kurz angebraten und im ganzen, oder in Stückchen zerteilt, zu dem garen Gericht gegeben. Mit Salz, Essig und Zucker wird nach eigenem Geschmack abgeschmeckt.

Herstellungszeit: ca. 1 1/2 Stunden.

Winke: Wünscht man dieses Linsengericht besonders dicklich, so bereitet man aus 1 Eßlöffel Fett und 2 Eßlöffel Mehl ein braunes Röstmehl. Hat man es beigegeben, so muß man natürlich nochmals aufkochen lassen.

Brühkartoffeln auf Berliner Art

Zutaten: **1/4 kg Knochen, 3/4 kg Rindfleisch (Hohe Rippe), 3 l Wasser, 2 Tomaten, 3 Eßlöffel Öl, 2 Zwiebeln, 1 Stange Lauch, 1/2 Sellerieknolle mit Blatt, 3 kleine Mohrrüben, 1 1/2 kg Kartoffeln,** Salz, **Pfeffer und und 1 Teelöffel Butter.**

Die gesäuberten Knochen und 1 Tomate, die man mehrmals mit einer Nadel einpikt, werden mit dem kalten Wasser auf die große Gasflamme gesetzt. Nach 5 Minuten legt man das Fleisch in das erwärmte Wasser. Nach dem Ankochen wird die Flamme kleingestellt und nach 1 1/2 Stunden kann man salzen. Es sei bemerkt, daß die Brühe auf 2 1/2 l einkochen soll.

Währenddessen werden die Scheiben der Zwiebeln in dem Öl gedünstet. Nach 5 Minuten gibt man den Lauch, die halbe Sellerie mit Blatt, die Mohrrüben mit der grobzerkleinerten Tomate bei und röstet alles unter mehrmaligem Umrühren bräunlich. Nun stellt man die Gasflamme klein und gibt die Würfel der geschälten Kartoffeln in den Topf, dem man seinen Deckel aufsetzt. Nach 15 Minuten werden

Ein Topf

Eintopf ist eine sehr effektive Methode, um ein vollständiges Mahl auf einer einzigen Feuerstelle zu kochen sowie Brennmaterial und Zeit zu sparen. Außerdem ist er die ideale Speiseform um einer großen Anzahl an Essern gerecht zu werden. Neben dem Braten in Feuer und Asche gehört das »Zusammengekochte« zu den basalen Zubereitungsformen.

Die Bandbreite dieser einfachen Speisenformen ist in historischen Kochbüchern so gut wie nie abgebildet, denn für sie gab es keine Namen und Rezepte – es wurde benutzt, was gerade verfügbar war. Aufgezeichnet wurden erst diejenigen Varianten, die über ihren Entstehungsraum hinaus bekannt und deshalb auch mit einem Namen versehen wurden. Hier sind vor allem zu nennen: die spanische Olla Potrida bzw. der Puchero; das italienische Bollito misto und die Ministrone; die französische Petite Marmite bzw. der Pot au feu. Auch Ragout und Frikasse gehören zu den Ein-Topf-Gerichten.

Vor 1930 existierte der deutsche Begriff »Eintopf« nicht, er tritt korrespondierend mit der mythischen Überhöhung des Suppengerichtes durch die Nationalsozialisten auf (Köstlin). Der Eintopf als einfache Nahrung der völkischen Gemeinschaft, die keine sozialen Unterschiede macht. In diesem Sinne wurde 1933 der sogenannte Eintopfsonntag eingeführt: von Oktober bis März eines jeden Jahres sollte in allen Haushalten des Deutschen Reiches jeden zweiten Sonntag eines Monats ausschließlich Eintopf gegessen werden. Der Differenzbetrag zu einem normalen Sonntagsessen von pauschal festgesetzten 50 Pfennigen musste dem Winterhilfswerk gespendet werden. Tageszeitungen und andere Publikationen veröffentlichten dazu Rezeptvorschläge (Abb. links, Werbeschrift der Firma Linde). Der Mythos »Eintopf« lebt bis heute weiter, ob als Erbsensuppe aus der Gulaschkanone, als »Pichelsteiner« oder »Gaisburger Marsch«. Wie auch immer diese Eintöpfe heißen mögen, in ihnen wird ein Gefühl von Identität mit dem Konstrukt der heimatlichen Speise zusammengekocht.

Die einfachste Zubereitung eines Eintopfgerichtes ist das gleichzeitige Kochen aller Zutaten, wobei die unterschiedlichen Garzeiten der einzelnen Komponenten unberücksichtig bleiben. Die Aromen fügen sich zu einem

Ganzen zusammen, die einzelnen Zutaten sind mehr oder weniger zerkocht. Bei der verfeinerten Art der Eintopfzubereitung werden die einzelnen Zutaten entsprechend ihrer Garzeit in den Topf gegeben. Im Idealfall sind bei dieser sukzessiven Zubereitungsweise alle Zutaten »auf den Punkt« gegart.

»Die Suppen der alten Küche waren in Wirklichkeit vollständige Gerichte. Außer dem flüssigen Bestandteil, der heutzutage schon allein den Namen Suppe führt, enthielten sie stets auch das Fleisch, Geflügel, Wild oder den Fisch, die zu ihrer Zubereitung gedient hatten, und ebenso auch die Gemüse.« schreibt Escoffier. Im Folgenden sind einige Klassiker dieser »vollständigen Gerichte« aufgeführt, beginnend mit einem Dinosaurier der Gastronomiegeschichte.

Olla Potrida

Kaum eine Speise war in der gastrosophischen Literatur über Jahrhunderte so präsent wie die »Olla Potrida«. Diese »Spanische Suppe« durchlief dabei eine Metamorphose vom einfachen Eintopfgericht zum aufwendigen Modeessen bei Hofe bis hin zur klaren Brühe, die, in Tassen gefüllt, zur mitternächtlichen Stärkung bei bürgerlichen Tanzveranstaltungen diente.

Bei Elsholtz ist 1682 in seinem Diäteticon zu lesen: »Die Gesund=Suppen / wie man sie heisset … zusammen in einem Topffe siedet … nennet man solches Gerichte bey den Frantzosen Pot pourry, ins gemein Olypodrigo.« Eleonora Fürstin zu Lichtenstein interpretiert die Olla Potrida 1709 gar als »Alla potrida oder patrie pastete«. In ihrem Rezept werden ähnlich zahlreiche Zutaten wie bei Rumpolt, allerdings ohne Brühe in ein großes Pastetenhaus von »weissen mehl« gegeben, so groß, »daß man sonsten keine warme speisen mehr bedarf auf ein bancket«.

Zedler definiert in seinem Universallexikon von 1731: »eigentlich ein faulender oder stinkender Topf. Man versteht aber gewöhnlich ein gewisses fast verfaultes Gericht darunter, welches in Spanien sehr beliebt ist. Es besteht in einer seltsamen Vermischung von allerhand Dingen, als Zwiebeln, Knoblauch, Kürbis, Gurken und weißem Mangold, nebst einem Bissen

Schweinfleisch, und doppelt so viel Hammelfleisch, die man aber gar nicht merkt, wenn sie unter den übrigen Sachen gekocht werden, und ist auch zugleich viel Safran darunter. Für die Spanier ist es ein großer Leckerbissen, für die übrigen aber, welche nicht daran gewöhnt sind, ist es ein widerliches Gericht. Man bereitet in Deutschland ein ähnliches Gericht, wozu aber mehr Fleisch, Klöße und Morcheln kommen.« Dieser »faulende Topf« wurde dann im Französischen »pot pourri« genannt. Dabei wurde der Name ursprünglich nicht etwa von »podrida – verfault«, sondern vom mittelalterlichen »poderida – mächtig« abgeleitet. Im Spanischen nannte man das Gericht schlicht Topf: »Olla, puchero oder cocido«. Eine spätere französische Bezeichnung war »pot d'oille«. Ein Eintopfgericht der jüdischen Küche, womöglich Vorläuferin der »Olla«, war die »Adafina«. Dieses koschere Gericht bestand traditionell aus Hammel–, Kalb–, Hühner– und Ziegenfleisch. Als Einlage gab man Kichererbsen, Nudeln, harte Eier und manchmal auch Trockenfrüchte hinzu; Olivenöl, Zwiebeln, Knoblauch und verschiedenste Kräuter kamen als Aromaten hinein. Dieser Eintopf kam den jüdischen Schabbat-Gesetzen entgegen, die an diesem Tag jegliche Arbeit verbieten. Man konnte das Gericht bereits am Freitagabend aufsetzen und es bis zum Schabbat mit Decken umwickelt warmstellen, so dass es ohne Zutun fertig wurde.

»Olla Potrida« als Synonym für Vermischtes muss auch im deutschen Sprachraum des 18. Jahrhunderts hinlänglich bekannt gewesen sein. So benannte Ottokar Reichard die von ihm in Berlin von 1778–1797 herausgegebene Literarische Zeitschrift nach diesem Eintopf.

Der Rezeptteil beginnt mit Rumpolts wahrhaft kaiserlichen Interpretation einer »Hollopotrida«. Es scheint, als hätte der Autor seinen Lesern einmal beeindruckend vor Augen führen wollen, was es doch für aufwendige Gerichte gibt. Mit Erfolg übrigens, denn wenn in der gastronomischen Literatur von der Olla Potrida zu lesen ist, wird bis heute Marx Rumpolt mit seinem Rezept erwähnt. Und auch Rumohrs Beschreibung dieses Gerichtes mag angesichts der Rumpoltschen »Hollopotrida« entstanden sein: »... die ihrer Natur nach auf dem Tische, wie ein aus mächtigen Flözen, Geschieben und Nestern bestehendes Gebirge erscheint.«

1900
1910
1897
1533
1533
1968
1581

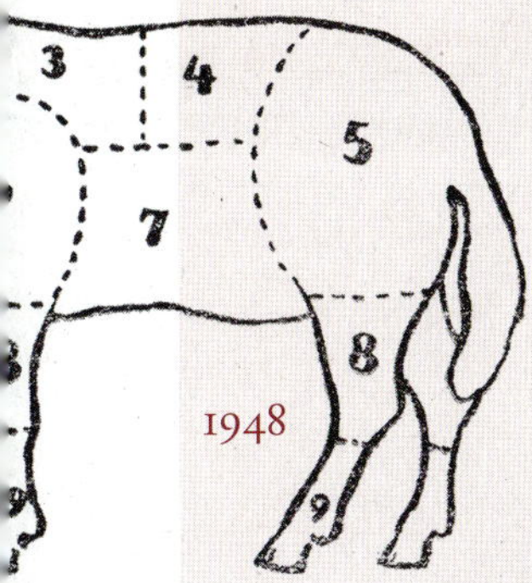

1948

1886

1886

1581

1581

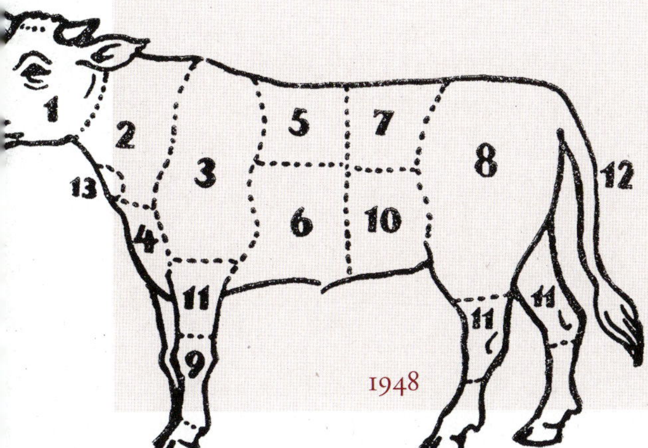

1948

1885

Hollopotrida

M. Marxen Rumpolt, Ein new Kochbuch, Franckfort am Mayn, 1581

»Hollopotrida
zu machen / mit aller Zugehörung.

01. Rindtfleisch in einer Brüh abgesotten / biß gar ist / doch d[a]z nit versotten / auß der Brüh außgezogen / un kalt lassen werden / und die Brüh auffgehaben / und sauber zugedeckt.
02. Schweinenfleisch zugericht in einem Wasser / un gar an die statt gesotten / zeuchs auß der Brüh / und laß kalt werden.
03. Ruckgradt vom Schwein / wol gesotten auß der Brüh gezogen / un kalt lassen werden.
04. Den Schwantz vom Schwein gesotten / und kalt lassen werden.
05. Schweinen Ohren gar gesotten.
06. Die Würst auch gebraten.
07. Seudt die Leberwürst / und schaw / daß du sie nicht verseudest / zeuch sie auff ein Bret / und laß sie kalt werden.
08. Zirwonada [Zervelatwurst, Rohwurst ähnlich Salami] auff Welsch gemacht / gesotten / und kalt lassen werden.
09. Gebraten Kappaunen.
10. Gesotten Kappaunen / der nur halb gesotten / heb die Brüh darvon auff / denn man braucht sie mit der Rindtfleischbrüh.
11. Gebraten Rephünner oder Feldthünner.
12. Gesotten Rephünner / die halb gar seindt.
13. Haselhühner nicht gar an die statt gebraten.
14. Gesotten Haselhünner / die halb gar seindt.
15. Fasan der halb gebraten.
16. Fasan der halb gesotten.
17. Hattele [kleine, dünne Fleischschnitten] vom Kalbfleisch / halb gebraten.
18. Hattele vom Rindtfleisch / halb gebraten.
19. Kälbernwürst halb gebraten.
20. Geräuchert Rindtfleisch / das nicht gar versotten.
21. Geräuchert Kalbfleisch / das man nicht starck leßt auffsieden / unnd kalt leßt werden.
22. Geräucherte Hennen / die nicht gar gesotten ist.
23. Gänß die nicht gar gebraten.
24. Enten die halb gebraten.
25. Gesottene Enten.
26. Gebraten Krammatsvögel [Wacholderdrosseln] / die nicht verbraten.
27. Allerley klein Vögel gebraten.
28. Gesotten klein Vögel.
29. Gesotten Krammatsvögel.

30. Knorren [?] von Kalbfleisch / die nicht versotten.
31. Gesotten Castraun oder Hammelfleisch.
32. Kuttelfleck oder Sültzen/ die gar gesotten seyn / daß man sie zerschneidt / an ein Spieß steckt / und brät / sonderlich wenn sie sauber und zugericht seyn / daß sie nicht nach der Herberg schmecken.
34. Gelb Ruben fein grob geschnitten / unnd in gesotten Wasser gequellt / und kalt lassen werden.
35. Spenat geklaubt / ein wenig gequellt / unnd auß dem Wasser außgedruckt.
36. Weisse Stickelruben sauber geschelet / gequellt und außgekült.
37. Gebraten Hasen / die nicht gar seindt.
38. Weisse Wasserruben grob geschnitten / und in Wasser gequellt.
39. Auerhanen / die nicht gar gebraten.
40. Gebraten Indianischer Han / der auch nicht gar gebraten ist.
41. Gebraten Birckhan / oder Birkhenn.
42. Gesotten Birckhan.
43. Gebraten Drappen.
44. Gesotten Drappen.
45. Gebraten junge Hüner / die im Safft gebraten.
46. Gesotten junge Hüner.
47. Braten von einem Hirsch / nicht verbraten.
48. Braten von einem Reh / im Safft gebraten.
49. Schweine Braten / die nicht verbraten.
50. Pettersilgen Wurtzel geschabt / gequellt / un voneinander geschnitte.
51. Allerley wolschmeckende Kräuter gehackt / und darunter gethan.
52. Auch ein wenig Knobloch.
53. Origanum Kraut.
54. Gerieben Parmesankäß.
55. Gerieben Ruckenbrot.
56. Geräuchert Schweinen Fleisch / daß nicht versotten.
57. Weiß Kopffel Kraut / das gequellt ist.
58. Weiß Kopffel Salat auch gequellt.
59. Hirschen Ohren / die außgesäubert / und an die statt gesotten seyn.
60. Lämmerfüß auch nicht gar gesotten.
61. Castraun oder Hammelsfüß / die nicht gar seyn.
62. Kälbernfüß die geräuchert / und nicht versotten.
63. Ochsenfüß die nicht versotten.
64. Geselcht Lambfleisch / das nicht versotten.
65. Gesotten Lambfleisch / das nicht gar ist.
66. Geräuchert Geißfleisch.
67. Gesotten Geißfleisch.
68. Gantzen Pfeffer.
69. Muscatenblüt.
70. Gestossen Pfeffer.

71. Ingwer.
72. Saffran / unter das geriebene Brot und Parmesankäß gemengt / zwischen die Speiß gesträwt.
73. Rindern Lungenbraten.
74. Gebraten Braten von Gemßen.
75. Braten von einem Steinbock.
76. Gebraten Murmentel [Murmeltier].
77. Gesotten Murmentel.
78. Gebratene Duckenten.
79. Gesotten Schnepffen
80. Gebraten Schnepffen.
81. Gesotten Spenfärckel.
82. Gebraten Spenfärckel.
83. Gebraten Küniglein [Kaninchen].
84. Geräuchert Ochsenzungen.
85. Küheuter / wenns gesotte ist / so schneid mans fein breit / legts auff ein Roßt / und breun es sauber ab.
86. Schweinenfüß un Ohren / es sey vo zamen oder wilde Schweine.
87. Grün Kölder [?] uberquellt ist.
88. Pastenackwurtzel geschabt und gequellt.
89. KölRuben grob geschnitten / und gequellt.
90. Pertrumkraut [wahrscheinlich Bertram]

Nim ein breiten uberzindten Fischkessel / unnd richt das Kräuterwerck und Fleischwerck / [...] fein eyn nacheinander / zettelweiß / daß man gebratens und gesottens durcheinander mengt / grüne Kräuter / die klein gehackt seyn / gerieben Brot / un Parmesankeß / den Knobloch / der klein geschnitten ist / unnd das Gewürtz / [...] durcheinander gemengt / daß nicht alles uber ein hauffen kompt. und wenns eyngericht ist / so nim die Rindtfleisch / Henen und Kappaunenbrüh / die fein lindt gesaltzen / seig sie darüber durch ein Härin Tuch [Haar-Tuch]. Nim auch ein eyngebrennt Mehl darein / setz es auff Kolen / doch auf kein brennendt Feuwer / daß es nicht anbrennt / unnd schaw / daß du es nicht versieden leßt / daß du ein jeglich stück auff ein Schüssel besonder kanst anrichten.

Denn solche Speiß kan man nicht lang sieden / weil sie vorhin fast gar ist. Und ein solche Speiß kanstu auff zehen oder zwölff Tisch zurichten / oder wol nur auff ein Tisch. Unnd muß sich ein Koch flugs tummeln / daß er diesen Zeug allen zusammen bringt. Wer es auch wil zurichten / der muß es zween oder drey Tage zuvor anfahen / daß er alles zusammen bringt / unnd sauber zuricht / das wolgeschmack / und nicht versaltzen wirt. Darumb nennet man es Hollopotrida / daß vielerley zusammen kombt / und ist gut für König und Keyser / für Fürsten und Herrn zu geben.«

Olla Podrida oder Oille

ALEXANDRE DUMAS
GRAND DICTIONAIRE DE CUISINE, 1873

»Eine Suppe oder ein Ragout spanischen Ursprungs. Man unterscheidet drei Arten der Olla oder Oille, oder besser gibt es drei Varianten der Zubereitung für dieses große Gericht.

Das alte ›potage à la française‹, von den Köchen unter Ludwig XIII. auch ›grand ouille‹ genannt, das in den Briefen der Madame de Maintenon ›oille au pot‹ heißt.«

1 Kapaun (Masthahn), 2 Tauben
8 Eier, Bouillon, 1 weiße Zwiebel
3 Artischockenböden, Kerbel, Muskatnuß

7–8 Pfund Rindfleisch, 1 Kalbsstelze
3 Zwiebeln, 1 Pastinake, 2 Karotten
2 Steckrüben, 2 Lauchstangen, Portulak, Rauke, Mangold, Brot

»Oille-Suppe nach früherer Art

Ein Masthuhn und zwei schöne Tauben werden geputzt, ausgenommen und mit Weißbrot, das in reduzierte und mit acht Dottern verquirlte Bouillon getaucht wurde, sowie mit einer in heißer Asche gebackenen weißen Zwiebel und mit drei fein gehackten Artischockenböden gefüllt. Diese Farce wird mit ein paar Kerbelblättern und einer Messerspitze Muskatpulver gewürzt. Das Geflügel zunähen, damit nichts von der Fülle herausfließen kann, die Flügel und Keulen an den Körper binden und in einen mit sieben bis acht Pfund großen Stücken vom Rind garnierten Kochtopf legen. Die Stelze eines Pontoise-Kalbes wird geviertelt und, wie auch drei Zwiebeln, eine Pastinake, zwei Karotten und ebenso viele Steckrüben, in feine Streifen geschnitten; dann kommen zwei weiße Porree-Stangen hinzu, die zuvor mit Portulak-Zweigen, mit Rauken und schönem Mangold zu einem Bündel geschnürt wurden. Zuerst soll der Topf von unten auf einem großen Kohlenfeuer erhitzt und dann vor ein schwächeres Feuer gestellt werden, damit die Zutaten langsam garen können.

Nach fünf Stunden schneidet man von einem sehr weichen Brot die Rinde ab, legt diese in einen Oille- Topf oder in eine Silberschüssel, gießt die Suppe darüber und lässt das Brot darin ziehen, bis es auf dem Boden kleben bleibt. Auf dieses gratinierte Brot kommen das Huhn und die beiden Tauben ohne die übrigen Zutaten. Die Schnüre entfernen, die Nähte öffnen und die Fäden herausziehen, die übrige Suppe durch ein feines Sieb streichen, um sie zu entfetten, und auf die Oille gießen.«

Bei den zwei Steckrüben ist von wesentlich kleineren Exemplaren auszugehen, als von den bei uns üblichen großen Knollen.

Französische Oille

Alexandre Dumas
Grand Dictionaire de Cuisine, 1873

»Die moderne französische ›oille‹, ein exzellentes Suppengericht, dessen Üppigkeit nicht erschreckt und durchaus bezahlbar ist.«

1 Kapaun (Masthahn), 2 Schafsfilets
2 Rebhühner, 2 Cervelatwürste
½ Mailänder Kohl (Wirsing)
2 Selleriewurzeln, 6 kleine Zwiebeln
2 Karotten, 2 Pastinaken
1 ½ ltr Kichererbsen
1 Msp Quatre-Epices
Cayennepfeffer, Currypulver
½ Fl Sherry
oder »Pacaret« = Vin de Xérès«

»Französische Oille

Man gart wie oben [vorhergehendes Rezept] beschrieben einen Kapaun, zwei Filets von Schafen, die auf Weiden voller Anis gehalten wurden, zwei Rebhühner und zwei Cervelatwürste. Als Gemüse kommen ein halbierter Mailänder Kohlkopf, zwei Selleriewurzeln, sechs kleine Zwiebeln, zwei zerkleinerte Karotten und zwei Pastinaken hinzu. Eine Stunde lang kochen lassen und eineinhalb Liter Garbansos hinzufügen. Die ›Olla‹ wird mit einer starken Messerspitze Quatre-Epices gewürzt, die man, gemeinsam mit etwas Cayenne-Pfeffer und Curry-(Kari-) Pulver in einer halben Flasche Sherry oder Pacaret aufgelöst hat. Das Fleisch wird kuppelförmig aufgeschichtet, rundherum das Gemüse arrangiert und die Brühe neben den Teller gestellt.«

Quatre-Epices = Gewürzpulvermischung, meist Pfeffer, Muskatnuss, Nelken und Zimt.

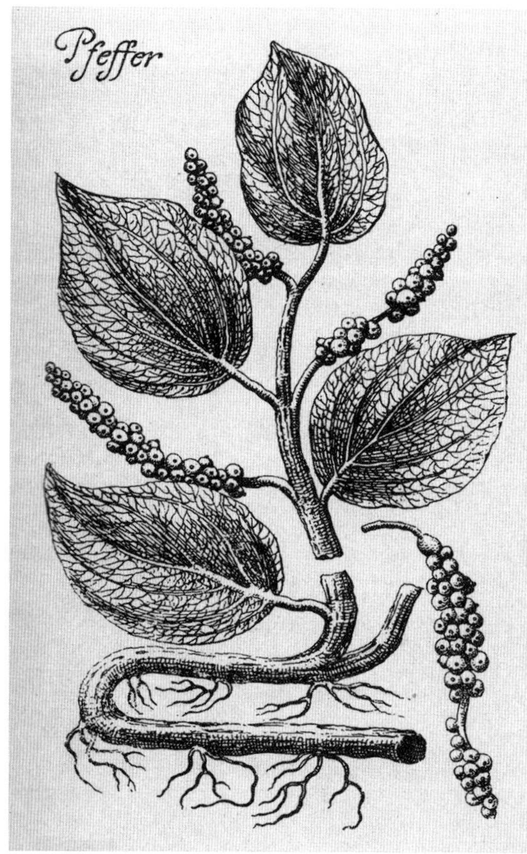

Spanische Suppe (Olla Potrida)

Katharina Prato
Die Süddeutsche Küche, Gratz 1875

Fett
Petersilie, Paprika, Schalotten
Tomaten
verschiedene Wurzeln und Gemüse
verschiedene Sorten Fleisch
Lammfüße oder –kopf

»Spanische Suppe (Olla Potrida).

In heißes Fett (Butter oder Speck) gibt man Petersilie, Paprika, Schalotten, einige Paradiesäpfel (denen man die Kerne ausgedrückt hat), verschiedene Wurzeln und Gemüse, grob nudelig geschnitten, dann von Fleisch, je mehr Gattungen, desto besser, besonders Ziegen= oder Schöpsenfleisch, zahmes oder Wildgeflügel und dünstet es mürbe, wobei man Wasser oder den Sud von gekochten Lammsfüßen oder Kopf, so wie das Fleisch davon dazu gibt. Man richtet diese dickliche Speise derart in einer Schüssel an, daß oben die schönen Stücke sichtbar sind.

Bei dem eigentlichen Nationalgerichte wird Alles zusammen nebst Salbei, Knoblauch, geräuchertem Fleische, Oel und Speck in einem Kessel gekocht. Beim Anrichten rührt man abgesprudelte Eier dazu.«

Olla Podrida (Spanische Nationalsuppe)

Alfred Walterspiel, Meine Kunst in Küche und Restaurant, München 1952

Schweinebauch
1 Hammelschulter
1 Huhn
evtl. 2 Feldhühner oder 1 Fasan
Schinken
1 Handvoll Kichererbsen
kleine Würstchen
Kopfsalat
Karotten
Wirsing
Lauch
Kartoffeln
Basilikum, Thymian, Lorbeerblatt, Knoblauchzehen, Petersilie

»Olla Podrida (Spanische Nationalsuppe).

Die spanische Nationalsuppe, die Olla Podrida, gleicht dem flämischen Hotschpotsch. Die Gemüsezutaten sind dieselben, nur gibt man ein Stück mageren Schweinebauch, eine Hammelschulter, ein Huhn und, wenn zur Verfügung, zwei gebratene Feldhühner oder einen gebratenen Fasan sowie ganz fein gewiegten Schinken dazu.

Einige Handvoll Kichererbsen, kleine Würstchen und kleingeschnittener Kopfsalat, kurz mitgekocht, geben der Suppe ihren besonderen Charakter.«

Olla Podrida

Marion Trutter (Hrsg.)
Culinaria España, Köln 1998

»6 Portionen

300 g getrocknete Kichererbsen
250 g Rindfleisch
500 g Schweinerippchen
1 Schweinefuß, 1 Schweineohr
100 g geräucherter Speck am Stück
100 g luftgetrockneter Schinken am Stück
1 Zwiebel gespickt mit 1 Lorbeerblatt und
2 Gewürznelken
2 Möhren in Stücke geschnitten
2 weiße Rüben in Stücke geschnitten
2 Chorizo-Würste oder andere Paprikawurst
2 spanische Blutwürste
2 Knoblauchzehen gehackt Salz und Pfeffer, 1 EL Schmalz

Die Kichererbsen über Nacht in reichlich Wasser einweichen. Am nächsten Tag mit dem Einweichwasser, dem Rindfleisch, Schweinerippchen, Schweinefuß, Schweineohr, Speck und Schinken in einem großen Topf aufsetzen und so viel Wasser angießen, daß alle Zutaten bedeckt sind. Die gespickte Zwiebel zufügen und ca. 1 Stunde kochen lassen. Die Möhren und die Rüben unter den Eintopf mischen und die Würste einlegen. Knoblauch mit etwas Salz zerdrücken und in den Eintopf geben, mit Pfeffer würzen und das Schmalz unterrühren. Weitere 15 Minuten garen.

Fleisch, Speck, Schinken und Würste aus dem Eintopf heben und kleinschneiden. Rippchen und Schweinefuß auslösen, das Fleisch ebenfalls in Würfel schneiden. Wieder untermischen und nochmals im Eintopf erhitzen. Vor dem Servieren mit Salz und Pfeffer abschmecken.

Viele spanische Hausfrauen bestehen darauf, die olla podrida mehrere Stunden köcheln zu lassen. Erst dann könnten die Zutaten ihre Aromen vollständig entfalten.«

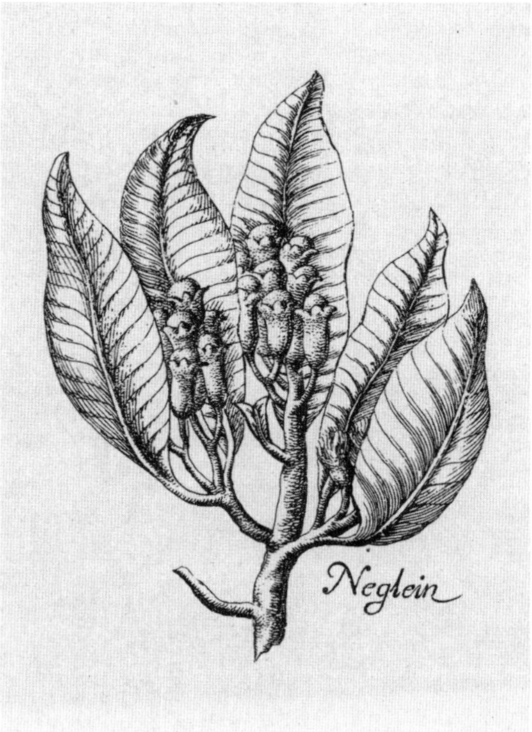

Puchéro

Alfred Walterspiel, Meine Kunst in Küche und Restaurant, München 1952

Schweinebauch
magerer Speck
Rindfleisch
1 Ente oder eingemachte Gans
Gemüse
Kichererbsen
kleine Kürbisse
kleine Würstchen

»Puchéro.

Puchéro ist keine spanische, sondern wie ich sie hier beschreibe, eine argentinische Suppe. Ahnlich wie die Olla Podrida wird sie mit Wasser aufgesetzt, ein Stück magerer Schweinebauch, ein Stück blanchierter magerer Speck, ein Stück durchwachsenes Rindfleisch, eine angebratene junge Ente oder eingemachte Stücke einer angebratenen Gans mit allen frischen Gemüsen der Saison, kleingeschnitten und gekocht, sowie Kichererbsen und kleine Kürbisse dazugegeben und entsprechend gewürzt. Während des Kochens schäumt man ab und gibt zum Schluß kleine Würstchen hinein.

Der Puchéro gehört in Argentinien zu jedem Diner, man nimmt davon, soviel einem schmeckt, wobei wir Nichtargentinier uns immer wundern, daß die Teilnehmer bei solch einem Diner auch in den heißen Monaten so viel Appetit aufbringen, um nach dieser kräftigen und sättigenden Suppe noch drei bis vier Gerichte zu sich nehmen zu können.«

Flämischer Hotschpotsch
Hochepot a la Flamande

Alfred Walterspiel, Meine Kunst in Küche und Restaurant, München 1952

1 Teil durchwachsenes Rindfleisch
1 Teil Hammelbrust und
1 Teil Hammelschulter
½ Teil Schweineohren
½ Teil Schweinefüße
¼ Teil Schweineschwanz

Karotten
Wirsing
Lauch
Kartoffeln
Basilikum, Thymian, Lorbeerblatt, Knoblauchzehen, Petersilie

»Flämischer Hotschpotsch.
Hochepot a la Flamande

Wenn ich Ihnen im folgenden das Rezept für einen flämischen Hotschpotsch gebe, so haben Sie vielleicht zunächst den Eindruck eines ziemlichen Durcheinanders, aber probieren Sie es: es ist zwar ein etwas deftiges Mittagsgericht, aber recht gut.

Ich nehme zur Hälfte Schweinsohren, zur Hälfte Schweinsfüße, ein Viertel dieses Gewichtes Schweineschwanz, ebensoviel mildgesalzenen Speck, das Doppelte durchwachsenes Rindfleisch, die gleiche Menge Hammelbrust und Hammelschulter, gebe alles in eine Marmite, fülle es auf, so daß das Wasser etwas darübergeht, salze und würze und bringe es langsam zum Kochen. Nach ungefähr einer Stunde gebe ich Karotten, feingeschnittenen Wirsing, das Weiße von einigen Lauchstengeln, einige Zwiebeln und einige mittelgroße Kartoffeln, in Scheiben geschnitten, dazu und lasse es zwei Stunden langsam weich kochen. An Gewürzen gebe ich ein Sträußchen mit Basilikum, Thymian, kleinem Lorbeerblatt, einigen gehackten Knoblauchzehen und Petersilie hinein. Dieser flämische Hotschpotsch bildet allein schon eine hinreichende Mahlzeit. Man serviert genügend Brühe mit etwas Gemüse, dann die verschiedenen Fleischstücke und gibt noch kleine poschierte Chipolatawürstchen hinein. Am besten mundet dazu ein Glas ausgezeichneten belgischen Biers und ein kleines Mirabellenschnäpschen.«

Cappaunen oder Hüner in Reinfal

Susanne Maria Endter, Vollständiges Nürnbergisches Koch=Buch, 1691

1 Kapaun oder Hühner
Wasser und Wein
Ochsenmark oder Schlößlein
(Schlossbraten, Blume – ein Hüftstück)
Reinfal
Ingwer, Muskatblüte, Zimt
Semmelschnitten
Trisanet (siehe Seite 82)
Zitronenschale

»Cappaunen oder Hüner in Reinfal.

Bereite den Capaun oder die Hüner/ sieds in halb Wasser halb Wein / samt ein wenig Ochsen=Marck / oder einem guten so genannten Schlößlein / saltze sie einwendig; wann sie nun halb gesotten haben / nimm das Fette davon herab / und gieß einen Reinfal in die Brüh / würff auch ein wenig Ingber / Muscatblüh und Zimmet darein / und deck es fleissig zu / laß also bey dem Feuer gar gemach sieden: Lege dann gebähte Semmelschnitten in eine Schüssel / streue Trisanet darauf / richte ein Theil der Brühe darüber / den Capaun aber / oder die Hüner / lege darauf / bestreue sie mit würfflicht=geschnittenen Citronen=Schelffen / und trags zu Tisch.«

Die einschlägigen Wörterbücher sind sich über die Bedeutung von Reinfal uneinig. Krünitz schreibt, es sei »Prosecco [!], ein italienischer dicker, dunkelrother Wein« aus Istrien. Die Gebrüder Grimm beschreiben ihn als einen im Mittelalter hochgeschätzten Südwein. Wie dem auch sei, auf jeden Fall handelt es sich um ein frühes Rezept für einen »coq au vin«.

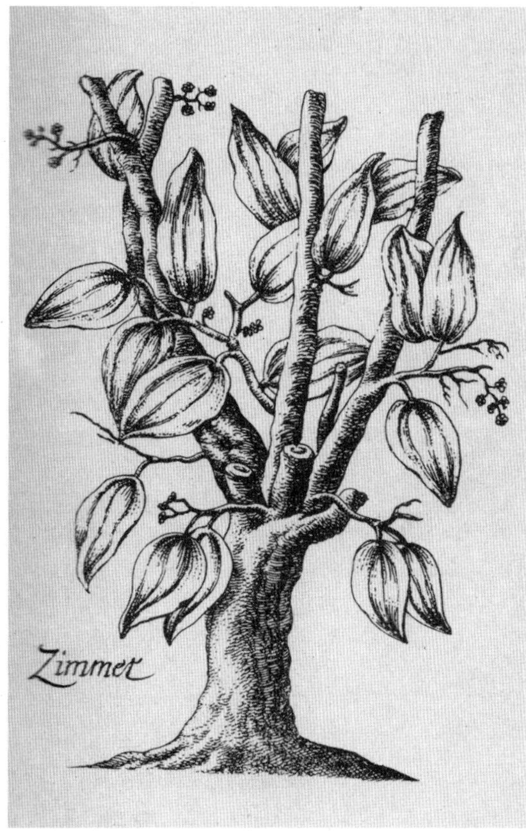

Bouillabaisse a la Marseillaise.
Marseiller Fischgericht.

AUGUSTE ESCOFFIER
KOCHKUNST-FÜHRER (EA 1903)

2,5 kg Fisch
125 g Zwiebel
50 g Weißes vom Lauch
2 Tomaten
30 g Knoblauch
15 g Petersilie
Safran
1 dl Öl
1 Lorbeerblatt
1 Hälmchen Pfefferkraut (Art Kresse, Lepidium latifolium)
1 Prise Fenchelsamen

»Bouillabaisse a la Marseillaise.
Marseiller Fischgericht.

In Bezug auf die Zubereitung dieses Fischgerichts sind, wie in vielen anderen Fällen, die Ansichten und Gepflogenheiten vielfach noch geteilt. Wir geben der von unserem Freunde Caillat beschriebenen Zubereitungsart den Vorzug.

Proportionen für 1 Service von 10 Personen: 2½ Kg. Fisch, und zwar von folgenden Sorten: Rascasse, Chapon, Saint-Pierre, Merlan de Palangre, Fielas, Boudreuil, Rouquiers, Langoustes, Rougets usw.

Herstellung: Die großen Fische in Stücke schneiden, die kleinen ganz lassen und alles zusammen in eine Kasserolle geben mit 125 Gr. gehackten Zwiebeln, 50 Gr. gehacktem Weißen vom Lauch, 2 schönen gepreßten abgeschälten und in Würfel geschnittenen Tomaten, 30 Gr. zerriebenem Knoblauch, 15 Gr. grob gehackter Petersilie, einer starken Prise Safran, 1 Deziliter reinem Oel, 1 Lorbeerblatt, 1 Hälmchen Pfefferkraut und 1 Prise Fenchel. Die zarten Fische, wie Merlan und Rouget, zuerst zurückbehalten und erst dann in die Bouillabaisse geben, wenn diese schon einige Minuten gekocht hat. Die Fische derartig mit Wasser begießen, daß sie eben bedeckt sind, pro Liter Wasser mit 8 Gr. Salz und 1 Gr. Pfeffer würzen und auf offenem starkem Feuer 12 bis 15 Minuten kochen lassen. Weißbrotscheiben in eine Schüssel ordnen und die Fischbouillon daraufgießen; die Fische auf eine andere Platte anrichten und mit Languststücken oder halben kleinen Langusten garnieren.

Für die Brotschnitten nimmt man in Marseille langes schmales Weißbrot, das Marette genannt wird und sich zu diesem Zweck am besten eignet; es muß aber frisch sein.

Für dieses Gericht soll man niemals die Brotschnitten rösten, braten oder backen. Caillat bemerkt auch noch, daß die Bouillabaisse ungenügend gebunden ist, wenn sie keine weißen Fische, wie Merlan usw. enthält.«

Bouillabaisse de Morue.
Bouillabaisse von Stockfisch.

AUGUSTE ESCOFFIER
KOCHKUNST-FÜHRER (EA 1903)

1,2 kg Stockfisch (siehe Anmerkung)
Court Bouillon aus:
125 g Zwiebel
70 g Weißes vom Lauch
25 g Knoblauch
1,5 dl Öl
1 ¾ ltr Wasser
15 g Salz
2 g Pfeffer
3 g Safran
1 Kräutersträußchen
4 große Kartoffeln
1 dl Öl
10 g Petersilie
Brotschnitten, Knoblauch

»Bouillabaisse de Morue.
Bouillabaisse von Stockfisch.

Proportionen für 10 Personen: 1 Kg. 200 Gr. dicken weißen gut gewässerten Stockfisch. Die Flossen abschneiden und den Fisch in große viereckige Stücke teilen.

Herstellung: 125 Gr. gehackte Zwiebeln, 70 Gr. gehacktes Weißes vom Lauch und 25 Gr. gehackten Knoblauch in 1 ½ Deziliter Öl schwitzen, mit 1 ¾ Liter Wasser begießen und 15 Gr. Salz, 2 Gr. Pfeffer, 3 Gr. Safran und ein starkes Kräutersträußchen hinzufügen. Alles zum Kochen bringen und in die Court-Bouillon 4 große geschälte und in dicke runde Scheiben geschnittene Holländer Kartoffeln geben. 12 bis 15 Minuten kochen lassen, die Stockfisch-Vierecke hineingeben, 1 Deziliter Öl hinzufügen, auf starkem Feuer weiterkochen, bis die Kartoffeln und der Fisch weich sind, und zuletzt noch 10 Gr. grobgehackte Petersilie in die Court-Bouillon streuen. Geröstete Brotschnitten, die man mit Knoblauch eingerieben und mit Fischbouillon angefeuchtet hat, serviert man dabei.«

Stockfisch bezeichnet den an der Luft getrockneten Kabeljau. Ist der Fisch ausschließlich eingesalzen, so heißt er Laberdan; gesalzen und getrocknet nennt man ihn Klippfisch. Alle drei Varianten müssen vor der Weiterverarbeitung mehrere Stunden kalt gewässert werden, bis das Fleisch weich ist (Einweichwasser wechseln). Auf mediteranen Märkten bekommt man eine bereits eingeweichte Art, die nicht mehr lange gewässert werden muss.

Oyster Stew

Kerr / Smith, Union Oyster House Cookbook, Boston 2008

0,480 ltr Milch mit Sahne gemischt
oder dicke Sahne (Creme double)
oder eine Kombination von beiden
2 EL Butter
16 rohe Austern, frisch geöffnet,
mit ihrer Flüssigkeit
Paprikapulver oder gehackte Petersilie
Salz, Pfeffer
Worcester Sauce und »hot sauce«
[z.B. Tabasco] nach Geschmack

»Oyster Stew.

Dieses Rezept hat sich seit der Eröffnung des Union Oyster House nicht viel verändert. Seit dem 19. Jahrhundert ist es ein wichtiges Feiertagsgericht. Wie James Wiles im ›Philadelphia Bulletin‹ schrieb: ›Mein goldenes Richtmaß für Oyster Stew (…) ist die Version, die im Union Oyster House in Boston serviert wird. Das Unions Oyster Stew ist mit nichts anderem gemacht als dicker Sahne, Butter und Austern. Ein Glas Wein, ein paar harte ›oyster crackers‹ – das ist Glückseligkeit.‹

Erhitze die Mischung Milch oder Sahne bis sich eine dünne Haut auf deren Oberfläche gebildet hat. Schmelze die Butter in einer Kasserolle über mäßiger Hitze. Gebe die Austern mit ihrer Flüssigkeit dazu und gare sie bis zu deren Stocken. Mische die Sahne mit der Austern-Buttermischung in einem Topf oder in einer Terrine. Würze es nach Geschmack mit Salz, Pfeffer, Worcester Sauce und ›hot sauce‹ [z.B. Tabasco]. Bestreue es mit Paparikapulver oder Petersilie und serviere es heiß.«

»Oyster crackers« bestehen meist aus Weizenmehl, Fett, Gewürzen und werden zu Suppen, Stews oder als Knabberei gereicht – ähnlich den deutschen Kräckern.

Oyster-Stew

Peter Kubelka: Was bedeutet Essen und Kochen für die Menschen, 1987

Austern oder Muscheln
doppelt fette Milch
Cayennepfeffer, Salz

»Hier kommen wir zu diesem wunderbaren Gebiet, daß der Mensch sein gesamtes ihm zugängliches Universum zu essen trachtet, und daß er es sich in seinen Speisen bewußt macht. Und zwar mit einem einzigen Bissen. Ich nehme jetzt ein sehr schlagendes Beispiel. Das ist das Oyster-Stew, das die Schotten oder Iren erfunden haben. Das ist Austernsuppe, könnte man sagen. Da werden Austern oder Muscheln in doppelfetter Milch gekocht und werden dann noch bestreut mit ein bißchen rotem Pfeffer, Cayenne, rotem, exotischem Pfeffer und gesalzen.

Was drückt dieses Gericht aus? Dieses Gericht ist der Heimatschein, der Paß, das stolze Wappen von Menschen, die an der Küste wohnen. Und die besitzen Land, da haben sie die Wiese, und da füttern sie ihre Kühe. Sie zwingen die Kühe, mit ihnen zu wohnen. Sie geben den Kühen über den Winter zu essen, und die Kuh liefert dafür ihre Muttermilch. Die Muttermilch ist jenes Nahrungsmittel, das die Gattung kocht durch ihre Individuen, für ihre Jungen. Die Muttermilch ist sozusagen das beste, was die Kuh aus ihrer Nahrung machen kann. Das präpariert sie für ihr Kind. Das kriegt jetzt der Bauer, der an der Küste wohnt.

Außerdem ist er Fischer, er hat ein Boot, er fährt hinaus, und er raubt dem Meer die Austern. Und jetzt könnte er ja, wenn er draußen ist, die Austern essen, und er könnte, wenn er herinnen ist, die Milch trinken. Aber das ist jetzt die Möglichkeit, wo Kochen hinauswächst über die Ernährung. Er ist ja nicht nur Fischer, er ist ja nicht nur Milchbauer, er ist beides. Und das drückt er aus mit diesem Gericht. Das heißt, er kocht sich etwas, wo die beiden zusammenkommen. (…) Und jetzt kommt der Moment: jetzt nimmt er einen Löffel, da ist die Auster drauf in der Milch, und nimmt ihn in den Mund, und er schmeckt zur gleichen Zeit, synchron, sein Universum, er schmeckt, was er ist. Er ist der Herr der See und der Herr der Wiese. Und außerdem ist er der Herr der Schiffe, die in den Orient gefahren sind und die ihm, dem Bauern in Schottland, diesen Pfeffer gebracht haben. Mit einem einzigen Bissen und Schluck genießt und verherrlicht seine Existenz auf der Erde und schreibt sie nieder. Er schreibt sich sein Wappen: Das bin ich.«

Speisen sind für Kubelka Metaphern, die im Mund gelesen werden können. Eines seiner bevorzugten Beispiele ist der Austerneintopf.

Rumfordsche Armensuppe

Benjamin Grafen von Rumford
Kleine Schriften, Weimar 1797

Wasser
Gerstengraupen
Erbsen
Kartoffeln
Weizenbrot
Essig
Salz

»Nach einer mehr als fünfjährigen Erfahrung, welche mir die Beköstigung der Armen zu München gewährte, während welcher Zeit jeder erdenkbare Versuch gemacht wurde, nicht allein in Rücksicht der Wahl der Nahrungs=Mittel, sondern auch in Rücksicht ihrer verschiedenen Vermischungen und Verhältniße, und der mancherley Arten ihrer Zubereitung in der Küche; ergab sich, daß die wohlfeilste, schmackhafteste und nahrhafteste Speise eine Suppe war, die aus Gerstengraupen, Erbsen, Cartoffeln, Schnitten von feinem Waizenbrod, Weineßig, Salz und Waßer (in gehörigen Verhältnißen) bestand.

Die Art, diese Suppe zu bereiten, ist folgende: Das Waßer und die Gerstengraupen werden zusammen in einen Kochkeßel gethan und zum Kochen gebracht; dann werden die Erbsen hinzugethan und das Kochen wird über mäßigem Feuer zwey Stunden lang fortgesetzt; dann werden die Kartoffeln, die ungekocht oder gekocht schon geschält sind, hinzugethan, und das Kochen wird noch eine Stunde lang fortgesetzt. Während dieser zeit wird die Flüssigkeit im Kessel fleißig mit einem großen hölzernen Löffel umgerührt, um die Kartoffeln gänzlich zu zerreiben, und die Suppe zu einer gleichförmigen Maße zu machen. Sobald dies geschehen ist, werden Weineßig, Salz und zuletzt, wenn die Suppe aufgetragen werden soll, Brodschnitte hinzugethan.«

Der Amerikaner Benjamin Thomson (1753–1814) war ab 1784 im pfalz-bayerischen Dienst. Neben sehr vielen anderen Leistungen blieb er aus »gastrosophischer« Perspektive durch die Entwicklung eines Spar-Ofens, einer Kaffeekanne sowie einer von ihm zur Armenspeisung entwickelten Suppe in Erinnerung. Diese fand später in abgewandelter Form Aufnahme in einigen Kochbüchern.

Rumforder= Suppe

Katharina Prato
Die Süddeutsche Küche, Gratz 1873

Hülsenfrüchte
Graupen
Gemüse
Wurzeln
Kartoffeln
altbackenes Brot
Fleisch
Speck oder fette Knochen
Salz
Würze

»Rumforder= Suppe.

Man kocht Hülsenfrüchte, Graupen, Gemüse und Wurzeln, Erdäpfel, etwas altgebackene Semmel und beliebiges Fleisch, alles zu Stücken geschnitten, etwas gesalzen, mit passender Würze und Speck oder fetten Knochen in einem verschlossenen Geschirre mit weichem Wasser bei mäßiger Hitze, wodurch eine dickliche, schleimige, kräftige Speise wird, in die man beim Anrichten Brot würfelig geschnitten mit etwas Fett geröstet gibt.

Mit Erbsen:
Zu ½ Seidel getrockneten, enthülsten Erbsen gibt man ½ Seidel Gerste, einige roh geschälte, würfelig geschnittene Erdäpfel, gelbe Rüben oder auch ein Stück von einem reifen Kürbis, ½ Pfund Rindsherz, Gekröse oder auch anderes Fleisch und mit Fett angelaufene Zwiebel.

Oder zu Gerste, Erbsen und Erdäpfel, Kohlrabi, Salat, Kuttelflecke, geräuchertes Fleisch, Zwiebel. Pfeffer, Majoran u. dgl.«

Prato nennt dann weitere drei weitere Variationen der »Rumforder=Suppe« mit Bohnen, Reis und Hirse. 1 Seidel waren 0,35 Deziliter, 1 Pfund 560 Gramm.

Borstsch, kleinrussischer
[Ukrainischer Borschtsch]
Universal-Lexikon der Kochkunst
Leipzig 1890

1,5 kg fettes Rindfleisch
0,5 kg magerer Schinken
2–3 ltr Fleischbrühe
Suppengemüse
1 Kopf Kraut
½ ltr. Kwas
8–10 Rote Beten
Saft von Roten Beten
Salz, Pfeffer

»Borstsch, kleinrussischer.

1½ Kilogramm fettes Rindfleisch und ½ Kilogramm magerer Schinken werden mit lauem Wasser tüchtig abgewaschen, zweimal in Wasser aufgekocht, abgeschäumt, wieder herausgenommen, in kaltem Wasser abgekühlt, in Scheiben geschnitten, in ein Casserol gelegt, mit 2–3 Liter Fleischbrühe übergossen und zerschnittenes Wurzelwerk nebst einem in acht Stücke zertheilten Krautkopf hinzugefügt. Wenn das Fleisch mit diesen Zuthaten zwei Stunden gekocht hat, gießt man ½ Liter Kwas dazu und kocht das Fleisch vollends weich. Dann schöpf man das Fett ab, nimmt das Kraut heraus, hackt es mit 8–10 gekochten oder gebackenen rothen Rüben zusammen sehr fein, kocht es mit der durchgeseihten Brühe, Salz und Pfeffer nochmals auf, färbt die Suppe mit dem ausgepreßten Saft von geriebenen rothen Rüben schön roth und serviert sie mit Fleisch=Frikandellen, Uschki (Fleisch=Pastetchen) oder, wie es am häufigsten geschieht, Kasche (gebratener Buchweizengrütze).«

Dieses osteuropäische Eintopfgericht hatte ursprünglich vergorenen Saft des Bärenklau (Heracleum) als Zutat. Dieser saure Aufguß heißt in allen slawischen Sprachen wie die Pflanze selbst: Barszcz oder ähnlich. »Nun hat die Eile der Zeitgenossen der nachdenklichen milchsauren Gärführung ein Ende bereitet. Sie bringt es fertig, mit Essig sauer gemachte Suppe aus roten Rüben ›polnische Borszczsuppe‹ zu nenne; so in deutschen Kochbüchern.« (Adam) In manchen Überlieferungen wurden dann vergorene Rote Rüben oder deren Saft verwendet, um die typische Säuerlichkeit in das Gericht zu bringen. Zu Kwas *siehe bei den gegorenen Getränken auf Seite 33.*

Minestrone

Pellegrino Artusi
La scienza in cucina, Florenz 1891

Fleisch
grüne Bohnen
Wirsing
Spinat
etwas Mangold
40 g fetten Schinken
1 Knoblauchzehe
etwas Petersilie
Sellerie
Mohrrübe
1 Kartoffel
1 Zucchino
sehr wenig Zwiebel
evtl. 1 Speckschwarte
evtl. Tomatensauce
Salz
Pfeffer
Reis
Parmesan

»Minestrone.

Nach Erprobung verschiedener Rezepte habe ich endlich eine Zusammenstellung nach meinem Geschmack gefunden (aber Ihr könnt sie nach eigenem Belieben, nach der Gegend und den zur Verfügung stehenden Gemüsen abwandeln). Das Fleisch wird wie üblich gekocht, dann wirft man eine Handvoll geschälte oder grüne Bohnen in die Brühe. (Wenn sie trocken sind, werden sie vorher halbgar gekocht.) Wirsing, Spinat und etwas Mangold werden fein aufgeschnitten, in frischem Wasser eingeweicht, in einer Kasserolle (mit Deckel) trocken aufgesetzt bis das Wasser heraus ist, dann abgießen und mit dem Schaumlöffel ausdrücken. Zu einer Minestrone für 4 oder 5 Personen zerkleinert man 40 g fetten Schinken, 1 Knoblauchzehe und etwas Petersilie, bräunt alles in der Pfanne und gießt es in die Kasserolle, hinzu kommt noch sehr fein zerkleinert Sellerie, Mohrrübe, 1 Kartoffel, 1 Zucchino und sehr wenig Zwiebel. Man schüttet die Bohnen hinein, manche legen eine Speckschwarte darauf oder geben etwas Tomatensauce zu, dann Salz und Pfeffer, schließlich wird das Ganze mit Fleischbrühe zum Kochen gebracht. Als letztes setzt man noch soviel Reis zu, daß die Minestrone fast trocken wird, und vor dem Abnehmen gibt man noch eine ordentliche Prise Parmesan hinein. Ich muß aber darauf hinweisen, daß dies keine Minestra für einen schwachen Magen ist.«

Aal=Suppe.

Die allezeit fertige Hamburger Köchin, Hamburg 1831

12 Pfund Rindfleisch (für Bouillon)
2 Petersilienwurzeln
2 Mohrrüben
1 Teller Erbsen
1 Stange Lauch
1 Kopf Sellerie
Estragon

Birnen
Weißwein
Zucker

Mehl, Butter

Majoran, Thymian, Salbei,
Petersilie, Portulak
Kölle [Satureja montana, Bergbohnenkraut, Winterbohnenkraut]

3 Aale zu 1½ Pfund
Wasser, Essig
Lobeerblatt, Salbei, Nelke, Pfeffer
3–4 Schalotten, Salz

»Aal=Suppe für 12 Personen.

Die Bouillon zu dieser Suppe muß sehr gut seyn. Man nehme daher ein Stück schieres Rindfleisch aus der Keule, von 12 Pfund, und koche davon die gehörige Quantität Bouillon, wenn sie fertig, und sie sich gesetzt, auch abgeklärt ist, so setzt man solche wieder auf's Feuer, und während sie kocht, giebt man hinzu 2 Petersilien= und 2 gelbe Wurzeln, beide in Würfeln, wie auch ein kleiner Teller voll junger Erbsen, eine kleine Stange Porreau, einen Kopf Sellerie und etwas Dragon, welche Suppenkräuter man in ein Bund bindet. Späterhin beim Anrichten nimmt man aber dieselben wieder heraus. Eine verhältnißmäßige Portion frischer Birnen stovt man nun mit Weißwein und Zucker gar, und legt sie in die Terrine, damit sie warm bleiben. Alsdann schwitzt man 2 Löfiel voll Mehl in Butter, giebt solches zu der Suppe, wie auch etwas feingehackten Majoran, Thimian, Salbey, Petersilie, sehr wenig Kölle, eine kleine Hand Portulack, welcher aber nicht gehackt wird, sondern man nimmt nur runde Blätter davon, und läßt alles eine gute Viertel=Stunde kochen. Während dem, daß die Bouillon mit diesen letzten Kräutern kocht, hat man 3 Aale, jeder 1 1/2 Pfund an Gewicht, abgezogen, gereiniget, und in 3 fingerbreite Stücke geschnitten, und solche mit halb Wasser und halb Essig, jedoch so viel, daß sie so eben darin bedeckt sind, zu Feuer gesetzt, und wenn sie abgeschäumt sind, fügt man noch hinzu 1 Lorbeerblatt, ein wenig Salbey, einige Nelken= und schwarze Pfefferkörner, 3–4 Chalotten und Salz. Die Aale werden nun in einer Viertel=Stunde gar gekocht, und damit sie Geschmack von Kräutern gewinnen, läßt man sie, nachdem sie vom Feuer genommen, noch etwas darin liegen. Nun drückt man etwas Zitronen=Säure in die noch kochende Suppe, oder giebt statt deren einige Löffel voll guten Weinessig hinzu und rührt sie Eidottern ab, so daß sie semig genug davon wird. Alsdann legt man die Aale, die man aus der Brühe nimmt, zu den Birnen, nebst einigen in Wasser abgekochten Schwemmklößen oder Butterklößen, in die Suppenterrine und richte die Suppe darüber an.«

Aalsuppe

ZEDLERS GROSSES UNIVERSALLEXICON, 1732

kleine Aale, Wasser, Salz, Essig
Hafergrütze, Petersilienwurzel

»Aalsuppe.

Eine, aus gekochten Aalen bestehende Suppe. Es ist ein Gerichte für gemeine Leute an den Orten, wo diese Fische in Menge anzutreffen. Sie nehmen aber die kleinen Aale, und reinigen solche, schneiden sie nach diesem in kleine Stücklein, und kochen sie aus Salz und Wasser mit etwas Eßig, und ein paar Händevoll Habergrütze dazu gethan, lassen auch wohl klein geschnittene Petersilien=Wurzeln mit kochen, und essen endlich dieses Gerichte mit Löffeln, wie die Suppen, daher es eben eine Aalsuppe genennet wird.«

Typisch für ein Arme-Leute-Gericht ist die erwähnte Verwendung von »kleinen« Aalen, also diejenigen, die sich weder für das Räuchern oder für andere »große« Gerichte eignen.
Das Universallexikon der Kochkunst von 1890 nennt die Aalsuppe ein nicht nur in Hamburg, sondern in den ganzen norddeutschen Küstengegenden bekanntes Lieblingsgericht. »Indessen gehört wohl auch ein norddeutscher Gaumen und Magen dazu, um es gehörig zu würdigen.« Viele Rezepte verzeichnen getrocknetes Obst (Backobst, Dörrobst) als Zutat.

Plukkede Finken

Versuch eines bremisch= niedersächsischen Wörterbuchs, Bremen 1767

Pökelfleisch
Mohrrüben
Zwiebeln
Essig

»Plukkede Finken,

ein Gericht von dem übergebliebenen, klein geschnittenen Pökelfleisch, welches mit gelben Wurzeln, Zwiebeln, und Essig zugerichtet wird.«

Diese vermeintlich bremische Spezialität soll auf die Walfänger zurückgehen. Bevor das Walfett zu Tran verkocht werden konnte, musste es natürlich zerteilt werden. Eine bestimmte Größe dieser Speck-Plocken wurde »Vinken« genannt. (Zur Tranbereitung wurden sie dann in dünnere Scheiben, sogenannte Bibelblätter, geschnitten.) Mit Möhren und anderen Zutaten gekocht sollen die Vinken dann auch den Weg auf die Teller der Seefahrer gefunden haben. Das zitierte Rezept nennt allerdings Pökelfleisch, also eingesalzenes Fleisch, als Zutat. Das Universal-Lexikon der Kochkunst führt zwei Rezepte für Hamburger– und Hannoversche Plockfinken auf und nennt unter anderem Speck, Kartoffeln, Bohnen, Zwiebel und Äpfel als Zutaten.

Plückte Finken

Betty Gleim, Neues Bremisches Koch– und Wirthschaftsbuch, Bremen 1817

geräuchertes Ochsenfleisch
oder Pökelfleisch
Mohrrüben
Butter, Essig

»Plückte Finken

Geräuchertes Ochsenfleisch oder Pökelfleisch und gelbe Wurzeln, schneidet man von jedem eine gleiche Quantität in Würfel, setzt die Wurzeln und Butter aufs Feuer und kocht sie gahr, alsdann thut man das zerschnittene Fleisch dazu, vermischt es damit, gießt Essig dazu, läßt dies miteinander aufkochen und richtet es an.«

Pickelsteinerfleisch

Christine Charlotte Riedl, Lindauer Kochbuch, Lindau 1894

Rindfleisch (Lende)
Kalbfleisch
Schweinefleisch
evtl. Schaffleisch
Ochsenmark
Kartoffeln, Sellerie
Mohrrübe, Petersilie, Porree
Zwiebel, Salz
Paprika oder spanischer Pfeffer (Chilli)

»Pickelsteinerfleisch.

Man nimmt zu gleichen Teilen Rindfleisch, Kalbfleisch und Schweinefleisch, nach Belieben auch Schaffleisch; ersteres soll ein von Fett und Haut befreiestes Lendenstück sein. Es wird dann alles über den Faden in große Würfel geschnitten, ferner Kartoffeln, Sellerie, gelbe Rübe, Petersilie, Porree und Zwiebel fein würfelig. Nun wird der Boden eines gut schließendes Kastrols, am besten eines Doppel=Kastrols, mit Ochsenmark belegt, darauf eine Lage der Kartoffeln und Wurzeln gegeben hierauf je eine Lage von denverschiedenen Fleischsorten, und so wird fortgefahren bis Kartoffeln, Wurzeln und sämmtliches Fleisch verbraucht ist. Zwischen jede Lage und obenauf kommt Ochsenmark, Salz und etwas Paprika oder spanischer Pfeffer. Das Kastrol wird alsdann gut verschlossen und das Ganze ungefähr eine Stunde auf mittelstarkem Feuer gedämpft; wird ein Doppel=Kastrol benützt, so wendet man solches von Zeit zu Zeit um.«

»Über den Faden geschnitten« mag »mittels« eines Faden geschnitten meinen, ähnlich wie Käse nach alter Art oft mit einem Faden oder dünnen Draht geschnitten wurde. Ein »Doppel=Kastrol«, eine Doppelkasserolle, war ein spezieller, sehr gut schließender Kapsel-Topf, der umgedreht und dadurch von beiden Seiten auf den Herd gestellt werden konnte.

Gaisburger Marsch

Hans W. Fischer
Das Leibgericht, Darmstadt 1938/1955

Spätzle
Kartoffeln
evtl. Rindfleisch und Fleischbrühe
evtl. Weißbrot
evtl. Zwiebel

»Gaisburger Marsch

nach dem Stuttgarter Vorort Gaisburg genannt, heißt eine Mischung von Spätzle mit Kartoffeln, die anderwärts auch als ›Verheierte‹ (Verheiratete) oder ›Schnitz und Spätzle‹ bezeichnet wird. Es werden abwechselnd lagenweise gekochte Spätzle und gekochte Kartoffeln in eine Schüssel gefüllt und halb Spätzle–, halb Kartoffelbrühe darangetan. Man kann mit Fleischbrühe auffüllen und Rindfleischstückchen beigeben, kann aber auch mit ›Kracherle‹, in Butter gerösteten Weißbrotstückchen, oder Zwiebeln abschmälzen.«

Mockturtle=Suppe

Luise Richter / Sophie Charlotte Hommer,
Illustrirtes Hamburger Kochbuch
Hamburg 1879

2,42 kg mageres Rindfleisch
484 g Schinken, Bouillon
2 EL Mehl, einige Zwiebeln
1 kleine Handvoll Nelken
schwarzer Pfeffer
2 Rindergaumen, 2 Kalbsbries
1 Kalbszunge oder 1 Kalbskopf
1–2 Glas Madeira, evtl. Fleischklöße

»Mockturtle=Suppe.

5 Pfund mageres Rindfleisch und 1 Pfund Schinken wird in Scheiben geschnitten, auf beiden Seiten gelbbraun gebraten und mit der zur Suppe nöthigen Bouillon, 2 Löffel voll Mehl, einigen Zwiebeln und einer kleinen Hand voll Nelken und schwarzem Pfeffer 3–4 Stunden langsam gekocht; hierauf nimmt man das Fett ab, gießt die Suppe durch ein Sieb und giebt zwei Rindergaumen, zwei Kalbsmilchen und eine Kalbszunge, alles in kleine Würfel geschnitten, hinein; man kann auch statt dessen einen klein geschnittenen Kalbskopf nehmen. Dieses läßt man zusammen noch etwas kochen, giebt zuletzt 1–2 Glas Madeira daran und kann die Suppe nach Belieben mit Fleischklößen anrichten.«

Die Mockturtle-Suppe galt als Ersatz für die Schildkrötensuppe.

Kochen als Kunstgattung

Eine Polemik von Dieter Froelich

Ein Brei aus Kartoffeln, Butter, Sahne und Gewürzen auf einem Teller ist a priori nicht weniger Kunst als ein Brei aus Pigmenten, Bindemitteln und Füllstoffen auf einer Leinwand. Nahrungszubereitung ist – wie jede Kulturleistung – Formulierung von Weltsicht und Weltverständnis. Spätestens seit Roger Buergel den Starkoch Ferran Adrià im Jahre 2007 zur »dokumenta 12« einlud, hatte es auch der letzte Kunstinteressierte verstanden: Kochen ist eine Gattung der Künste. (Die Designergilde war übrigens schneller, Adrià zu einem der ihren zu erklären – sie verlieh ihm bereits 2006 den »Lucky Strike Designer Award«.)

Es ist müßig zu fragen, ob Kochen nun eine Kunstgattung sei oder nicht. Es gibt keinen verbindlichen Kunstkanon mehr. Kunst ist Setzung und Speisen sind Bilder. Letzteres ist nicht erst seit »Prousts Madeleine« oder »Benjamins Maulbeeromelette« bekannt. An ihren Konzepten und Handlungen sollen die Kochenden gemessen werden, egal, ob der Herd in Galerie oder Restaurant steht.

In den Kunstkontext der Moderne kam die Kochkunst 1932 durch das »Manifest der futuristischen Küche« von Filippo Marinetti und Fillia. Bekanntlich war der italienische Futurismus nicht sparsam mit Manifesten. Kunst und Kulinarik waren natürlich schon weit vor dieser Zeit verschwistert. Die Festmahle des hohen und späten Mittelalters, die Renaissance- und Barockmahle wurden aus heutiger Sicht als Gesamtkunstwerke inszeniert, an dessen Realisierung Architekten, Bildhauer, Goldschmiede, Maler, Musiker, Schauspieler und Akrobaten mitwirkten. Die Spielautomaten und Maschinen, die zum Teil für diese Inszenierungen eingesetzt wurden, waren erstaunliche Leistungen der Bühnentechnik. Gleichwohl verstanden die Künstler dieser Zeiten das Kochen nicht explizit als Kunstgattung.

Im Jahre 1968 eröffnete Daniel Spoerri in Düsseldorf sein Restaurant »Spoerri«. Auf dessen Speisenkarte standen unter anderen Seehund-Ragout, Elefantenrüsselsteaks, Termiten-Omelette, Schlangenragout und Bärentatze. Zur Auswahl der Speisen bemerkte Spoerri: »Hier gibt es alles Absurde.

Aber nicht viele essen es. Es schmeckt auch nicht besonders. Nur: die Leute haben dann das Gefühl, sie hätten es essen können und haben dann doch ein gewisses Kitzeln im Rücken, wenn sie ein Steak bestellen.«

Ende der 1970er-Jahre etablierte Peter Kubelka »Kochen als Kunstgattung« an einer deutschen Kunsthochschule, der Städelschule in Frankfurt am Main. Natürlich kochten sich noch andere Akteure durch Galerien, Museen oder temporäre Künstlerrestaurants. Spoerri und Kubelka aber sind die Eckpfeiler dieses Genres – und ihre Antipoden. Während Spoerri mit seinen spektakulären Banketten zum Wegbereiter von »Event-Catering« und »Fun-Cooking« wurde, lehrte Kubelka traditionelle Einfachheit im »Speisenbau« und behauptet: »Kochen ist die älteste Kunstgattung.« Vereinfacht betrachtet, lassen sich die meisten kochkünstlerischen Aktivitäten einer dieser beiden Auffassungen zuordnen.

Glaubt man den bunten Medienbildern, die alle Bereiche unseres hyperindividualisierten Lebens beeinflussen wollen, so soll sich der Einzelne auch beim Kochen »verwirklichen« – als ob er vorher unwirklich gewesen wäre. Dieses Denken generiert natürlich seine entsprechende Begrifflichkeit. So ist allenthalben von Kreativität, Sensorik, Textur und Geschmacksexplosion die Rede. Im Eifer des Gefechtes kreierte ein Großkritiker unlängst »sensorisches Ragout« aus Strauchtomaten. Es wurde ein »Mundgefühl« entdeckt, welches bei international ambitionierten Kritikern, Köchen und Essern natürlich »Mouthfeeling« heißt. (Diese Mundfühler sind verwandt mit den Menschen, die auch ein »Bauchgefühl« haben können. Beide verwechseln in der Beschreibung von Speisen meist auch »optisch« mit »visuell«.)

Gerade beim Kochen wird aber deutlich, dass alle angestrengten Bemühungen zur Selbstverwirklichung überflüssig sind. Erfahrung und Kenntnis vorausgesetzt, trägt eine Speise immer die Signatur ihres Kochs. Bestrebungen nach Originalität und Kreativität haben, nicht nur beim Kochen, meist die Karikatur zum Ergebnis. Die affektierte Speise und der affektierte Koch zeugen von dieser falsch verstandenen Kreativität.

Manche Köche haben mittlerweile Fußballstars und selbst Politiker übertroffen in der Absonderung von Wortmüll und Dummgerede, sobald

Mikrofon und Fernsehkamera in Sichtweite sind. Nicht wenige dieser Küchenakteure können zwar nur mit Mühe einen sinnvollen Satz zustande bringen, dafür haben sie aber gar eine eigene »Philosophie«. Dieser Liebe zur Weisheit entspringen dann so wundersame Sätze wie zum Beispiel dieser von Ferran Adrià: »Kreativität durch Sinneswahrnehmung wird durch die Suche nach Emotionen durch den Geruchssinn ergänzt, der große Bedeutung erlangt.« Aber vergessen wir Adrià – er war nur die exemplarische Spitze eines Eisbergs und die Karawane ist längst Richtung Dänemark gezogen, um dort die Bedürfnisse gelangweilter Esser und des auf Novitäten versessenen Kritiker- und Medienapparates erneut zu bedienen.

Für das kulinarische Fußvolk hat das Fernsehen als größter und effektivster Produzent kollektiver Bilder das Kochen längst als Unterhaltungsformat entdeckt, banalisiert und in vielen Fällen zum Wettbewerb degradiert. Dazu passend mutierte die Dunstabzugshaube beim Küchenhersteller Siemens allen Ernstes zur »Multi-Media-Esse mit Flachbildschirm-Fernseher und integriertem DVD-Player«.

Was kann und soll angesichts dieses kulinarischen Elends die Kunst-Kochkunst leisten? Texturfreund und Gastrokritiker Dollase forderte unlängst eine »konzeptuelle Kochkunst« und konstatierte: »Die Köche verstehen zu wenig von der Kunst und die Künstler zu wenig vom Kochen.«

Die Annahme, »etwas von Kunst zu verstehen«, bringe Kunst hervor, ist ein fundamentaler Irrtum. Kunst ist eben keine Zutat, von der man als Koch seinem Tun eine Prise hinzufügen könnte. Das erinnert doch zu sehr an »Klein Fritzchen« mit seiner Frage: »Was daran ist nun Kunst?«

Kunst ist Weltentwurf und Haltung. Kreativität ist etwas für Friseure. Solange die Köche jedem Trend hinterherlaufen und sich dem Novitätenterror des Systems ergeben, sind sie nichts weiter als affirmative Unterhaltungskünstler. Kunst ist immer auch Gegenentwurf zur alltäglichen Welt, ein utopisches Moment, das für kurze Zeit über sich selbst hinausweist auf ein anderes – auf ein besseres. Bei Tisch kann diese Utopie für kurze Zeit reale Gegenwart werden. In diesem Sinne sollten Kochkünstler verstärkt an Gegenentwürfen zur schönen neuen Speisenwelt arbeiten, anstatt ihr hinterherzulaufen. Jenseits von Makrobiotik und schaumschlagendem Entertainment gibt es viel zu tun. Der erste Schritt könnte in einer verbalen Abrüstung bestehen und weiterhin würde es nicht schaden, wenn Köche nebst Kritikern sich einen Satz des Schriftstellers Thomas Hettche hinter den Spiegel klemmten: »Was Hegel vom Soldaten sagte, gilt erst recht für den Künstler: je schlechter er ist, desto mehr sieht man ihn selbst.« Mahlzeit.

Erstabdruck im Kunstmagazin »artist« Nr. 87/ Juli 2011

Thematisches Rezeptverzeichnis

Verfeinertes Wasser

Blumen=Wasser [Blütenwasser] – 17
Himbeeren=Wasser – 17
Scherbet – 18
Zuckerwasser – 18
Rosen=Julep zu machen – 19
Zitronen-Sorbet für die Frau – 19
Limonade (1) – 21
Limonade (2) – 21
Ginger Lemonade – 22
Getränke von Obstsaft – 22
Lactade. – 23
Tisane – 24
Gerstenwasser (Orgeade) – 24
Mandel-Milch. – 25
Beeren= Ptisane – 25

Gegorenes

Meth (1) – 30
Meth (2) – 30
Champagner Wein von Birkenwasser – 31
Birkenwein. Birkenmeth – 31
Kwas (1) – 33
Kwas (2) – 33
Zibeben=Wein – 34
Wie Kräuter Bier zu machen – 34

Gebranntes

Brandtewein aus dem Wein=Hefen und Obst zu machen – 38
Ein wasser vor das abnehmen, vor alte und junge leute zu gebrauchen. – 41

Pünsche und Bowlen

Punsch – 43
Brändel=Punsch – 43
Crampampoli – 44
Geglühter Wein – 44
Grog – 45
Punsch=Royal kalt (Bowle) – 45
Le Milk-Punch. – 46
Bananen–, Erdbeer– und Himbeermilch – 46
Libby-Cocktails – 48
Offene Augen – 48
Gurkenbowle – 49
Bierkalteschale in Gläser – 49
Paradoxer Gewürzwein. – 50
Maitrank – 51

Liköre und Ratafias

Ratafia – 52
Persico – 52
Ratafia von Pfirsichkernen – 53
Curassao – 53
Usquebagh, irländischer (1-3) – 54
Bullshot – 56
Eisbouillon – 56
Französischer Nuß-Liqueur – 57
Hommage an Matisse – 59

Brühen

Klare Erbsen=Suppe [Erbsenbrühe] – 64
Gemüsebrühe – 64
Von Fleisch-Brühe – 66
Consommé blanc simple – 67
Consommé ordinaire – 68
Petite Marmite – 68

Bouillon. Saucenfond. Suppen – 69
Klare braune Bouillon – 70
3 Arten Consommé – 71
Alte Hüner zu sieden – 72
Gewöhnliche Fleischsuppe (von Pferdefleisch) – 73
Einfache Wildbrühe. – 74
Einfache Fischbrühe. – 74
Kalte Austern-Consommé – 75
Fisch-Jus-Suppe (braun und weiß) – 75
Fischsude. Court-Bouillons – 76
Bouillon de prime – 77
Beef-tea (Tisane de Boeuf) – 77

Saucen und Tunken
Drei mittelalterliche Saucen – 81
Von allerley Zugehörung zum Braten eynzutunken – 81
Eine Lebkuchen=Brüh – 82
Eine Granat= Apffel= Brüh – 83
Eine Cappern= Brüh – 83
Weißer Saucenfond – 84
Brauner Saucenfond – 85
Sauce Espagnole – 86
Sauce Demi-glace. Kraft-Sauce – 87
Piquante Sauce. Sauce piquante – 87
Weiße Grundsauce – 88
Weiße Geflügel-Grundsauce. – 88
Holländische Sauce. – 89
Eine Nuß=Salsen – 89
Cornichons-Sauce – 90
Frische Gurken-Sauce – 90
»Echte« Frankfurter Grüne Soße – 91
Eine andere grüne Sauce – 91

Kalte Würzsaucen und Essenzen
Gáros – 95
Liquamen – 95
Estragon=Essig – 96
Haus=Essig anzustellen – 97
Flieder=Ketchup, englischer – 98
Superior Mint-Sauce – 98
To make Catchup – 99
Soya von Champignons – 99
Austern–, Liebesapfel– und Wallnuß-Ketchup – 100
Senf zu bereiten – 102
Bereitung des Senfes – 102
Kalte Oel-Sauce. Sauce mayonnaise – 103
Sauce rémolade. Sauce rémolade au Tartare – 104
Hamburger Mayonaise – 105
Glace (Bouillonkuchen) – 105
Fleischextrakt nach Liebig – 106
Trockne Bouillon – 106

Sülze und Sulz
Schwarze und weiße Gallrat – 111
Eingemachte Speckschwarten – 113
Aal in Gelee – 114
Spitzbeinsülze – 115
Zucker-Ei – 116
Reißschleim (Getränk) – 116
Rosen=Gelee – 117
Quittenkäse – 119
Gelees als Nachspeisen – 119

Suppen
3 Wasser=Suppen – 124
Kaffeesuppe – 125
Brennsuppe – 126
Aillade (Knoblauchsuppe) – 127
Ölsuppe – 128
Zwiebelsuppe – 128
Zwiebelsuppe mit Käse – 129
Eine andere Fleisch Suppe – 130
Falsche Rind=Suppe mit Eyergerstel – 130
Fleisch=Brühe=Suppen – 131
Wurst – oder Metzelsuppe – 131
Braune gestoßene Fischsuppe – 132
Eine Auster=Suppe – 132
Schneckensuppe – 133
Nieren=Suppe – 133
Suppe von Hünerbeinen – 134
Erbsensuppe – 134
Schwarzsuppe. Svartsoppa – 135
Anies=Suppe – 137
Weinsuppe oder Weinwarm – 137

Kaltschalen
Bickbeeren=Kalteschale – 138
Kaltschale von Braunbier oder Weißbier – 138
Ananas-Kaltschale mit Champagner – 139
Bickbeeren=Kalteschale mit Milch – 139
Suppe von eingemachten Himbeeren – 140
Hagebutten=Suppe – 140
Backobstsuppe – 141
Milch–, Rahm– und Käsesuppe – 142
Milchsuppe mit Zwiebeln – 142
Beist – 143
Schokolade=Suppe – 143

Krems, Cremes oder Crèmes
Milchhaut – 146
Geschlagene Sahne (Schweizer Art) – 146
Geschlagene Milch (Dickmilch) – 147
Rahmschnee mit Himbeeren – 147
Bagatellen. – 148
Chaudeau und Crême – 148
Sabayon – 151
Bayerische Creme – 152
Warmbier – 153
Zitronencreme – 153
Von den englischen Crêmes – 154
Crêmes nach französischer Art. – 155
Model vom Johannis Häupt – 157

Brei und Mus
Blamensir – 162
Blaemantir – 162
Manscho Blancko vom Hecht – 163
Blamminsy Gemüß – 164
Blanc-Manger a la Française – 164
Blanc-manger – 166
Dicker Reis mit Zimt und Zucker – 167
Griesspeise, kalte, oder Flammri – 167
Risotto mit getrockneten Steinpilzen – 168
Süßes Vanillekartoffelpüree – 169
Kartoffelbrei – 169
Kasche, russische – 170

Ein Heydel=Brey oder Buchweitzen=Mus – 170
Cottura della polenta – 171
Muos – 172
Ein Haber=Mus – 173
Brei und Getreidegrütze – 173
Gaspacho – 174
Muß von der Kälbernleber und Hirschen Hirn – 175
Ein gutes mühßlein von hüner=lebern – 175
Gemüse von Wein – 176
Fleischbrühe=Muß – 176
Kindskoch – 177
Aufgegangenes Kindskoch – 177
Kirschen Gemüß – 178
Wachholderbeeren=Mus – 178
Branntwein-Kaltschale – 179
Wein=Mus – 180
Käß mit Wein kochen – 180
Recept der Fondue. – 181
Käs=Gericht – 181
Fondue. Fondues – 182

Eintopf

Hollopotrida – 190
Olla Podrida oder Oille – 193
Französische Oille – 194
Spanische Suppe (Olla Potrida) – 195
Olla Podrida (Spanische Nationalsuppe) – 195
Olla Podrida – 196
Puchéro – 197
Flämischer Hotschpotsch – 198
Cappaunen oder Hüner in Reinfal – 199
Bouillabaisse a la Marseillaise – 200
Bouillabaisse von Stockfisch – 201
Oyster Stew (1) – 202
Oyster-Stew (2) – 203
Rumfordsche Armensuppe – 204
Rumforder=Suppe – 205
Ukrainischer Borstsch – 206
Minestrone – 207
Aal=Suppe – 208
Aalsuppe – 209
Plukkede Finken – 210
Plückte Finken – 210
Pickelsteinerfleisch – 211
Gaisburger Marsch – 212
Mockturtle=Suppe – 212

Restauration
a.a.O.

Bibliografie

Acton, Eliza
Modern Cookery For Private Families
London 1860

Adam, Maurizio
Geschichte der gegorenen Getränke
Berlin 1933, Reprint: Wiesbaden 1970

Adrià, Ferran
elBulli 1998–2002 Roses 2003

Allestein, Emma (M. Schlömilch, Bearb.)
Das beste bürgerliche Kochbuch Gera 1896

Apicius, Marcus Gavius
De re coquinara – Über die Kochkunst, (ca. 25 v. Chr. – max. 40 n. Chr), Stuttgart 1991

Artusi, Pellegrino
La scienza in cucina Florenz 1891

Banzer et al.
Die Hotel– und Restaurationsküche
Gießen 1972

Banzer et al.
Grosses Restaurations Kochbuch
Nordhausen 1922

Boni, Ada
Il talismano della felicità Roma 1995 (1929)

Bowlen und Pünsche
D.H.G. Hanckwitz (Hrsg.), Leipzig 1926

Bremisches Koch– und Wirthschaftsbuch,
nach Betty Gleim, 1817

Brillat Savarin, Jean Anthelme
Physiologie du gout Paris 1848
Carl Vogt (Hrsg.), Physiologie des Geschmacks, Braunschweig 1865

Brostowski, Gertrud
Kochbuch von M. und E. Doennig
München 1952 (1899)

Dalby, Anrew
Essen und Trinken im alten Griechenland
Stuttgart 1998

Das buoch von guoter spise (um 1350)
Hans Hajek (Hg.), Berlin 1958
Zitiert nach Gloning, www.uni-giessen.de/gloning/kobu.htm Stand 27.08.2012

Davidis, Henriette
Praktische Anweisung zur Bereitung des Roßfleisches Iserlohn 1848

Davidis, Henriette
Zuverlässige und selbstgeprüfte Recepte der gewöhnlichen und feineren Küche
Osnabrück 1845

Deutsche Libby Gesellschaft
Libby's Kochbuch Hamburg 1950

Deltheil, Joseph
La Cuisine Paléolithique Paris 1964
Deutsch: Die paläolithische Küche
Wassmann, Bremen 1993

Dictionnaire Général de la Cuisine Française
Paris 1853

Die allezeit fertige Hamburger Köchin
Hamburg 1831

Dumas, Alexandre
Grand Dictionaire de Cuisine 1873

Elsholtz, Johann Sigismund
Diaeteticon Cölln an der Spree, 1682

Endter, Susanne Maria
Vollständiges Nürnbergisches Koch=Buch Nürnberg 1691

Escoffier, Auguste
Kochkunst-Führer Nordhausen 1923 (1903)

Fehre, Catharina
Livländisches Koch= und Wirthschaftsbuch Riga 1823 (1815)

Fischer, Hans W.
Das Leibgericht Darmstadt 1938 / 1955

Fincke, Heinrich
Kaltschale, Brocksel und andere gesüßte alkoholhaltige Brauchtumszubereitungen, meist mit Zusatz von Lebkuchen oder von Rosinen
Zeitschrift Süßwaren, Hamburg 1962

Gessner, Anna Margaretha
Kochbuch Zürich 1699
Transkription des Manuskripts von H.J. Zwicky in der Zentralbibliothek Zürich

Glasse, Hannah
The art of cookery London 1774

Gleim, Betty
Bremisches Kochbuch Bremen 1823

Gleim, Betty
Bremisches Koch= und Wirthschaftsbuch Bremen 1808

Habs, Robert
Appetitlexikon Wien 1894

Hamburgisches Koch=Buch verfaßt von einigen Hamburgischen Hausfrauen Hamburg 1830

Hering, Richard
Lexikon der Küche Giessen 1993

Hinkel-Rudrauf
Elsässisches Kochbuch Strasbourg 1949

Imhof, Maria
Schweizerisches Familien-Kochbuch 1903

Kerr / Smith
Union Oyster House Cookbook Boston 2008

Köstlin, Konrad
Der Eintopf der Deutschen. Das Zusammengekochte als Kultessen
Tübinger Beiträge zur Volkskultur 1986, S. 220–241

Krünitz, Johann Georg
Oekonomische Encyklopädie Berlin 1773–1858

Kubelka, Peter
Was bedeutet Essen und Kochen für die Menschen 1987

Lichtenstein, Eleonora Maria Rosalia Fürstin zu **Freywillig aufgesprungener Granat=Apffel** Leipzig 1709 (1697)

von Malortie, Ernst
Das Menü, Zweiter Theil Hannover 1887

Meixner, Maria Elisabetha
Linzer Kochbuch Linz 1828 (1818)

Meyers Großes Konversationslexikon Leipzig 1909

Mittelniederdeutsches Kochbuch (15. Jhdt)
Hans Wiswe (Hrsg.)
Braunschweigisches Jahrbuch 37 (1956)

Mixi-Elektrogeräte GmbH
Koche mit Mixi Esslingen 1954

Neudecker, Maria Anna
Die bayerische Köchin München 1867

Oberrheinisches Kochbuch
Mülhausen 1811

Pauli, Eugen
Lehrbuch der Küche Aarau 1976 (1930)

Prato, Katharina
Die süddeutsche Küche Gratz 1873 (1864)

Richter, Louise / Hommer, Sophie Charlotte **Illustrirtes Hamburger Kochbuch** Hamburg 1879

Riedl, Christine Charlotte
Lindauer Kochbuch Lindau 1894 (1852)

Ritzerow, Frieda
Mecklenburgisches Kochbuch Rostock 1868

Rössler, Otto
Getränke aus aller Welt Herford 1958

Rontzier, Frantz de
Kunstbuch von mancherley Essen
Wollffenbüttel 1598

Rottenhöfer, Julius
Illustrirtes Kochbuch bearbeitet von Friedrich Zanders, München 1904

von Rumford, Benjamin Grafen
Kleine Schriften Weimar 1797

Rumohr, Karl Friedrich von
Geist der Kochkunst Stuttgardt 1822

Rumpolt, M. Marxen
Ein new Kochbuch Franckfort am Mayn 1581

Rytz, L.
Neues Berner Kochbuch Bern 1843 (1834)

Schellhammer, Marie Sophie
Das Brandenburgische Koch=Buch
Berlin 1723 (1697)

Siegel, Maria Katharina
Baier'sches Kochbuch Regensburg 1812

Täufel, Ternes et al.
Lebensmittellexikon Hamburg 1993

Thomas, Jerry
How to mix drinks New York 1862

Trutter, Marion (Hrsg.)
Culinaria España Köln 1998

Universal=Lexikon der Kochkunst
Leipzig 1890 (1878)

Versuch eines bremisch= niedersächsischen Wörterbuchs Bremen 1767

Walterspiel, Alfred
Meine Kunst in Küche und Restaurant
München 1952

Weiss, Hans U.
Eine Bibliographie der deutschsprachigen Gastronomie 1485-1914
Zürich 1996

Willinsky, Grete
Kochbuch der Büchergilde
Frankfurt am Main 1958 (1999)

Wiswe, Hans
Kulturgeschichte der Kochkunst
München 1970

Zedler, Johann Heinrich
Grosses vollständiges Universallexikon aller Wissenschaften und Künste, 1731–1754
www.zedler-lexikon.de (Stand 15.09.2012)

Abbildungsverzeichnis

Seite 32 – Achim Riechers
Seite 35 – Justizvollzugsmuseum Ludwigsburg
Seite 65 – Eckhard Karnauke, Berlin
Seite 156 – Liebieghaus Skulpturensammlung, Frankfurt am Main
Seite 174 – Max Apel, Frankfurt am Main
Seite 214 – Moritz Götze, Halle an der Saale

Verlag und Autor danken herzlich für die Einräumung des Reproduktionsrechtes. Alle anderen Abbildungen stammen aus dem Archiv der Restauration a.a.O..

Dieter Froelich, VG Bild-Kunst Nr. 438256
www.restauration-a-a-o.de

Dank allen temporären Mitarbeiterinnen, Mitarbeitern sowie den Gästen, Förderern und Freunden der »Restauration a.a.O.«. Besonders danke ich meiner Frau, Petra Wilms.
D.F.